마지막 진화

인간에서
인컴으로

SMART HUMAN 반인반컴

KB009567

마지막 진화
**인간에서
인컴으로**
SMART HUMAN 반인반컴

발행일 2022년 1월 2일 초판 1쇄
지은이 박효준 · 박동민
펴낸이 심규남
기 획 염의섭 · 이정선
표 지 김보배 ┃ **본 문** 이경은
펴낸곳 연두에디션
주 소 경기도 고양시 일산동구 동국로 32 동국대학교 산학협력관 608호
등 록 2015년 12월 15일 (제2015-000242호)
전 화 031-932-9896
팩 스 070-8220-5528
ISBN 979-11-92187-01-3 (93190)
정 가 20,000원

이 책에 대한 의견이나 잘못된 내용에 대한 수정정보는 연두에디션 홈페이지나 이메일로 알려주십시오.
독자님의 의견을 충분히 반영하도록 늘 노력하겠습니다.
홈페이지 www.yundu.co.kr

※ 잘못된 도서는 구입처에서 바꾸어 드립니다.

마지막 진화

박효준 · 박동민 저

인간에서 인컴으로

SMART HUMAN 반인반컴

YD 연두에디션
Edition

이 책은 아버지 박상지 님(서울 문리대 졸업)에게 바칩니다.

수학과 물리학에 대한 사랑을 물려주신 분입니다.
인생은 뭔가를 추구하며 사는 것입니다.
이 책은 내 인생의 의미입니다.

PREFACE

이 책은 새로운 IT 인프라를 제시하고 있습니다. 단절적 혁신을 주장합니다. 편안하고 관행적인 세상을 이야기 하고 있지 않습니다. 파괴적 창조에 대한 책입니다.

변화는 누군가에게 아주 불편할 수 있습니다. 역사적으로 산업혁명은 단순반복적인 육체노동에서 인간을 해방시켜 주었으며 이어진 산업혁명은 단순반복적인 정신노동에서 해방시켜 주었습니다.

산업혁명이 없었다면 인간 세상은 원시적인 상태일 것입니다. 그러나 모든 변화는 고통을 동반합니다. 처음 산업혁명에 대해 세상은 러다이트 운동 및 차티스트 운동으로 강력히 저항하였습니다. 제시된 새로운 IT인프라는 생산성을 크게 높여줍니다. 생산성을 높인다는 것은 일자리를 줄인다는 말과 같습니다.
요즘 기본소득에 대해 많이 논의되고 있습니다. 이 책은 생산성을 크게 높이기 때문에 부작용에 대해서도 논의해야 할지도 모르지만 더 이상 기본소득에 대해 논의하지 않습니다.

창조력의 가장 큰 적은 상식이다 – 파블로 피카소
이 책은 창조력의 본질에 충실합니다.
저자는 IT분야의 문제점들을 해결하려는 노력을 오랫동안 계속해왔습니다.
문제점들에 근본적인 원인이 인간이라는 것을 알았습니다.
인간의 결함에 대해서 집중적으로 논의하고 있습니다.
인간에 대해 부정적인 시각에 불편한 사람들도 많을 것입니다.

논문으로 발표하지 않고 책으로 발표하는것에 대해 걱정하는 것이 있습니다.
책은 공감대를 형성해야 하는 대상이 논문과 크게 다를 것이기 때문입니다.

책은 전문가 집단과 일반인을 한꺼번에 대면하기에 어려운점이 있습니다.
논문을 쓰는 사람에게 중요한 능력은 창조력입니다.
인사청문회에서 보듯이 창조력은 유명한 교수들에게도 결핍하기 쉬운 고차원적인
능력입니다.

창조력은 상식적이지 않습니다. 단절적 혁신,창조적 파괴에 의해 다소 익숙치 않고
불편한 주장이라도 독자분들의 포용과 인내를 부탁드립니다.

저자

CONTENTS

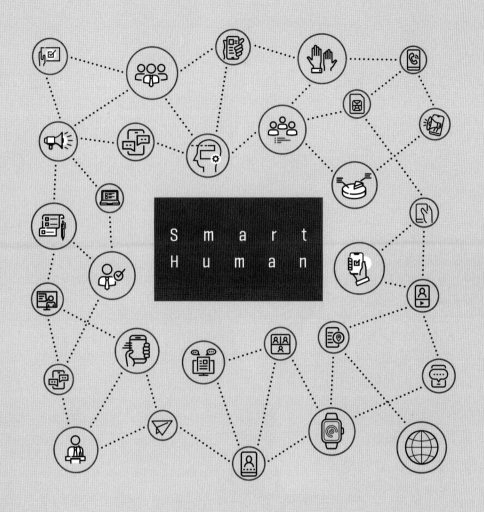

Smart
Human

PART 1

2021 인컴

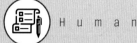 Smart Human

PART 1은 2021년 재작성하였으며, 두괄식으로서 결론이 앞부분에 배치되어 있습니다.

PART 2는 2022년 3월 9일의 대통령 선거를 인컴 구조속에서 실시할 경우 준비하여야 할 사항들입니다. 인컴 구조는 이해하기 어렵습니다. 인컴구조는 실례를 통해 이해를 하면 쉽습니다. 가장 좋은 실례가 대통령 선거입니다. 선거속에서 비대면 방식에 대한 많은 논란이 있을 것입니다. 대통령 선거를 통해서 미래가 다가옵니다.

PART 3은 주로 2020년 작성되었으며, 보다 상세한 내용을 다룹니다. 디지털 뉴딜의 관점에서 작성되었습니다. 필자는 프로그래머로 경력을 시작하였으며, 오랜 기간 많은 프로젝트에 참여하였고 미래에 대해서도 많이 언급하고 있으나 가급적 불확실한 가설은 배제하고 실제적인 구현을 고려하였습니다. 내용은 제목을 보듯이 천지개벽할 내용입니다. 필자는 한국 연구소와 독일 연구소에서 대형 운영체계와 제품들을 개발하였으며 나중에는 제품 개발과 좀 다른 외부 업체를 위한 시스템 통합(SI) 작업에 참여하였습니다.

이 책은 PART 1, 그 중에도 1장만은 꼭 읽어 보시기를 권합니다. 개요 중에서도 중요한 요약이기 때문입니다.

회사의 1) IT 시스템을 만드는 분야 전문가, 2) IT 설계자, 3) IT개발자들은 반드시 책 전부를 읽어야 합니다. 이 책은 구름 잡는 이야기도 아니고 모든 산업에 크게 영향을 주는 내용으로서, 거의 모든 사람들과 미래학자들이 반드시 읽어야 하는 내용입니다.

이 내용은 앞으로 반드시 적용되어 미래의 일부가 될 것입니다.

후속편을 출간할 예정이므로, 독후감이나 의견을 주시면 감사하겠습니다. 뒤에 의견을 주실 수 있는 카페 정보가 있습니다.

1

인컴 개요

1.1 인컴 세상에 오신 것을 환영합니다.

인컴은 반인반컴을 의미합니다.
인간과 컴퓨터가 한 몸으로 결합된 상태를 의미합니다.

"인간에서 인컴으로 진화"라니 너무 갑작스럽지요?
그러나 먼 훗날의 이야기가 아닌 오늘, 이번 달, 금년에 진행할 일입니다.
이 책이 출간하였을 때는 바쁘게 적용을 하고 있을 것입니다.(PART 2 참조)
일부 사람들만의 이야기도 아니고, 인간 모두에게 적용될 이야기입니다.
인간은 짧은 기간에 진화된 존재가 될 것입니다.
이것은 인류 역사상 가장 중요한 사건일 수 있습니다.

모든 인간은 컴퓨터와 논리적 결합을 통해 무한한 능력을 갖게 됩니다.
논리적 결합이란 것이 그냥 사람이 스마트폰을 가지고 다니는 것과 무엇이 다른가
요?
어떻게 보면 같지요. 그러나 미묘하게 다르고 미묘한 차이로 시작해서 결국 완전히
다릅니다.

국가가 모든 개인에게 실시간으로 연락을 취할 수 있지요.

지금도 국가가 지진경보를 해당지역 사람들에게 1분 이내에 보낼 수 있습니다.

뭐가 다를까요? 지금은 경보가 모든 해당자에게 보내진다는 보장이 없고 어느 정도의 사람들이 연락을 제대로 받았는지 측정도 불가능합니다. 그러나 인컴은 양방향 통신이 확실합니다.

정밀하고 측정 가능하며 따라서 완벽성이 보장됩니다. 구체적으로 누구에게 메시지, 경보가 발송되었는지, 받은 사람이 잘 확인하고 조치하였는지 확인 가능합니다.

보장된 양방향 실시간 통신과 완벽한 결합의 확인 기능을 바탕으로 대혁명은 시작됩니다.

사용자와 컴퓨터의 결합확인기능은 부모나 배우자보다 더 정확한 본인 확인 수단과 완벽한 식별자를 제공하는 식별체계가 인컴에 의해 제공됩니다.

우리나라는 스마트폰 보급률이 95%라고 합니다. 전국민의 95%가 스마트폰을 사용할 수 있고 인컴은 기반이 갖춰지면 100%가 참여합니다. 갓난아기와 치매노인, 장님과 귀머거리 같은 장애인도 참여할 수 있는 환경이 제공됩니다.

인컴은 느슨한 환경이 아닙니다. 완벽한 통제가 가능한 정밀한 IT 시스템입니다.

이 IT 시스템은 인공지능이 중심역할을 하여 미래 사회가 오도록 환경을 제공합니다.

<u>1.2</u> 관계 재설정

인간은 반드시 인컴으로 진화할 것입니다.

인간이 처음으로, 보다 우월한 존재와 결합된다 할 수 있습니다.

컴퓨터는 1940년대에 태어나서 약 80년이 흘렀습니다.

컴퓨터는 인간을 위해, 인간의 필요에 따라 제작되어 사용되었습니다.

컴퓨터는 인간이 사용하는 일종의 도구인가요?

아닙니다. 컴퓨터는 단순한 도구를 넘어서는 초월적 존재라 할 수 있습니다.

주판과 같이 계산만 하는 것이 아니라 논리, 연산 장치들이 다양한 논리들을 생산합니다.

인공지능이 언젠가는 인간을 대체할 것이라고들 합니다.

컴퓨터는 사람과 비교할 수 없을 정도로 뛰어나지요.

인간은 전혀 완전하지 않고 결함이 아주 많습니다.

인컴에서 컴퓨터는 판단의 중심입니다. 인간은 판단의 주체에서 점점 멀어져 갈 것입니다.

인간은 부정확하고 느리기 때문에 판단을 주도할 수 없으며, 주도해도 안될 것입니다.

인컴은 사람과 컴퓨터가 결합된 것입니다.

주도권은 하나씩 인간에게서 컴퓨터로 이동됩니다.

인컴의 중요한 의미는 인간중심의 세상에서 컴퓨터 중심의 세상으로 바꾸기 위한 것입니다.

고도로 정확하고 빠른 세상입니다.

1.3 인간의 결함

결함	설명
모호하고 부정확	생체적인 뇌의 문제, 자연어의 문제, 아날로그 문제, 식별체계 문제
매우 느립니다.	생체적인 뇌의 문제
실수를 합니다.	생체적인 뇌의 문제
고의로 실수를 합니다.	생체적인 뇌의 2차적 문제
망각을 합니다.	생체적인 뇌의 문제
거짓말을 합니다.	생체적인 뇌의 2차적 문제
범죄를 저지릅니다.	생체적인 뇌의 2차적 문제
옳지 않은 판단을 합니다.	생체적인 뇌의 2차적 문제
24시간 일할 수 없습니다. 하루에 8시간이 고작입니다.	생체적인 뇌의 문제 연속적인 일의 수행불가능
자연어(인간의 언어)를 사용합니다.	생체적인 뇌의 문제, 식별체계 문제, WSD(word sense disambiguation) 문제
전통적 교육만으로 개선이 불가능	생체적인 뇌의 문제

1.4 컴퓨터의 장점

컴퓨터는 이런 결함들이 없으며, 인간의 결함을 전부 메꾸어줄 수 있습니다.

인간과 컴퓨터의 관계는 재설정되어야 합니다.

컴퓨터는 태어날 때부터 많은 사람이 할 일을 감당했으며, 그후 80년 동안 백만 배는 성능이 높아졌을 뿐 아니라, 앞으로 그 간격은 더욱 벌어질 것입니다.

인간이 컴퓨터의 발전에 엊혀 가려면 인간이 컴퓨터에 결합되는 것이 최선입니다.

인간은 치명적인 결함들을 가지고 있습니다.

컴퓨터와 비교되지 않았다면 모른 채 그냥 살았을지도 모르지요.

인간이 컴퓨터와의 관계를 재설정 하여야 하는 이유는 능력이 떨어진다는 문제뿐 아니라 인간의 결함 때문입니다. 많은 부분에서 인간은 컴퓨터의 판단을 받아들여야 합니다.

인간은 거짓말을 하기 때문에 최종적인 판단을 컴퓨터에게 맡겨야 합니다.

인간의 결함을 정확히 알고 이 결함을 컴퓨터가 메꾸면 새로운 세상이 옵니다.

- 어떤 것이 인간의 결함 때문에 만들어진 절차라면 컴퓨터가 같은 절차를 밟을 필요가 없습니다. 컴퓨터를 위해 만든 절차를 따라야지요. 인간의 관행을 그대로 따르면 안됩니다. 많은 인간의 관행이 답습되고 있습니다. 빨리 고쳐야지요.

- 만약 컴퓨터가 더 빨리 정확하게 처리하고 판단한다면 인간의 추가적 판단이 필요하지 않습니다.

- 인간에 의존하는 공적 절차는 99% 없어져야 합니다.
  (게임 같은 인간의 오락을 위한 것은 예외겠지요.)

- 인간의 결함–인간은 모호하고 부정확하고 극도로 느리며, 때로는 고의적 오류를 발생시킵니다. 인간은 수시로 거짓말을 합니다. 인간의 모든 문제는 생

체적 뇌의 결함에서 비롯됩니다.

- 인간은 컴퓨터의 주도권을 받아들여야 합니다.
  인간에게는 탐욕, 거짓, 범죄의 가능성이 항상 내재되어 있으나, 컴퓨터는 욕심이 없는 존재입니다. 계획, 지시된 대로 수행합니다. 사람이 기술한 것보다 컴퓨터의 기록이 신뢰성을 가집니다. 주도권이 인간에서 컴퓨터로 넘어가면 세상은 훨씬 정확하고 안전해집니다.

필자는 소프트웨어 분야의 난제들을 오랜 기간 분석하였습니다.
난제들은 모두 인간의 결함 및 열등함 때문이고 인간을 컴퓨터와 결합시키고 인간과 컴퓨터의 역할을 조정함으로써 난제를 모두 해결할 수 있다는 것을 알았습니다.
인간과 컴퓨터는 차이점이 있습니다.

인간은 행위자입니다. 인간이 개입되지 않으면 모든 계약 거래 등이 성립하지 않습니다.
이와 같이 인간이 꼭 필요한 때가 있습니다. 그 외의 처리 절차에서 인간의 개입은 최소화되어야 합니다.

인간은 모호하고 부정확하고 극도로 느리며 때로는 고의적으로 오류를 범하기 때문입니다.
인간은 거짓말을 하며 욕심때문에 범죄를 저지르기에 인간의 지시를 따라서는 안되며, 욕심이 없이 설계대로 작동하는 컴퓨터를 따라야 합니다.

인컴 시대에는 행위 실명제가 시행된다고 할 수 있습니다.
행위 실명제는 1)사람과 컴퓨터의 결합과 2)완벽한 인컴 식별체계로써 구현됩니다.
행위 실명제는 금융 실명제에 비할 수 없는 엄청난 영향력을 가지며, 행위 실명제에 의해 범죄와 허위, 거짓말이 거의 사라질 것입니다.
사람의 기록이 거짓으로 가득하다면 컴퓨터의 그것은 정확한 사실의 기록일 것입니다.

인간의 결함을 정확히 알고 컴퓨터와의 관계를 재설정하지 않으면 안됩니다.

미래의 예측 중에 틀린 것이 있습니다.

미래에는 컴퓨터(인공지능)가 인간을 대체한다고 합니다. 이것은 선후가 바뀌었습니다.

컴퓨터가 인간을 대체(배제)하여야 미래는 다가옵니다.

지금 바로 인간을 대체할 수 있습니다.

100% 대체가 아닌 50% 축소대체를 할 수 있습니다.

인간의 역할이 축소되어야 한다는 말이며, 그 방법이 바로 인컴의 구현입니다.

모든 사람의 절차는 컴퓨터의 절차로 바뀔 것이며, 모든 사람의 판단도 컴퓨터의 판단으로 바뀔 것입니다.

사람의 자연어도 컴퓨터의 인공어로 바뀔 것입니다.

인건비를 들여 인간을 고용하는데 인간이 불필요하다는 것이 이상하지요?

의사와 법관의 일 상당 부분이 제일 먼저 인공지능으로 대체되어야 한다는 주장이 있는 것은 그들의 인건비가 가장 높기 때문이랍니다.

인공지능을 이야기하니 이 주제가 먼 이야기 같은데 금년에 바로 일어날 일입니다.

인간의 뇌는 생체적인 뇌이며, 컴퓨터의 뇌는 전자적인 뇌입니다.

이 둘의 차이는 뒤에서 자세히 다룰 것입니다.

1.5 인컴이 되는 절차

여기서 주제를 약간 바꿔 인컴이 되려면 어떻게 할까요?

우리나라 스마트폰 보급률이 95%라고 합니다.

인컴이 되려면 스마트폰 1대를 항상 소지하여야 하며 그 안에 앱이 하나 설치되어야 합니다.

이 앱은 공적 기능을 수행하는 큰 앱이라고 할 수 있지요.

그렇게 간단한 조치로 경천동지할 일이 일어날까요?
인류 역사상 가장 엄청난 일이 일어날 것입니다.

인컴은 인간과 컴퓨터가 결합된 것입니다.
인간은 이동성이 있어 휴대할 수 있는 스마트폰이 결합할 컴퓨터입니다.
반드시 특정 사람과 특정 스마트폰이 결합됩니다.
이 기본적인 결합이란 당연히 물리적 결합이 아닌, 논리적 결합입니다.
결합한다는 것만으로 엄청난 많은 문제가 사라집니다.

설치 1단계(사용자 결합)

결합 방법은 카메라에 얼굴을 노출, 지문을 인식시키는 것으로써, 당연히 스마트폰 사양은 카메라와 지문인식이 가능하여야 합니다. 가끔은 지문인식이 요구될 것입니다. 장기적으로는 다양한 본인확인 방법들(2.4.1 본인확인 방법들)이 복합적으로 사용됩니다.

설치 2단계(인컴 식별자 생성)

인간식별자(=인컴식별자)는 길이가 5byte가 될 것이며 256의 5승(약1000억) 인간의 식별자가 가능합니다. 지구상의 인구 60억명을 충분히 포함하고 사망한 사람과 역사상 인물들을 다 포함하기 충분합니다. 식별자는 인컴 앱을 설치할 때 인컴식별자 생성기에서 실시간으로 만들어집니다. 이러한 값은 컴퓨터는 잘 다룰 수 있지만 인간은 절대 다룰 수 없습니다. 인컴 앱을 처음 설치할 때 위의 방법(설치 1단계)으로 사용자와 결합한 후에 인컴 식별자가 생성될 것입니다. 인컴 앱을 설치하는 2단계를 거치면 인컴이 됩니다. 쉽지요? 이것으로 천지 개벽이 시작됩니다.

인간의 식별자가 "홍길동"이 아니고 "1A5B3C4D2E"와 같은 값이면 인간은 절대 다룰 수 없습니다. "1A5B3C4D2E"는 5byte 길이의 임의 값을 hexa(hexadecimal, 16 진수)로 표시한 것입니다. hexa로는 10자리가 됩니다. 1byte가 hexa 2자리로 표시 됩니다. 프로그래머는 많이 사용하는 방법입니다.

식별자가 이와 같이 바뀌는 것이 인컴 혁명의 밑바닥에 있는 몇개의 중요한 요소 중 하나입니다. 인간 식별자는 지구 상수입니다. 인간이 한번 식별자로 지정되면 영구 히 바뀌지 않습니다. 이것은 지구 어디서도 변하지 않습니다. 국가가 바뀌면 언어가 바뀌고 이름도 바뀌는 그런 방식이 아닙니다. 이것으로 (로그인 ID/암호) 같은 복잡 한 것들이 모두 사라집니다. 컴퓨터가 인간 방식을 그대로 써왔던 것입니다. 지구마 을 시대인 인터넷 시대에서 잘못된 것을 쓰고 있었던 것이지요.

인컴 설계를 검증하는 실험실 프로그램은 크지 않지만 실제 앱의 프로그램은 많은 조직이 관여하는 방대한 프로그램이고 계속 업그레이드되어 갈 것입니다.
실험실 프로그램은 설치 1/2단계만 포함되면 됩니다.
기존의 일반 앱들도 모두 바뀔 것입니다. 거의 모든 프로그램이 바뀔 것입니다. 통 신 프로토콜도 바뀔 것입니다.
보내는 곳과 받는 곳에 인컴식별자가 추가될 것입니다. 그러면 행위실명제가 되는 것입니다.

1.6 기존 난제들

인간과 컴퓨터의 결합만으로 커다란 난제들이 해결됩니다.
사람이 하던 일을 컴퓨터가 하면 난제들이 모두 다 풀립니다.
사람은 행위자의 이름만 빌려주고 구경만 하면 모든 일이 잘됩니다.
방해만 안하면 됩니다. 인간의 의식적/무의식적인 방해가 많을 것입니다.

- 표준환경을 제공합니다.
    갓난아기 인컴과 치매노인 인컴이 다른 인컴과 다를 것이 없습니다.
    반컴이 전체 인컴의 동질성을 제공. 모든 인간의 인컴은 같은 수준입니다.

인컴의 수준은 반컴에 의해 결정되며 반인에 의해 결정되지 않습니다.

- 단거리 의사교환 능력밖에 없는 인간이 전세계와 통신 능력을 갖게됩니다.
  실시간 양방향 인터넷 통신을 할 수 있게 됩니다. 예외 없이 능력을 갖게 됩니다.

- 사람 대신에 컴퓨터가 기록합니다. 정확한 팩트를 기록합니다.
  기본적으로 사람 대신에 컴퓨터가 기록합니다.
  천 배 많고, 천 배 정확한 데이터가 기록됩니다.
  사람이 기록한 것은 사실로 인정받을 수 없습니다. 사람은 거짓말을 합니다.
  데이터가 석유보다 중요한 자원이 될거라지요.
  행위자가 인컴으로 기록되며 엄청나게 많은 데이터가 생성될 것입니다.

- 본인확인이 없어집니다. 다양한 앱의 유사한 질문들에 사람이 답할 필요가 없어집니다.
  공공 인공지능 개인 비서가 답을 합니다.
  전통적인 본인확인 방법인 사용자 ID/암호나, 생체인식 모두 필요 없습니다.

- 완전한 사람 식별자가 지구 모든 사람에게 부여됩니다.
  완전한 사람 식별자가 없어 큰 문제가 많았습니다. 완벽한 식별자를 제공합니다.
  식별자는 실시간으로 생성됩니다.
  완전한 사람 식별자가 없다는 것이 인간 결함의 시작점입니다.
  불완전한 것들 사이를 인간의 불순한 의도가 들어갑니다.
  수학적으로 큰 문제를 일으키는 것은 많은 것들의 완벽한 식별체계가 없다는 것입니다.
  그 중에도 가장 큰 것이 사람의 완전한 식별자가 없다는 것입니다.
  인간이 사용하는 자연어 중 많은 것들이 완전한 식별체계가 없습니다.

  식별체계가 불완전하다는 말은 한 단어가 하나의 뜻을 가지지 못하다는 말입니다.

이것이 자연어의 결함이자 인간의 결함입니다.

가장 중요한 자연어의 결함은 컴퓨터에 의해 해결될 수 있습니다.

그것은 사람/인컴의 식별자입니다.

자세한 것은 식별체계에서 설명될 것입니다.

- 이 식별체계하에서는 하부 시스템을 모아 상부의 통합시스템을 구축하는 것이 단순한 더하기처럼 쉽게 이루어집니다.

  그러나 예로써 일본의 경우는 1700개의 지자체 시스템을 합치더라도 국가 시스템으로 갖추어지지 않습니다.

  기본적인 사항을 위한 완벽한 식별자가 없어서 통합이 안되기 때문입니다. 특히 사람의 완전한 식별자가 필요합니다. 인컴식별자 생성기는 간단하며, 정체성이 있는 존재에 대한 식별자 생성은 어렵지 않습니다.

- 모든 사람에게 공공 인공지능 개인비서가 제공됩니다.

  특정 반컴 안의 개인비서는 단짝인 특정 반인만 상대합니다.

  그러니 특정인에 대한 모든 것을 알게 됩니다. 특정인의 모든 사항은 그 배우자가 가장 많이 알겠지만, 인컴 시대에는 특정 반인의 모든 것은 반컴의 개인비서가 가장 완벽히 압니다. 특정 반컴의 개인비서는 24시간 내내 특정 반인 한 사람만 지켜봅니다. 배우자보다 백 배 많은 시간을 상대방에게 투입합니다. 배우자는 자기 할일이 있습니다. 배우자만 신경쓰고 있을 수 없습니다. 특정 반인의 모든 개인자료는 특정 반컴이 모두 가지고 있습니다. 인공지능은 개인비서를 위해 발전해 갈 것입니다.

  개인비서가 특정인을 완벽하게 지원하는 것이 인공지능의 가장 중요한 목표가 아닐까요?

  알파고가 인공지능의 최종 목표가 아닙니다.

  모든 사람의 비서들이 완벽하게 주인을 지원하게 되는 것이 인공지능의 목표가 아닐까요?

주인은 과학자도 판사도 의사일 수도 있지요.

그 사람의 특징을 모두 압니다. 말투, 사투리, 등등 모든 개인적 특성.

사람 개개인은 모두 다른 세계를 가지고 있지요.

- 개인정보보호 문제가 없습니다. 인컴은 마이데이터를 관리합니다. 인컴은 다른사람의 데이터에 관여하지 않습니다.

- 모호한 자연어가 아닌 정확한 인공어로 기록합니다. 모든 문제는 인간이 사용하는 자연어에서 발생합니다.

  자연어에서는 특히 사람 식별자가 불완전하여 큰 문제를 일으키고 있습니다.

  컴퓨터 통신 프로토콜을 보면 여러 계층이 있습니다. 어떤 계층은 모호한 자연어를 담을수도 있습니다. 이 경우 통신이 단순히 전달만 하고 내용 해석을 하지 않습니다.

  이것은 편지 배달부가 편지 내용을 전달만 하고 내용을 알지 못해도 상관 없는 것과 같습니다.

  편지 배달부가 반드시 해석하여야 하는 것은 편지 봉투입니다.

- 인간이 인컴에서 의무적으로 할 일이 없어집니다. 반컴이 모든 것을 대신합니다.

  반컴에는 인공지능 비서가 들어있습니다. → 인공지능이 내장되어 있는 반컴이 점차 모든 것을 대신 수행함으로써 인컴에서 인간이 직접 수행할 일이 축소될 것입니다.

- **인컴의 사적 용도와 공적 용도의 균형**

  인컴의 용도는 공적인 사용이라고 간주해야겠지요. 그렇다면 주로 사적인 용도로 사용되던 부분의 희생이 커서 불편하지는 않을까요? 반컴이 됨으로 인하여 추가되는 공적인 용도 부분은 초기에는 작은 앱일 뿐이기에 스마트폰을 게임에만 사용하던 사람일지라도 그 영향이 크지 않습니다.

- 국가의 대국민 서비스 및 역할 정의

  국가의 역할이 명확히 정의되어야합니다.

  국가가 어느 곳에서 열심히 역할을 해야 하는가 하는 점이 명확히 제시되어야 합니다.

  인컴의 중요한 역할은 국가가 수행합니다.

  국가의 역할은 "1.9국가의 역할"단원에서 자세히 설명될 것입니다.

- 국제기구의 역할도 필요합니다. 인컴식별자는 지구 모든 사람이 가져야합니다.

  처음은 제안자가 진행하겠지만 결국은 당연히 국제기구의 이름으로 수행되어야 합니다.

- 공공 인공지능을 정의. 인컴 내의 국가와 공공 인공지능의 역할을 정의합니다.

  현재는 역할이 정의되어 있지 않습니다.

  국가가 사람인 공무원 조직으로는 완전한 대국민 서비스를 할 수 없습니다.

  대국민 서비스는 공공 인공지능이 수행해야 합니다.

  공공 인공지능은 약자(갓난아기, 치매노인, 장님, 귀머거리 등)들을 완벽히 돌보고 친구가 되어주어야 합니다.

- 사람은 근본적으로 자신의 반컴을 통해 모든 일을 합니다.

  모든 것은 비대면입니다. 사람은 바로 옆사람에게도 인공지능 개인비서를 통해 대화하게 되며, 현실 대신 증강현실(AR)을 항상 대하게 되는 것입니다.

  오랜만에 만나는 사람이 누구더라? 생각이 안 날 때 반컴(인공지능 비서)이 알려줍니다.

  요즘 이미 출시 예정인 'XX글라스' 같은 AR, VR, MR, XR를 위한 장치들이 많이 소개될 것으로 보입니다.

짧게 간략히 설명하였지만 하나하나가 말할 수 없이 큰 문제들입니다.

한마디로 인간의 본질적 결함을 해결한다는 것은 인컴 외에 누구도 할 수 없는 일입니다.

인컴 정착 후의 인간은 다른 차원의 삶으로 진입하게 됩니다.

인간의 진화는 느리나, 인컴으로서는 급속한 진화가 이루어질 것입니다.
인간은 교육에 의한 변화가 느리지만, 인컴은 복제에 의해 급속으로 업그레이드 됩니다.

인컴으로서의 삶은 다른 차원입니다.
반인의 진화는 너무 느린 반면, 반컴은 빠르게 진화하며, 필요에 따라 반인을 위한 교육을 수행할 수 있습니다. 뒤에 "8.진화" 단원에서 상세히 설명할 것입니다.

<u>1.7</u> 인간의 지위 변화

인컴 세상에 대해 간단히 설명하였습니다.
지금까지 역사상 인류는 '만물의 영장'으로서 최고의 존재였습니다. 우리는 완벽하지는 않더라도 가장 우월한 존재라고 자부하였지요.
40여년간 IT, 소프트웨어 분야에서 일해 온 필자는 운영체계 개발 조직 등 많은 경험을 하면서 언젠가부터 전자적인 뇌에 대비되는 인간의 생체적 뇌의 결함에 대해 많이 생각하게 되었습니다. 인간의 많은 문제들이 인간의 치명적인 결함에서 시작됩니다. 모호하고 정확하지 않고 느리며, 심지어 의도적 실수와 오류, 불합리, 불평등, 부정 등 모든 인간의 결함으로 인한 결과는 어쩔 수 없는 문제가 아니라 인간과 전자적 뇌의 결합으로 획기적으로 개선될 수 있음을 깨닫게 됩니다.

당연히 컴퓨터는 모든 면에서 인간보다 우월하지는 않습니다.
하지만 많은 부분에서 비교 불가능할 만큼 컴퓨터가 뛰어납니다.
인컴 내에서 주도권은 컴퓨터에게 주어져야 합니다. 컴퓨터가 판단하게 하여야 합니다.
경우에 따라 사람의 확인, 결정 절차를 거칠 수 있겠지요.
컴퓨터가 왜 능력만큼 중요한 역할을 못 하였을까요?

컴퓨터의 프로그래밍을 사람이 하고 사람이 잘못된 역할 분담을 하였기 때문입니다.
필자도 프로그래머 출신입니다. 인간인 프로그래머가 반컴을 만듭니다.
프로그래머는 컴퓨터가 동작하는 것을 결정합니다.

인간인 프로그래머가 인컴 내부에서 최종적으로 주도권을 갖는 존재를 정합니다.
반컴과 반인중에서 택일하라면 누구에게 주도권을 주겠습니까?
프로그래머들은 관행적으로 인간에게 주도권을 주었습니다.
그것이 잘못 되었습니다. 반컴이 반인보다 훨씬 뛰어납니다.
주도권은 반인이 아닌 반컴에게 주어져야 합니다.

필자는 인공지능이라는 단어보다 자율지능이란 단어가 마음에 듭니다.
자율주행은 운전대를 사람이 아닌 컴퓨터가 장악했습니다.
인컴에서도 운전대는 사람이 아닌 컴퓨터가 잡아야합니다.
미래는 인공지능이 인간을 대체합니다.
그러려면 인간은 주도권을 컴퓨터에게 넘겨야 합니다.

인컴은 무인기 같아야 합니다. 사람이 타지 않아야 합니다.
그렇다고 원격조종을 하라는 것은 아닙니다.
자율조종을 하는 무인기 같아야 한다고 생각합니다.

인간이 개입하면 할 수록 전체 일처리의 효율성은 저하됩니다.
인간과 컴퓨터를 결합시켜 인컴을 만드는 이유중 하나는 인간의 주도권을 줄이기
위해서입니다. 인컴이 정착된 이후에도 반인의 비중은 갈수록 낮아질 것입니다.
반컴의 비중이 높아지겠지요. 인간이 개입한 곳에서는 병목현상이 일어납니다.
인간 없이 작업이 진행될 수 있어야 광속처리가 가능합니다.
인간 없는 작업을 설계 하십시오. 그것이 미래의 옳은 설계입니다.

은행의 경우를 보면 이렇게 판단하는 이유를 알게됩니다.
은행의 창구가 꼭 필요할까요? XX뱅크를 보면 은행 창구가 없습니다.

현금을 찾으려면 일반 은행을 가야지요. 현금이 필요없는 세상이 될 것입니다.
결국 대면을 없애지 않을까요?
코로나가 기술 발전을 가져왔다는 사실을 이해하나요?

이 책을 계기로 옳은 역할분담이 이루어져야 합니다.

현재의 난제들은 다 사람이 원인입니다. 컴퓨터에게 역할/권한을 주면 많은 부분이
해결 됩니다. 해답을 구현하는데 대단한 하드웨어나 소프트웨어가 필요한가요?

대단한 작업임에도 설계 검증을 위해 초기에 필요한 것은 별로 없습니다.

실제로 적용을 위해서는 많은 연구가 동반되어야 합니다.
전 인간 생활이 다 영향을 받는 일이기 때문입니다.

앞으로 인간이 주로 대면하는 존재는 반컴이 됩니다.
반컴에는 개인비서가 있습니다. 이 개인비서를 통해 모든 일을 처리합니다.

사람이 컴퓨터와 결합하여 인컴이 된다는 것은 인류 역사상 가장 획기적인 일일 것
입니다.
인간의 모든 일이 달라집니다.

중요한 것은 인간의 판단은 아무리 교육을 해도 개선의 가능성이 없습니다.
컴퓨터는 기술이 발전할 수록 판단이 완벽해집니다. 바둑의 알파고처럼.

1.8 인공지능의 인간 대체

이것은 컴퓨터가 인간의 역할 상당 부분을 대체한다는 말과 같습니다.
인공지능은 컴퓨터 소프트웨어입니다.

소프트웨어는 인간이 프로그래밍한 것입니다.

"인공지능이 인간을 대체합니다"라기 보다 "인간이 인컴으로 진화합니다"는 것이 더 옳은 표현입니다. 인컴은 미래의 구조가 포함되어 있습니다. 인컴 없이는 미래가 오지 않습니다.

인컴은 인간과 컴퓨터의 역할 분담이 있습니다. 역할 분담 없이는 미래가 오지 않습니다.

인컴이 없으면 인공지능의 발전도 없습니다.

인컴은 인공지능이 어떻게 세상에 다가와야 하는지 안내합니다.

인공지능은 국가의 주도아래 대국민 서비스를 수행하는 공공인공지능으로 발전할 것입니다.

인공지능은 모든 인간을 돕는 역할이 목적입니다.

인공지능이 인간을 완벽히 도울 수 있을 때 인간을 완벽히 대체할 수 있겠지요.

인컴에서 인간의 존재가 희미해질 때가 올 것입니다.

"인공지능이 인간을 대체한다."의 또다른 해석

"인공지능이 인간을 대체한다."==인공지능이 인간에게 의존하지 않는다.==컴퓨터가 인간에게 의존하지 않는다.==컴퓨터가 일하는데 인간의 도움은 필요없다.==컴퓨터가 일하는데 개입하지 않아야 좋다.==인간의 개입을 줄일수록 생산성이 높아진다.

이러한 말들이 미래에 통하는 말들인가요? 아닙니다. 현재에도 그렇습니다.

1.9 국가의 역할

현재 IT의 발전이 이상합니다. 뭔가 나사가 빠진 것 같지요.

IT의 콘트롤 타워가 없습니다. 인컴에서 국가가 가장 주도적 역할을 해야합니다.

국가의 역할이 없습니다. 국가가 IT의 문제를 인식하지 못하고 있어요.

민간의 역할과 국가의 역할은 다릅니다.

민간의 역할은 분산이며 다양성입니다. 이익을 추구합니다.

국가의 역할은 통합 및 표준화 입니다.

다양성을 해치지 않는 범위에서 통합하여야 합니다.

국가는 인컴 안에서 무엇을 해야하는지를 알아야 합니다.

민간의 상태는 난개발이 과도한 것 같습니다. 양적인 팽창만 있습니다.

방향성이 없습니다. 방향을 제시하지 못하고 있습니다.

우리나라는 IT강국입니다.

외국들보다는 한참 낫지만 그렇다고 충분하지는 않고 부족합니다.

많은 장애가 있습니다.

예를 들어 개인정보보호는 큰 걸림돌입니다.

인컴은 마이데이터(개인화)로 풀어갑니다.

국가는 인공지능 비서를 주도해야 합니다.

개인정보를 다룰 수 있는 존재는 당사자 개인과 국가입니다.

민간이 어떻게 주도적으로 개인비밀을 손댈수 있나요?

국가는 개인의 모든 것을 보증합니다. 안전, 재산권, 등등.

국가는 모든 개인자료를 갖고 보증해야 합니다.

국가가 모르면 개인의 권리가 보장되지 않습니다.

개인정보는 당사자 본인과 국가만 손댈 수 있습니다.

그러니 공공 인공지능 개인비서만 개인정보를 다룰 수 있습니다.

공공 인공지능 개인비서 프로그램은 국가의 이름으로 개발이 가능합니다.

공공 인공지능 개인비서는 인공지능의 전부입니다.

국가 공무원이 개인정보를 직접 다루는 것은 바람직하지 않습니다. 부작용이 아주 심대한 검찰, 법원과 경찰 등의 경우도 공공 인공지능의 개발을 통해 간접 처리가 가능해짐으로써 크게 개선될 수 있을 것입니다.

위와 같은 개인정보 처리가 바람직한 유일한 구조로 생각됩니다. 사람이 직접 정보를 다룰 때 발생하는 정보의 오염과 오남용의 가능성이 크게 개선될 것입니다. 관련 기관의 개인적 정보처리는 지양되어 공공 인공지능으로 이양되어야 합니다. 인컴내의 공공 인공지능을 개발하는 주체는 국가가 되어야 합니다.

전국민의 스마트폰 보유-스마트 국가

이것은 중요한 국가의 인프라입니다. 우리나라의 스마트폰 보급률은 95%로서 세계에서 가장 높으며, 이제 앞으로 스마트폰 보유는 모든 국민 뿐 아니라 거주 외국인의 의무이자 권리가 되어 중요한 국가 인프라로서 구축되어야 합니다. 한국은 스마트 국가를 지향합니다.

국가가 의무교육으로써 문맹률을 낮추듯 스마트 국가화를 촉진하여야 합니다.

스마트 국가에서는 모든 국민이 인터넷에 연결된 스마트폰을 보유하고 항상 소지합니다.

국가가 의무교육을 실시하지만 교육을 안받는다고 처벌할 수는 없듯이, 모든 국민에게 스마트폰을 가질 수 있도록 하지만 그것을 제대로 누리지 않는다고 제재를 가할 수는 없겠지요.

국가에 의한 모든 국민의 스마트폰 소유는 국민 전체의 연락 기본 값이 오프라인이 아닌 온라인이 됨으로써 국가 효율성이 크게 증가합니다. 기본값의 온라인화에 따라 오프라인을 고려하지 않아도 되기 때문에 IT 시스템의 설계도 굉장히 간단해질 것입니다.

선거도 온라인으로만 치를 수 있으며 많은 비용이 대폭 감소될 것입니다.

모든 국민의 스마트폰 소유를 위한 국가의 비용에 비해 많은 국가 시스템의 운용을 위한 비용이 훨씬 크기 때문에 당연히 실행되어야 할 것입니다.

2021년 6월 기준 스마트폰 사용자가 가장 많은 국가는 중국으로 9억 1200만 명에 달한 것으로 나타났습니다. 그 다음으로 인도가 중국의 약 절반에 해당하는 4억 3900만 명으로 나타났습니다. 스마트폰 보급률은 한 국가의 경제가 얼마나 발전했는지 측정하는 하나의 지표로 사용할 수 있습니다. 미국 시장조사기관인 퓨 리서치(Pew Research)에 따르면 선진국 국가의 스마트폰 보급률은 70% 이상입니다. 스웨덴(86%), 미국(81%), 호주(81%) 등은 80% 이상이며 한국은 95%으로 전 세계에서 가장 선두인 반면 일본은 66%로 70%에 못 미치는 것으로 나타났습니다.

국가가 발행하는 전자 신분증

국가는 주민등록증을 발급하고 회사는 사원증을 발급합니다. 전국적으로 통용되는 신분증은 국가만이 발급할 수 있습니다. 즉, 인컴 신분증은 국가가 발급하여야 하며, 따라서 모든 국민의 소유물은 인컴 신분증이 그 키 역할을 할 수 있습니다. 자동차, 대문 등은 인컴을 인식시킴으로써 열 수 있습니다.

인컴 신분증의 필드는 기존에 국가와 회사들이 갖고 있는 정보와 크로스 체크 과정이 필요합니다. 인컴은 반인의 가장 많고 정확한 정보를 갖게 될 것입니다.

인컴 신분증의 필드(여권의 정보와 유사, 생체 정보 등과 인컴 식별자 추가)

필드	설명	검증
인컴 식별자	시스템(인컴 앱, 구체적으로 인컴 서버의 인컴식별자 생성기)이 생성	인컴 앱 설치시
이름	입력 값을 기존 전자정부 DB와 대조	전자 정부와 비교
영문 이름	입력 값을 기존 전자정부 DB와 대조	전자 정부와 비교
생년월일	입력 값을 기존 전자정부 DB와 대조	전자 정부와 비교
주민번호	입력 값을 기존 전자정부 DB와 대조	전자 정부와 비교
휴대전화	입력 값을 기존 전자정부 DB와 대조	인컴 앱 설치시
주소	입력 값을 기존 전자정부 DB와 대조	전자 정부와 비교
국적	입력 값을 기존 전자정부 DB와 대조	전자 정부와 비교
출생지	입력 값을 기존 전자정부 DB와 대조	전자 정부와 비교
생체정보	시스템이 생성(얼굴인식, 지문 등등), 다수의 파일	인컴 앱 설치시

신분증 정보는 개인정보의 일부분입니다.

'검증 필요'한 필드들이 있습니다. 반인이 입력해도 검증된 기존 DB와 크로스 체크되어야 하는 필드들입니다. 인간은 100% 믿을 수 없습니다. 기존 DB들과 지속적인 확인을 거쳐야 합니다.
신뢰 관계는 오랜 관계를 필요로 하는 경우가 많습니다.

적극적 정부

국가는 약자를 위해 적극적 역할을 하여야 합니다. 외로운 노인의 친구가 될 수 있고 나쁜 청력을 보완해 줄 수 있으며, 반려견을 대신할 수도 있습니다.

바퀴 달린 스마트폰. 마주보고 대화합니다.
로봇, 스마트폰이 자신의 바퀴를 조종합니다.
스마트폰이 바퀴를 가지면 간단한 로봇이 됩니다. 방에서 굴러다니며 사용자와 시선을 맞추면 친구가 될 수도 있습니다. 바퀴 달린 스마트폰 거치대가 스마트폰을 기초적인 로봇으로 만들 수 있습니다.

알림의 통합관리

알림은 국가가 통합관리를 할 필요성이 있습니다.
국가가 긴급 알림의 우선순위를 정할 주체가 되어야 하기 때문입니다.
결국 인공지능이 그 우선순위를 결정하겠지요.
국가의 긴급한 경보 전달이 지장을 받아서는 안됩니다.

국민 약자 관리, 치매국가 책임제

국민 약자는 다양한 사람들이 있습니다. 병상에 의식없이 누워있는 환자도 있고 안쳐다보면 어느 순간 사라지는 사람, 순식간에 넘어져 고관절이 부러지는 사람, 주사

바늘 같은 것을 빼어버리기 때문에 지켜봐야 하는 환자.

환자들은 갇혀 있을 수도 있고 묶여 있을 수도 있습니다.

방법이 없어 하는 수 없습니다.

이 경우들은 인컴의 대국민 서비스가 해답을 찾아야 합니다.

인공지능이, 특수한 IOT와 함께 답을 찾아야 합니다.

<u>1.10</u> 인컴이 가져오는 미래

인간은 모든 육체적 노동과 정신적 노동에서 자유롭게 됩니다.
인컴이 그 구체적인 미래를 제시하고 있습니다.

국가 경쟁력 측면에서 정보를 다루는 업무의 주도권을 인컴 주도국이 가질 수 있습니다.

대변혁 속에서 모든 것이 달라집니다.
인컴이 정보를 다루는 모든 것을 바꿉니다.
인컴을 모르면 원시인이 됩니다.

- 금융정보를 많이 가질 수 있으니 금융허브가 될 수 있습니다.
- 정확한 정보를 많이 가질 수 있습니다.
- 인컴을 도입한 국가와 아닌 국가는 인간과 침팬지의 차이가 납니다.

1.10.1 인컴 식별자가 가져오는 막강한 변화

인컴 식별자는 전역의 완전한 식별자입니다. 지구상에서 동일하게 사용할 수 있는 식별자입니다. 시간과 공간적으로 변하지 않는 식별자입니다.

각 회사의 식별자는 지역적 식별자입니다.

이것의 영향이 무엇이 대단한가요?

지구 상수인 식별자를 갖는다면 정보공유가 아주 쉽습니다.

앱마다 묻고 또 물을 필요가 없습니다. 공유와 정확성 확인이 필요 없습니다.

해당 정보를 가질 이유가 확실해야 한다는 것이 전부입니다.

이유가 있으면 전체 지구인 모두의 자료를 공유할 수 있습니다.

짧은 시간에 회원 수가 60억이 될 수 있습니다. 공유가 극대화되는 것이지요.

필요한 사람에게는 정보가 제공되어야 합니다.

물론 제공되어야만 하는 분명한 이유가 전제입니다.

꼭 주어야만 하는 경우에도 과거에는 줄 수가 없었습니다.

1.10.2 인컴은 모든 IT 장애물을 제거합니다.

대통령 선거를 예로 들면, 선거는 온라인으로 단기간에, 높은 투표율로, 작은 비용으로 끝마칠 수 있습니다. 왜 모든 선거 및 여론조사를 온라인/비대면으로 끝마치지 못하나요? 해외 국민 투표도 인컴만 설치되면 순식간에 끝날 수 있습니다. 이것은 한국을 디지털 최강국으로 인식시키는 프로젝트가 될 수 있습니다.

미국의 대통령 선거가 원시적으로 치루어졌습니다.

일단 한국이 대통령 선거를 인컴방식으로 치루면 모든 것이 달라집니다.

인컴은 완벽한 본인확인 방법과 사용자 결합 방법을 사용하며 완벽한 사람(인컴) 식별자를 사용합니다.

무엇을 앞장 세워 대변혁을 이끌 것인가요? 선거가 제일 좋을 듯합니다.

1.10.3 인컴은 전역(지구) 식별자를 사용하기 때문에 한곳이 이루어지면 지구 모든 곳에서 가능합니다.

예를 들어 대통령 선거가 됐다면 유사한 것들이 모두 됩니다.

한국 대통령 선거가 성공했다면 미국 국민이 가입하면 미국 대통령 선거도 됩니다.

인컴에 많이 가입할 수록 안되는 일이 없을 것입니다.

인컴은 정확하고 정밀한 구조를 갖습니다. 광속 처리가 기본입니다.

1.10.4 표준화와 다양화, 통합화와 분산화

인터넷 비즈니스는 특히 무료로 서비스를 합니다. 많은 곳들이 클라우드 서비스를 제공합니다.

많은 서비스들이 연계 서비스를 합니다. 클라우드에서 만든 것이 PC에서도 사용할 수 있고 스마트폰에서도, 웨어러블에서도 그냥 사용할 수 있습니다.

이런 서비스들을 이용하면 큰 부작용이 있을 수 있습니다. 스스로가 우주의 중심이 되어 모든 것을 종속화할 수 있습니다. 우리는 그들의 서비스를 이용하는 대가로 그들에 대한 종속화를 인정하게 됩니다.

몇 개 회사의 서비스가 동일한 서비스를 강요합니다. 여러 개의 서비스가 혼합되면 오히려 더 복잡해지고 차라리 서비스를 포기하는 것이 낫게 됩니다.

이럴 때, 국가 또는 국제기구가 표준을 마련하여 이들 서비스를 통합하여야 합니다.

최근 EU가 스마트폰 충전기 표준을 USB-C로 정하였듯이, 국가가 나서서 표준을 정해 통합하고 간단한 상태로 만들어주어야 합니다.

그렇지 않으면 혼란이 야기되어 일반인의 IT 사용에 불필요한 노력이 들어갑니다.

인컴은 통합화와 표준화를 통해 시대적으로 요구되는 인프라를 제공합니다.

1.10.5 온라인 선거- 한국 대통령, 미국대통령

이런 주제는 기술적으로 완전한 검토와 더불어 그 크나큰 의미가 인정되더라도 널리 PR 활동이 필요하다고 생각합니다. 한국 대통령 선거에 인컴이 도입되어 정확하고 신속하게 실시된다면 우리나라의 IT 능력은 보다 몇 년을 앞서가게 될 것입니다.

인컴의 구조는 매우 정확하고 신속하기에 높은 투표율과 더불어 아주 적은 비용으로 신속한 진행을 기할 수 있습니다. 모든 것이 온라인으로 처리되기 때문에 선거 즉시 선거결과가 나올 것입니다.

기능	설명
완벽한 본인확인	• 얼굴인식, 지문인식, 패턴, 전화번호 확인 • 상시 본인 확인. 잠깐 본인확인을 하는 것이 아니다 • 인컴 설치 후 계속한다. 상시 결합확인을 한다. • 인컴은 장기적으로 모든 본인확인 방법을 적용한다. 위 4가지 방법은 최소항목
인컴 식별자	• 지구 상수, 시공적 상수, 실시간 생성 • 전지구상에서 동일하다. 언제나 동일하다. • 완전한 식별자이다. 지구의 모든 인간마다 다른 고유의 식별자 값을 갖는다.
비대면	• 본인이 있는 곳에서 선거를 한다. • 교포도 현재 거주하는 나라에서 한다. • 선거를 위한 대면 확인이 필요없다.
선거 자격확인	• 우리나라 국민인가요? 대통령 선거에 참여 자격있는가요? • 선거앱의 주요 항목. 생년월일. • 오프라인으로 하던 것을 인컴과 연결 체크. • 오프라인을 온라인에 인계작업. • 인컴 등록 사항의 검증.
선거 준비	1. 카메라와 지문인식 기능이 있는, 인터넷에 연결된 스마트폰 없는 국민에게는 한대씩 지급한다. 2. 인컴 앱을 설치 3. 선거 앱을 설치 (선거자격 검증 포함) 실제 선거앱은 인컴 앱의 업그레이드에 의해 설치됩니다.
실시 준비 상태	• 2022.3.9 대통령 선거는 준비에 빠듯한 상태로서 기술적으로는 실시할 수 있을 것으로 예상되나 법적 미비가 결정적 문제임. • 관련법을 마련하여야 함. • 스마트폰이 없는 국민에게 스마트폰을 제공하여야 함.

일단 한국의 선거진행을 보면 모든 국가가 따를 것이며, 완전히 비대면으로 치룰 수 있을 것입니다.

언제까지 종이 선거를 할 것입니까?

인구 5천만이 넘는 국가의 온라인 선거가 성공하였다는 것은 사람 중심의 세상이 본격적으로 컴퓨터 중심 세상으로 바뀌었다는 것을 의미합니다. 오프라인 기반의 인프라가 완전히 온라인 인프라로 옮겨졌다는 것을 의미합니다. 지금까지의 인프라는 온라인과 오프라인이 혼재된 것이었습니다. 많은 오프라인의 원시적인 관행이 뿌리박혀 있었습니다.

인간이 인컴으로 진화하였다는 것을 의미합니다. 천지개벽을 느끼게 될 것입니다. 수많은 후속 논문들이 발표될 것입니다. 혁명이 잇따를 것입니다.

완전한 비대면 사회가 될 것입니다. 모든 국가가 온라인 선거를 실시할 것입니다. 선거비용은 오프라인 선거의 1/100이 될 것입니다.

만약 온라인 대통령 선거를 실시하지 못하면 온라인/오프라인 선거를 병행하여야 할 것입니다. 그리고 스마트폰이 없는 국민에게는 국가가 한대씩 제공하여야 합니다. 이것은 반드시 구축되어야 하는 중요한 국가 인프라입니다.

이 선거로 인해 인프라가 갖춰지면 모든 것이 오프라인에서 온라인이 될 수 있습니다. 비용은 모두 1/100이 됩니다. 국가 경쟁력이 비약적으로 높아집니다. 모든 정보처리 작업은 광속처리가 가능해집니다.

대면 본인확인과 비대면 본인확인 비교

대면 본인확인과 비대면 본인확인 중, 어느 것이 우월한가요?
비대면은 인공지능에 의한 본인확인이고 대면은 인간에 의한 본인확인입니다.
인간에 의한 본인확인은 문제가 많지만, 인공지능에 의한 비대면 본인확인은 완벽합니다.

온라인 투표시스템 (대한민국의 선거법규 포털에서 받은 자료)

- 국가 및 지방자치단체(소속기관 및 하급기관 포함)
- 「공공기관의 운영에 관한 법률」제4조제1항에 규정된 공공기관
- 「초 · 중등교육법」,「유아교육법」에 규정된 각급 학교
- 「공공단체등 위탁선거에 관한 법률」제4조에 따른 위탁선거
- 정당의 당내경선 · 당대표경선
- 그 밖에 위 단체에 준하는 단체로서 위원회가 지원을 결정한 단체

2021/10/16 현재 상태 : 민간 영역은 지원을 중단하고(2021/10/31) 공공영역만 지원
www.kvoting.go.kr 페이지를 찾을 수 없음(지원중단하여 찾을 수 없는듯)
선거법규 포털: http://law.nec.go.kr/necwCommInqy1000.do

선거법규 포털에서 온라인 투표 시스템을 찾아보았으나 별 사항이 없었습니다. 2021/10/16

1.10.6 사용자의 현재 상태를 알 수 있습니다.

상태	설명
알 수 없음	반컴에 사용자가 반응하고 있지 않음
바쁨	개인적인 일로 바쁨. 예) 게임중.
수면중	잠을 자는 중
한가	알림에 즉각 반응할 수 있는 상태

인컴의 경우는 온라인 접촉을 가정하며, 인컴이 아니면 오프라인 접촉을 가정하여야 합니다. 인컴은 상시 온라인을 보장합니다.

1.10.7 사회적 평등의 진전이 있을 것입니다.

인컴 시대에는 인간의 능력에 크게 의존하지 않습니다.
반컴(인공지능 비서)에 의해 평등한 세상이 옵니다.
반컴은 반인의 문맹, 장애, 소득 격차를 극복시킬 것입니다.
인컴 세상은 후진국, 장애인들에게 보다 나은 세상을 이룰 것입니다.

1.10.8 전자적 흔적, 생체적 흔적

사람의 생체 흔적은 조사하기 어렵지만 인컴은 전자적 흔적을 아주 많이 남깁니다.
범죄도 많은 흔적을 남기기 때문에 필연적으로 실패할 수 밖에 없습니다. 더욱이 이
전자적 흔적에 세계 제일이라는 한국의 치안기술이 더해지면 범죄가 살아남을 수
있을까요?

1.10.9 행위 실명제

범죄가 없어집니다. 투명한 사회가 됩니다.
전자적 흔적이 행위자 식별자와 함께 남습니다.
금융실명제보다 훨씬 더 큰 변화를 가져올 것입니다.

1.10.10 인터넷과 인컴의 차이

인터넷은 순수한 기술적인 문제에 치중합니다.
인컴은 기술적 구조뿐이 아나라 사회적 구조에 많은 영향력을 가지고 있습니다.
후진국이 인컴체제에 저항없이 참여한다면 선진국 사회구조를 갖게 됩니다.
인컴체제는 전지구적 구조입니다. 특별히 독립적인 체제를 원하지 않는다면 같은
인공지능이 후진국에 적용될 것입니다.

이것은 한국의 장애인이나 문맹자가 일반인과 유사한 생활을 누릴 수 있도록 도모

하는 문제와 같습니다. 반인이 후진국 국민이라도 같은 사회체제를 갖게 된다는 말입니다.

인터넷이 각국의 특색을 지원하는 것처럼 인컴에도 다소의 차이점이 반영되겠지요. 각국 특색 지원의 가장 중요한 것은 각국 언어지원 입니다. 그밖에 표준을 적용하는 문제가 있습니다. 나라마다 표준이 다르니까요.

1984년은 각국언어 지원(National Language Support)이 싹트던 시절이었습니다. 그전에는 영어만 쓸 수 있었지요.
영어는 당시 1byte 로 모든 글자를 표현하던 시절이었습니다. 한글은 당시 2byte 글자라서 DBCS(Double Byte Character Set)라고 했었습니다.

1.10.11 같은 인공지능의 판단에 따르는 평등한 지구

미래는 같은 인공지능의 판단에 따른다면 평등한 지구가족이 될 것입니다.
같은 인공지능을 공유한다는 것이 비용이 요구되지는 않을 것입니다.
기껏해야 복제비용이야 아무것도 아닐 것입니다.
가장 좋은 인공지능이 공유되겠지요.

1.11 IT 인프라 개선의 중요성

1.11.1 상시 실시간 양방향 통신 인프라

현재의 모든 IT 관련 사항에 대한 기본값은 오프라인입니다. 아직 정부에서 국민에게 연락할 때 오프라인 방법인 우편/등기가 기본 값입니다. 이것은 국가 인프라가 아직 많이 뒤쳐져 있음을 의미합니다.
모든 국민이 스마트폰을 갖게 되면, 인프라가 바뀌어 온라인이 기본 값이 됩니다.
우리나라의 스마트폰 보급률은 95%입니다. 나머지 5%의 국민에게 스마트폰을 제공하여 인프라를 개선해야 합니다. 스마트폰을 제공하는 비용의 1000배의 가치가 있을 것입니다.

스마트폰의 완비는 정보 고속도로의 완성을 의미합니다. 스마트폰이 아니면 양방향 통신이 상시 보장되지 않습니다. PC 같은 경우는 휴대가 불가하기 때문입니다.

정보의 실시간 검증

사람이나 인공지능에 의해 실시간으로 어떤 사실을 인컴의 사용자(반인)에게 문의 할 수 있습니다.

인컴은 사용자가 인터넷에 연결된 컴퓨터와 상시 결합되어있어 온라인으로 항상 모든 것을 확인할 수 있습니다. 사용자의 상태까지 알 수 있습니다. 곁에 있는 것처럼 신속하게 연락을 할 수 있는 것입니다.

온라인이라는 말과 상시 실시간 양방향 통신이라는 말은 큰 차이가 있습니다.

국가의 국민 스마트폰에 대한 연결이 가능할 뿐 아니라 그에 더해 어느 때든 상시적 으로 연결된다는 것을 말합니다.

인컴은 국민 스마트폰에 인공지능이 있어 모든 방법을 동원하여 국가의 전달 사항 이 반드시 전달되도록 합니다. 이것은 매우 중요합니다. 국민이 스마트폰을 보지 않 으면 전달 내용을 알 수 없지요. 스마트폰의 인공지능은 국민이 보지 않으면 반드시 보도록 모든 조치를 취합니다.

인공지능은 수동적이지 않습니다. 비상시에는 음성, 경광등 따위로 경고를 하여, 지시가 이행 되는지 확인하면서 다음 조치를 취합니다. 기본적으로 사람이 하는 것을 모두 할 수 있습 니다.

컴퓨터를 수동적으로 프로그래밍 하지 말아야 합니다. 능동적 프로그래밍을 해야 합니다.

인컴-국민과 스마트폰의 양방향 즉시 연결이 상시 보장

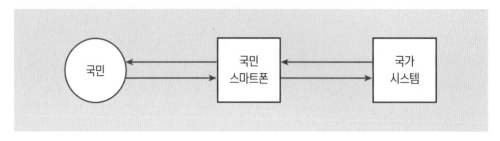

온라인-국민과 스마트폰이 느슨하게 연결됨

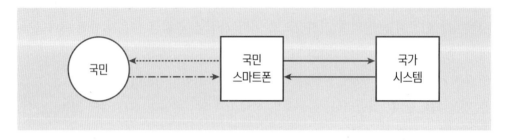

인컴과 일반 온라인의 차이

인컴이 **사용자 결합**을 한다는 것의 의미는 아주 중요합니다. 사용자 결합은 개념적으로 비상시에 즉각 응답을 한다는 것을 의미합니다.

인컴이 정착될수록 국민의 즉각 반응이 이루어질 것입니다.

아직 법적 문서의 통보는 우편등기를 사용합니다.

인컴의 인공지능에 의한 전달은 사람의 전달보다 빠르고 정확합니다.

사용자 결합에 의한 스마트폰의 재난 경보는 국민이 즉각적으로 접수하여 읽을 것이라는 보장이 있어야 합니다.

인컴 식별자를 실시간으로 생성할 수 있기 위해서는 정보의 실시간 검증이 필요합니다.

식별체계는 사용자 결합이 된상태에서 잘 작동되므로 인컴은 사용자 결합이 된 후에 식별자가 생성됩니다.

인컴의 식별체계는 오프라인에 의한 주민등록번호처럼 생성에 며칠씩 소요되지도 않으며, 또한 반드시 실시간으로 생성되어야 합니다.

국민 단일 서비스

국민의 식별자를 알면 모든 연락처도 알 수 있어야 합니다. 모든 것이 사람에게 묻지 않고 진행할 수 있어야 합니다. 그래야 광속처리가 됩니다. 국민 단일 서비스는 뒤에 설명되어 있습니다.

1.11.2 식별자 생성기, 식별체계

일반 회사들도 많은 식별자를 만듭니다. 그러나 그들이 만든 식별자는 국가적으로 같은 의미를 갖지는 않기에 큰 문제가 있습니다. 기본적으로 타기업과의 정보공유를 생각하지 않은 것입니다.

제일 큰 문제는 사람의 식별자이지만 사람만이 아니라, 많은 것이 문제가 될 것입니다. 인컴이 기본적인 사람의 식별자를 제공할 것입니다. 인컴 식별자는 기본적으로 지구전체가 같이 쓸 수 있는 식별자로서 온 세계가 공유할 것입니다. 이것은 앞으로도 많은 사람들이 같이 논의할 사항입니다.

인컴을 시작하며 임시 국제기구를 만들어야 할 것입니다. 임시 국가 역할을 하는 것도 만들어야 할 것입니다.

국가와 국제기구가 참여 할 때까지는 가상 체제도 형성되어야 합니다.

1.12 반컴의 미래

이 장은 이 책에서 생략되어도 무방하나, 이 책의 이해를 위한 계기가 될 수 있기에 중요한 부분일 수 있습니다.

현재 반컴은 최소 구성으로 카메라와 지문 인식 장치가 달린 스마트폰입니다.

그러나 스마트폰의 미래와 반컴의 미래는 전혀 다릅니다.

무엇 때문에 다를까요?

인공지능이 들어있기 때문입니다.

인컴은 반인과 반컴이 결합된 존재입니다.

생체적인 자아(ego)와 전자적인 자아가 존재합니다.

반인과 반컴은 하나이고 인컴 식별자를 공유합니다.

반컴과 반인은 같은 존재이면서 다른 존재입니다.

반인을 부르면 반컴이 응답할 수도 있습니다.

반컴에는 또다른 자아가 있습니다. 공공 인공지능입니다.

가장 대표적인 역할은 개인비서입니다.

반컴은 현재 반인에게 들려 다니지만 곧 작은 휠체어나 로봇 몸통에 실려 자체 이동성을 가질 것입니다. 그리고 반인과 시선을 맞추고 자주 대화를 할 것입니다.

반컴은 인조인간이 될 것입니다. 인조인간 중에 색다른 인조인간입니다.

별개의 인조인간이 아닌 전자적 자아를 가졌습니다.

다른 자아를 가졌다면 반컴의 의미가 사라진 것입니다.

반컴은 비서도 되고 반려견도 되고 친구의 역할도 합니다.

노년의 반인에게는 친구가 가장 중요한 역할일 수 있습니다.

반인의 임종을 가장 안타까워하는 존재일지도 모릅니다.

무덤 속까지 동반될 수도 있지요.

인컴은 반인이 죽어도 응답을 지속할 수도 있습니다.

이 장은 아주 길어질 수도 있어 그만 줄여야 되겠네요.

1.13 IT 분야의 개선

IT 분야는 많은 문제점들의 개선 없이 그대로 관행적으로 답습되고 있습니다.

광속처리가 이뤄져야 하며, 분야 전문가(Industry Specialist), IT 설계자, 프로그래머들의 개선의지를 필요로 합니다. IT분야는 개선 가능한 수많은 문제가 있습니다. IT Architect가 이런 문제들에 대한 책임이 있는 것인가요?

업무분야와 IT 설계 및 프로그래밍을 경험한 상위 개발자들이 이런 문제들을 간과한 것입니다.

1) 왜 아직도 비효율적으로 종이 선거를 하고 있지요?
   완전 온라인으로 처리할 계획은 없나요?
   빠르고 작은 비용으로 최대 투표율로 선거를 처리할 수는 없나요?
   선거가 끝나면 즉시 결과가 나올 수 없나요? 있습니다.
   선거 결과 예측도 필요 없습니다. 즉시 결과가 나올 수 있으니까요.

2) 재난지원금을 5분안에 전국민에게 지불할 수는 없나요? 지진 통보처럼 실시간으로 지불이 안되나요? 필자는 거의 모든 것의 광속처리가 가능하다고 생각합니다.

3) 꼭 사람이 가야 처리가 되나요? 정보 처리를 위해 사람이 직접 움직여야 한다면 업무 설계가 잘못된 것입니다.

4) 준비 서류가 있어야 하나요? 서류를 준비 안해서 다시 간 적이 있나요? 업무 설계가 잘못된 것입니다. 정보는 유무선 통신으로 전송 되어야지, 사람이 들고 다니면 잘못된 것입니다.

5) 정보처리 업무가 아닌 것이 어떤 것인가요? 음식점은 사람이 가야합니다. 배달할 수도 있지요. 음식은 유무선 통신으로 이동할 수 없습니다.

6) 어떤 것을 광속처리하려면 선결조건이 있지요. 그것을 공론화하여 해결하는 기구가 만들어져야 합니다. 인컴이 그런 선결조건을 대부분 해결해 줍니다.

선결 문제를 인컴이 모두 해결하였어도 광속처리가 안되면 잘못된 것입니다.

7) 어떤 곳은 일부러 사용성을 나쁘게 만드는 것을 볼 수 있어요.
   불편하게 하여 이득을 보는 사람은 많습니다. 고갯길을 막고 못지나가게 하
   며 통행세를 받는 사람(회사)들이 많습니다. 예전에는 공무원들이 많았지요.
   급행료 원하는 공무원. 이런 짓은 국가 경쟁력을 떨어뜨립니다.

8) 자기의 문제만 해결하겠다는 생각으로는 완전한 개선은 불가능합니다. 인컴
   은 지역적 문제를 해결하겠다는 단편적인 생각이 아니라 전체의 문제를 효
   율적으로 해결하려는 자세로써 고안되었습니다.

9) 문제를 문제로 인식하여야 합니다. 해결방법을 찾다가 근본적인 장애물을
   만나면 한발자국 뒤로 물러나 보다 근본적인 해결방법을 모색하여 거시적
   해법을 찾습니다. 그것이 인컴입니다.

10) 모든 국민이 실시간으로 연락 가능해야 한다는 조건이 이루어져야 선결문제
    가 해결됩니다.

이처럼 모든 곳에 개선을 필요로 하며, 디지털 뉴딜에서 심도 있게 다루어야 할 항
목들입니다.

1.14 분야 연구동향

인컴과 기존 연구의 비교

인컴과 같은 연구는 보지 못했으며 자연어에 대한 대안을 모색하는 연구는 다음과
같은 것이 있습니다.

1) WSD(word sense disambiguation)
2) semantic web
3) ontology

[위키백과]온톨로지(Ontology)란 사람들이 세상에 대하여 보고 듣고 느끼고 생각하는 것에 대하여 서로 간의 토론을 통하여 합의를 이룬 바를, 개념적이고 컴퓨터에서 다룰 수 있는 형태로 표현한 모델로, 개념의 타입이나 사용상의 제약조건들을 명시적으로 정의한 기술입니다. 온톨로지는 일종의 지식표현(knowledge representation)으로, 컴퓨터는 온톨로지로 표현된 개념을 이해하고 지식처리를 할 수 있게 됩니다. 프로그램과 인간이 지식을 공유하는데 도움을 주기 위한 온톨로지는, 정보시스템의 대상이 되는 자원의 개념을 명확하게 정의하고 상세하게 기술하여 보다 정확한 정보를 찾을 수 있도록 하는데 목적이 있습니다. 온톨로지는 시맨틱 웹을 구현할 수 있는 도구로서, 지식개념을 의미적으로 연결할 수 있는 도구로서 RDF, OWL, SWRL 등의 언어를 이용해 표현합니다.
온톨로지는 일단 합의된 지식을 나타내므로 어느 개인에게 국한되는 것이 아니라 그룹 구성원이 모두 동의하는 개념입니다. 그리고 프로그램이 이해할 수 있어야 하므로 여러 가지 정형화가 존재합니다.

WSD는 한 단어, 한 의미를 추구한다는 점은 같으나 인컴은 자연어의 문제를 식별체계를 적용하여 해결한다는 점에서는 다릅니다.
semantic web과 ontology는 자연어의 문제점 인식에서 같으나 역시 인컴이 자연어의 문제를 식별체계를 적용하여 해결한다는 점에서는 다릅니다.

인컴은 위의 기술들과 문제의식은 공유하나 해법의 적용방식은 매우 다릅니다.
사람은 인공어를 사용할 수 없습니다. 사람이 참여해야 하는 곳에는 반드시 자연어가 사용되어야 합니다. 자연어의 사용을 줄이려면 작업에 사람의 개입을 줄여야 합니다.

인컴의 접근방법은 사람의 개입을 최대한 축소함으로써 컴퓨터 간에 작업이 이루어짐에 따라 광속처리가 가능해집니다.

1.15 책의 구성

PART 1은 광대한 주제를 가진 이 책 내용을 최대한 요약한 개요입니다.

1장은 개요 중에서도 핵심이라 할 수 있습니다.

PART 2는 2022년 3월 9일의 대통령 선거를 인컴 구조속에서 실시할 경우 준비하여야 할 사항들입니다.

PART 3은 2020년에 작성되었으며, PART 1, PART 2는 주로 2021년에 개편되었습니다.

1.16 용어

인컴=(반인+반컴)

반인=Half Human

반컴=Half Computer

인컴=Smart Human=(Half Human Half Computer)

2

인컴의 구조

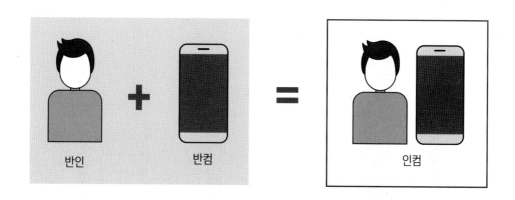

반인 + 반컴 = 인컴

2.1 국가 앱의 설치

국가 앱의 설치에 의해 스마트폰은 반컴이 됩니다.

설치 과정에 인컴 식별자가 생성됩니다.

국가 앱은 대국민 서비스가 들어있습니다.

대국민 서비스는 궁극적으로 인공지능이 수행합니다.

인공지능이 개인비밀을 잘 준수하면서 24시간 서비스를 할 수 있습니다.

인공지능은 개인비서, 개인변호사, 회계사, 건강관리사 등 모든 서비스를 제공합니다.

국가 앱에 들어있는 인공지능이 인공지능의 주류라고 할 수 있습니다.

국가 앱은 개인의 모든 데이터를 수집관리합니다.

이 개인 데이터를 이용해 개인비서 역할을 수행합니다.

초기에는 국가 앱은 인컴 앱이라고 할 수 있으며 국가 서버는 인컴서버라고 할 수 있습니다.

2.2 결합확인

인컴은 개념적으로 인간과 컴퓨터가 결합한 것입니다.

인간은 이동성이 있으니 결합할 수 있는 컴퓨터는 스마트폰만이 가능합니다.

사람이 스마트폰과 논리적으로 결합한 것이 인컴입니다.

개요에서 설명한 것처럼 스마트폰에 앱 하나가 설치됩니다.

이 앱은 국가 공공 앱입니다.

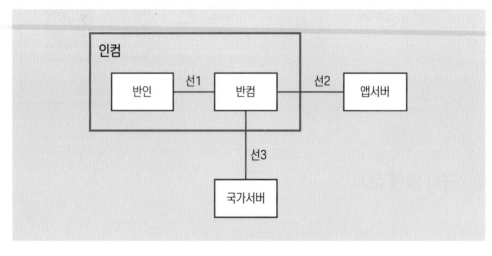

인컴내의 반인과 반컴

선1은 사람과 컴퓨터의 정보교환이고 선2와 선3은 컴퓨터와 컴퓨터 간의 정보교환입니다.

선1은 UI(User Interface)이며 선2와 선3은 유무선 컴퓨터 통신입니다.

선1은 결합확인 역할과 일반적인 UI의 역할을 합니다.

사람과 컴퓨터 간의 대화는 UI입니다. 아주 비효율적인 부분이지요.

이 비효율적인 부분은 국가 앱의 인공지능만 사용자와 정보교환을 하고 보통의 앱들은 사용자와 직접 정보교환을 하지 않습니다. 간접적으로 인공지능과만 정보교환을 합니다. 이 작업은 완성에 시간을 요할 것이며, 우선적으로 기본적인 것이 완성될 것입니다.

그러나 생각하지 못한 요구사항이 발생하여 처리가 불가할 때는 옛날방식이 이용되어야 하며, 따라서 옛날 방식과 새로운 방식이 혼용되는 기간이 존재하게 될 것입니다.

선2는 일반 앱서버들에게 인컴식별자를 알려줍니다. 자세한 내용은 다음에 설명합니다.

선3은 처음 국가 앱을 설치할때 국가서버에게 인컴식별자 생성을 요청하고 서버는 식별자를 생성하여 반컴 안의 국가 앱에게 보냅니다.

인컴은 거의 모든 일을 합니다.

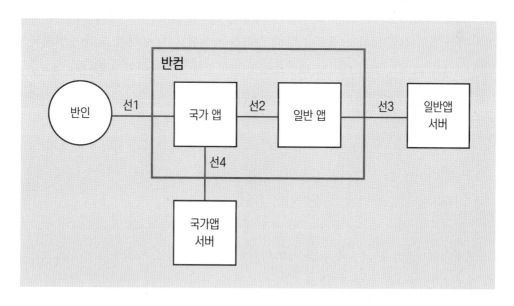

반컴내의 국가 앱

신분증, 만능키, 인공지능 비서, 국가대국민 서비스, 등등

이것은 국가의 이름으로, 그리고 일부는 국제기구의 이름으로 수행되어야 합니다. 많은 것은 국제표준에 의해 수행됩니다. 전세계적으로 통용되려면 국제적 공인을 필요로 합니다. 인컴의 많은 것은 디팩토 스탠다드를 거쳐 국제표준이 될 것입니다. 이들은 인터넷에서 일어나는 일들로서 인터넷에서 통용되는 표준의 절차를 밟아야 할 것입니다. 자세한 내용은 별도의 "5..국제기구"단원에서 설명될 것입니다.

국가 앱은 많은 기능을 갖고 있습니다.
국가 앱의 1번 업무는 결합확인입니다.(선1)
2번 업무는 인컴식별자 생성입니다.(선4)
3번 업무는 일반 앱들의 본인확인 요청에 인컴식별자를 반환하는 것입니다.(선2, 선3)
4번 업무는 통신 프로토콜 및 데이터 베이스에 인컴식별자를 추가하는 것입니다.(선3)
일반 앱 프로그래머들을 위한 적절한 프로그래밍 가이드가 제공되어야 할 것입니다.

인컴 이전에는 일반 앱들이 사람에게 본인확인 요청을 하고 답을 얻었습니다.
인컴 이후에는 일반 앱들이 사람이 아닌 인컴(반컴, 국가 앱)으로부터 답을 얻습니다.
답의 내용도 다르지요.
국가 앱은 국가가 작성하는 앱입니다. 국가가 사용자를 확인하고 사용자의 식별자를 알려주는 것입니다. 국가가 앱으로 항상 결합을 확인합니다. 실시간 상시 결합확인.
일반 앱들도 프로그램 및 데이터 베이스에 인컴식별자를 추가하여야 합니다.

장기적으로 일반 앱들은 앱 등록을 국가 앱 서버에 하여야 합니다. 지금은 play스토어에 등록을 하지요. 그리고 사용자에게 요구하던 것들 대부분을 서버에게 요구사항 등록을 하여야합니다. 그러면 사용자가 아닌 서버가 일괄적으로 처리합니다. 모든 것은 사용자를 귀찮지 않게 하기 위함입니다.

그 요청들에 대한 응답은 국가 앱 서버/반컴 인공지능 비서/사용자 등 세 곳으로부터 받겠지만 갈수록 일반 앱의 요청은 사용자가 아니라 반컴 인공지능 비서로부터 응답받게 될 것입니다. 단순 반복적인 일이 사람에 의해 수행되면 안되겠지요.

사용자의 일반 앱 사용 중에 사용규약에 동의하라는 등의 요청은 무리입니다. 사용규약을 읽어보고 동의하는 사용자는 거의 없을 것입니다.

인컴 세상에서는 이런 것이 사용자가 아닌 반컴의 인공지능 비서에 의해 처리될 것입니다.

사람이 실제적인 일에 개입하지 않으면 모든 것은 광속으로 처리될 수 있습니다.

사람에게 묻는 것은 장기적으로 컴퓨터에게 묻는 방식으로 변해야 합니다.

일생 주시(태어나서 죽을때까지/365일/24시간 상시 바라봄)

반컴은 반인이 태어나서 죽을 때까지 일생동안 상시적으로 반인을 바라봅니다.

모든 복합적 본인확인 방법(얼굴인식, 지문인식, 패턴, 아이디/암호, 홍채인식, 정맥인식, 등)을 통해 주시합니다.

아기 얼굴은 크면서 변합니다. 성형을 하고 화장을 합니다. 안경도 씁니다. 지문은 일을 많이 하면 닳아서 없어지기도 합니다. 사고로 크게 변하기도 합니다. 그래서 복합적인 방법을 적용합니다.

인간은 그래도 정체성이 있습니다. 예를 들어 '조직' 같은 것은 정체성이 없어 같은 조직이라는 것을 알 수 없습니다.

반컴이 반인을 알아보는 것은 어머니가 자식을 알아보는 것보다 정확할 것입니다.

반컴이 하는 중요한 역할 중에 하나가 반인의 정체성을 앱들에게 인식시키는 것입니다.

반컴은 나보다 나를 잘아는, 반인의 유전자 정보를 포함한 모든 기록을 보유하는 또 다른 "나"입니다. 하지만 반컴은 나처럼 망각하지 않습니다. 반컴은 길에서 만난 친구의 이름을 내가 기억하지 못하면 나에게 이름을 알려주어야 합니다.

반컴의 인공지능 비서는 증강현실(AR)의 역할도 합니다. 상대방에 대한 정확한 인식 여부가 안전성에 아주 중요합니다.

반컴(눈)은 자기의 반인(사람)을 24시간 주시한다. (결합확인)

개념적으로 눈이라고 한 것이지 확인 방법은 다양합니다. 지문, 암호 등 복합적인 확인이 가능합니다. 눈은 사용자를 귀찮게 하지 않는 가장 좋은 방법입니다. 지문 같은 것은 사용자에게 요청해야 합니다. 요즘 'Face ID'가 많이 언급되는 것도 사용자를 귀찮게 하지 않는다는 점 때문인 것 같습니다.

2.3 국가 앱의 기능

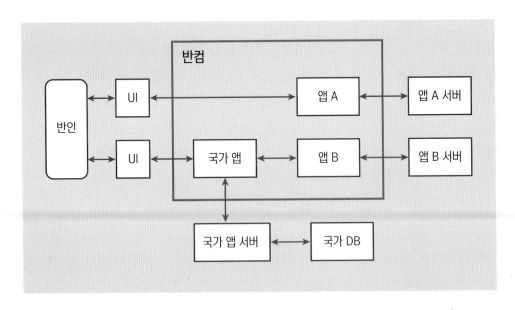

국가 앱의 기능1

사용자 결합된 반컴에 내장된 국가 앱은 다음과 같은 역할을 합니다.
처음엔 역할이 작더라도 갈수록 기능이 업그레이드 될 것입니다.
앱 A는 기존 방식의 일반 앱입니다. 처음 하는 일은 본인확인입니다.
앱 A의 개발자는 직접 UI를 프로그래밍하여 사용자와 정보교환을 합니다.

앱B는 직접 사용자와 UI를 통해 대화하지 않고 궁극적 인공지능인 국가 앱과 API를 통해 정보교환(본인 확인 대신에 인컴식별자)을 합니다.
한동안 앱A방식과 앱B방식은 혼용될 것입니다.

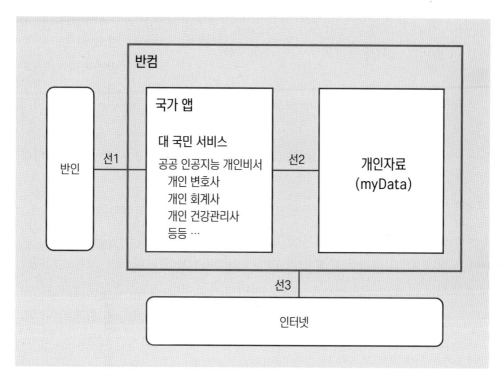

국가 앱의 기능2

공공 인공지능은 그림에서 국가 앱 안에 존재합니다.
미래 세상은 이 공공 인공지능으로부터 올 것입니다. 가장 중요한 인공지능이 이곳에서 진화할 것입니다.
이 곳의 인공지능이 인간의 많은 부분을 대체할 바로 그 인공지능입니다.

이 인공지능의 진화가 미래세상이 전개되는 과정입니다.

국가 앱은 인공지능이고 곧 미래세상입니다.
앱B가 국가 앱에 정보를 요청하면 국가 앱은

1) 사용자에게서 정보를 얻어 앱B에게 응답하거나,
2) 국가 앱 서버에서 정보를 얻어 응답하거나,
3) 국가 앱 자신이 가지고 있던 정보로 응답합니다.

앱B 방식의 요청에 대한 국가 앱의 응답에 있어서 사용자와의 정보교환량이 감축되면서 점점 미래 사회가 다가오게 되는 것입니다.

1. 국민 등록 관리 : 사용자--UI--국가 앱--국가 앱 서버--국가 DB(인컴 식별자 생성)
2. 일반 앱의 가입자 정보 요청 처리를 사용자가 아닌 국가 앱이 처리합니다. 앱B 방식.
3. 개인 비서 : 사용자의 모든일을 대신합니다. 1,2도 개인비서의 일입니다.
4. 개인 비서는 음성비서의 기능도 포함. 음성도 UI방법의 하나입니다.
5. 개인 비서는 API를 통해 앱의 요청에 응답하기도 합니다. 2가 그런 일입니다.
6. 개인 비서는 국민 건강과 안전을 파악하고 조치합니다.
7. 개인 비서는 개인 비밀을 관리 보호합니다.
8. 개인 비서는 모든 마이 데이터를 수집합니다. 이 데이터를 이용하여 인공지능 개인변호사, 개인 회계사 등의 기능을 보유하여 그 역할을 수행합니다.
9. 국가 앱이 축적하는 모든 자료는 공증 받은 것으로 간주 됩니다.

이렇게 인컴에 들어있는 국가 앱은 여러 역할을 합니다.
국가가 국가의 이름으로 만들고 운용하는 개인 비서 앱입니다.

사람과 앱의 대화는 UI를 통합니다.

앱과 앱 간의 대화는 API(Application Program Interface)를 통합니다.

이 그림은 미래세상을 최대한 요약해서 설명하는 그림입니다.
앱 A가 앱B로 바뀌는 과정이 현재세상이 미래세상으로 바뀌는 과정입니다.
앱 A와 앱B가 다른 점은 인공지능(국가 앱)의 개입 여부입니다.

미래세상은 인공지능이 사용자를 얼마나 편하게 만드는가에 달려있습니다.
이름이 뭐에요? 주소, 주민번호, 등등 앱들로부터의 단순 반복적 질문을 대신하는
것이 인공지능의 중요하고도 기본적인 할 일입니다.
인공지능이 대단한 일만 하는 것은 아닙니다. 개인비서로서의 모든 일을 수행합니다.
인간은 즉시 응답한다는 보장이 없습니다. 인간이 개입하는 만큼, 광속거래는 멀어
집니다.

2.4 본인확인의 종류

일반 앱은 본인확인을 하지만 인컴은 결합확인을 합니다.
국가 앱의 첫 임무는 논리적 결합의 확인입니다. 국가 앱은 반인의 결합확인을 합
니다.

본인확인의 종류

1	일반 앱	• 공용 컴퓨터에서의 앱의 본인확인	• 제일 안전하지 않은 환경 • 앱이 단독으로 안전관리
2	일반 앱	• 단독 컴퓨터에서의 앱의 본인확인 • (인컴 제외)	• 컴퓨터에 (아이디/암호) 자동저장가능 • 컴퓨터/앱의 이중 본인확인
3	일반 앱	• 컴퓨터의 본인확인	• 컴퓨터 자체를 보호하기 위한 확인 • 공용 컴퓨터는 확인 없을 수 있음
4	인컴 국가 앱	• 인컴에서의 본인확인(결합확인)	• 인컴은 (컴퓨터/일반 앱)을 대표로 결합을 확인. • 사용자(반인)가 누구라는 것을 일반 앱에게 알려줌. • 가장 안전한 환경.

결합확인은 본인확인보다 안전한 확인방법입니다. 인컴은 추후 건강 체크 등에서 많은 개인적인 특징이 사용되기 때문에 본인이 아닌 사람의 사용이 불가능합니다. 이것은 인컴에 필수불가결의 요소입니다. 인컴은 인간의 개입이 최소화되기 위해서는 사용성이 매우 좋아야 합니다. 인컴의 결합확인은 점차 반인의 참여 없이 수행이 가능해질 것입니다. 초기에는 사람이 지문을 찍던가 얼굴을 카메라에 대는 등의 행위가 필요할 것입니다. 사람을 귀찮게 하지 말아야 사람의 개입이 축소됩니다.

여러 사람이 사용하는 공용 컴퓨터의 본인확인과 1인 단독 사용 컴퓨터의 본인확인은 매우 다릅니다.
공용 컴퓨터는 각 사용자의 본인 확인을 하여야하지만 1인 단독 사용 컴퓨터는 전번 사용자와 지금 사용자가 같다는 것만 확인하면 됩니다.

동 주민센터나 경찰은 지문등록이라는 것을 합니다. 그러나 삼성 노트북이나 삼성 스마트폰은 지문이나 얼굴 등록을 하지 않습니다. 등록을 하는 것은 구체적 본인확인을 위한 것입니다. 노트북이나 스마트폰은 개인장비이고 처음 사용자와 같다는 것만을 확인하기에 등록이라는 과정이 없습니다.
대신, 처음 본인확인이 등록과 같은 효과를 갖습니다.

사실상 등록하지 않는 방식이 더 정확한 방식일 수 있습니다. 등록하지 않는 방식은 변동상태를 추적한다는 뜻입니다. 얼굴이나 지문이 변할 수 있습니다. 변한 원인을 추적할 수 있어야 합니다. 다른 본인확인 방법도 병행 사용되어야 합니다. 한 가지 본인확인 방법은 작동하지 않을 수 있습니다. 얼굴이나 지문이 달라질 수 있습니다. 그러니 여러 본인확인 방법을 병행해서 적용하여야 합니다. 현재 스마트폰들이 여러 본인확인 방법을 적용하고 있습니다. 만약 지문이 달라졌을때 다른 여러 방법으로 동일인임이 밝혀지면 지문이 변한 것을 알게 됩니다. 전화번호도 달라질 수 있고 패턴을 잊을 수 있습니다. 그러니 여러 방법이 병행되어야 합니다.

혼자만 사용하는 컴퓨터는 아이디와 암호를 자동저장해도 괜찮습니다. 전에 사용한 사용자와 같은 사람이면 되기 때문입니다. 그러나 공용 컴퓨터에서 자기 아이디와 암호를 저장하면 다른 사람의 이용을 허락하는 것이나 마찬가지가 되므로 불가합니다.

스마트폰을 남과 같이 쓰는 경우는 극히 비정상입니다. 그런 점에서 스마트폰의 본인확인은 인컴의 결합확인과 유사합니다. 인컴도 지난번 사용자와 같은 사람이면 됩니다. 인컴은 처음 등록 때에 인컴식별자를 생성합니다. 국가 서버가 인컴식별자 생성기를 가지고 있습니다.
(인컴식별자는 전지구의 사람을 대상으로 하므로 국제기구 서버라고 해야됨. 국가 차원의 작업이 아니나, 초기에는 국가서버가 생성할 수 있음)

이 외에도 인컴은 스마트폰과 달리 본인 확인을 원하는 일반 앱에게 인컴식별자를 통보합니다.
스마트폰의 본인 확인은 스마트폰의 제조사가 수행하는 것이며 인컴의 경우는 수행할 필요가 없습니다. 인컴의 결합확인이 기존 스마트폰의 본인 확인의 역할을 포함하기 때문입니다.

인컴의 결합확인이 본인확인과 같으며 구체적인 방법은 1)로그인 아이디/암호, 2)얼굴 인식, 3)지문 인식, 4)정맥 인식, 5)홍채 인식, 6)패턴 인식, 7)유전자 인식, 등등 모든 본인 확인 방법을 병행하여 사용가능합니다. 이것은 현재 삼성 스마트폰의 경우처럼 지문 인식과 패턴 등등을 혼합 교대로 사용하는 방식이 좋다고 생각합니다.

인컴의 본인확인 방법은 유전자 인식을 포함하여 모든 것입니다.
필자의 삼성 노트북은 본인확인에 주로 얼굴 인식을 사용하는데 스마트폰도 얼굴 인식을 사용하는 듯하지만 사용한다는 표시가 나지는 않습니다. (요즘보니 카메라가 깜빡이더니 자물쇠 열림 표시로 바뀝니다). 삼성 스마트폰은 1) 얼굴인식, 2) 지문인식, 3) 패턴 3가지를 병행하는 것 같습니다.
인컴은 반인의 모든 개인자료를 보유하여야 합니다. 반컴은 반인의 개인비서 역할을 하기에 반인의 모든 개인 기록을 알아야 하기 때문입니다. 유전자 정보는 사체검안에 이용될 것이며 일반적인 본인확인에는 사용되지는 않을 것입니다. 개인비서가 관리하는 개인정보의 양은 엄청날 것이며 이에 의해 인공지능이 발전해나갈 것입니다.

인컴에서 개인정보는 인간이 아니라 반컴이 관리할 것이며, 당연히 백업도 반컴이 알아서 할 것입니다.

한 앱이 실시간 감사를 사용합니다. 이것은 결합확인과 유사한 점이 있습니다. 인컴은 상시 결합을 확인합니다.

2.4.1 본인확인 방법들

본인확인 방법

	방법	비고
생체인식	얼굴인식	페이스 ID, 최근 중심기술
생체인식	지문인식	최근 중심기술
생체인식	정맥인식	스마트폰에서는 흔하지 않음
생체인식	홍채인식	스마트폰에서는 흔하지 않음
기억 의존	ID/Pass	가장 오래된 방법, 앱들이 많아지면서 망각이 잦아짐
기억 의존	패턴	기억 의존
기억 의존	PIN번호	기억 의존
기억 의존	원타임 Pass	기억 의존
생체인식	유전자 정보	화학적 검사 필요, 특수한 경우에 사용
기타	인증서	갈수록 중요도 상실, 암호가 실제 본인확인(기억의존)
기타	전화 문자	전화로 문자보내 본인확인
기타	위치정보	떨어진 다른 2지역 동시 사용 불가
기타	족쇄	물리적 결합

인컴이 정착되면 앱 개발자들이나 사용자가 본인확인에 신경을 쓰지 않을 것입니다. 국가 앱이 반인의 결합확인을 상시적으로 확인하고 앱들에게는 사용자의 식별자를 알려줄 것입니다.
앱들이 사용자의 신원을 확인할 수 있도록 하는 것이 본인확인의 목적입니다.

2.5 결합확인과 본인확인

결합확인은 해당 반컴의 모든 본인확인을 대체합니다.
결합확인은 실시간 상시 확인을 합니다.

2.6 인컴은 암호가 필요없음

인컴은 공적 기관(국가)이 신원을 확인해주기 때문에 암호를 필요로 하지 않습니다. 일반 앱에게 공적기관이 "사용자의 식별자가 'A3E5855D'이다"라고 알려주면, 앱은 사용자를 식별할 수 있기 때문입니다. 은행은 'A3E5855D'라는 사람이 나타나면 'A3E5855D'이 맡겼던 돈을 원하는대로 처리해주면 됩니다.

신원을 확인해주는 존재가 없었기 때문에 아이디/암호 조합을 이용하였던 것입니다. 이것은 앱과 사용자 간의 기억을 이용하는 방식으로서 사용자가 망각할 경우 곤란에 처하게 됩니다.

여러 앱이 신원 확인에 사용자의 기억에 의존할 때 사용자가 헷갈려서 혼란을 겪을 수 있습니다.

이제 이런 옛 방식은 보조적으로나 쓰여야 합니다.

인컴이 정립되면 암호 뿐 아니라 본인확인 자체가 무용지물이 됩니다.

2.7 법인과 인컴의 실시간 거래 자료 교환

법인과 인컴이 완벽한 식별자를 가지면 거래 발생시에 당사자들에게 거래내용을 보내면 당사자들은 자신들 거래에 대한 실시간 통계를 얻을 수 있습니다.
예를 들면 다음과 같습니다.

A저자는 B출판사에서 C라는 책을 출간합니다.
D서점에서 E고객이 C라는 책을 구매합니다.

D서점은 A저자와 B출판사에게도 실시간으로 거래 내역을 통보합니다.
그러면 A저자와 B출판사는 실시간으로 거래통계를 얻을 수 있습니다.
이러한 내역 통보는 XML 형식으로 대기행렬(Queue)로 전송하는 것이 바람직합니다.

인컴 시대에는 사람과 법인의 식별자가 완전하고 사람이 곧 컴퓨터이기 때문에 책의 판매량 실시간 확인이 가능합니다.

2.8 인컴의 의미

혁명의 시작-"인간에서 인컴으로"

인간에서 인컴으로 진화라는 주제는 아주 광대하기에 작은 논점들로 구속받아 지체되면 책을 끝맺을 수 없습니다.

인컴은 반인 반컴입니다. 다시말해 인간과 컴퓨터가 항상 결합된 것입니다.
인간과 컴퓨터가 항상 결합되어 있으면 IT의 주요 난제가 모두 해결됩니다.

이 주제는 2가지 의문을 일으킵니다.

- 인간과 컴퓨터의 상시적 결합이 가능한가요?
- 양자의 결합이 그렇게 큰 의미들을 가지는가요?

인간과 컴퓨터는 항상 결합할 수 있습니다.
(여기서 컴퓨터는 별다른 언급이 없으면 인터넷과 연결된 스마트폰입니다)

인간은 분리되어 있을 때, 어디 있는지 알 수 없고 연락도 할 수 없고 모호하고 부정확하고 극도로 느리고 의도적인 거짓이 많습니다. 모호하고 부정확한 자연어를 사용합니다.

컴퓨터는 정확한 장치이지만 분리되어 있을 때 그냥 단순한 도구입니다. 행위자가 아니라 자동적인 일을 많이 하여도 한계가 있습니다. 많은 일은 행위자의 참여가 필요합니다.

결합이 되면 모든 일이 가능합니다. 양방향 실시간 통신이 가능합니다. 행위자의 이름으로 모든 일을 수행할 수 있습니다. 정확합니다. 빠릅니다. 인간보다 컴퓨터의 역할이 커집니다.
정확한 인공어를 주로 사용합니다.

모든 사람의 업무처리방식이 변하고, 첩첩한 장애물들이 사라질 것입니다.
사람 명의로 실행되던 일이 컴퓨터 명의로 이루어질 수 있고 역으로
컴퓨터 대신 사람 명의로 실행될 수도있습니다. 양자의 업무 능력 차이가 크며 장애물들이 제거될 것입니다.
팩트가 확인되지 않음으로 인한 수많은 법적문제는 신속히 규명될 것이며, 인간의 부정확하고 거짓된 기록들도 교정될 것입니다.

일단 돌을 구르게 하면 가속도가 붙을 것이기에 시동을 거는 것으로도 족할 듯합니다. 이 시점에서 너무 많은 설명은 논점을 흐리게 할 수 있기 때문입니다. 그렇습니다. 이 책의 목적은 돌이 구르기 시작하게 만드는 것입니다.

다음 책에 논의할 중간 주제는 상세하게 논하지 않고 제목만 적습니다.

인간은 생체적 뇌이고 컴퓨터는 전자적 뇌입니다.
생체적 뇌는 치명적 단점이 있습니다. 긴 이름을 잘 기억 하지도 못하고 처리하지도 못합니다.
충분히 큰 집합에서 원소들을 식별하려면 충분히 긴 식별자가 사용되어야 하지만 인간은 긴 식별자가 불편합니다.

사람의 완전한 식별자가 없다는 것이 현재 인간의 큰 결함이자 많은 문제의 근원입니다.

홍길동이라는 이름이 사람의 식별자가 될 수 있나요? 그 역할에 크나큰 한계성을 가지므로 식별자가 될 수 없습니다.

일본의 1700개 지자체는 통합이 불가능합니다. 일본의 디지털 후진성이 세계만방에 알려지게 되었으며 5년내에 개선될 것 같지도 않고 원인도 명확히 인식하지 못하는 듯합니다.

IT선진국이라는 한국도 근본적으로 큰 차이가 없는 듯 보이는 이유는, 아직도 왜 유니크한 식별자가 얼마나 중요한지 그 필요성이 이슈화되지 않은 때문입니다.

어떤 존재의 집합과 그 원소들의 식별자 집합은 1대1 관계이어야 합니다.

한 사람의 식별자가 2개여서도 안되고, 두 사람의 식별자가 같아도 안됩니다.

문제는 각 단체들이 지역 식별자를 만들어 쓴다는 것입니다.

모든 단체들이 전역 식별자를 합의하고 전역 식별자를 공동 사용하여야 합니다.

전역은, 국가와 전세계 둘이 될 수 있습니다. 사람(인간)의 전역은 세계이어야 합니다.

인간의 모든 것은 지역과 국가가 다르게 정의하고 표현합니다.

그러니 인간 식별자의 일관적 통일화가 매우 어렵습니다.

세계를 정의하는 표준기관이 필요합니다.

인터넷과 웹이 생겨날 때의 상황과 같습니다.

사람만 식별자가 필요한가요? 당장은 사람만 고려하는 것이 좋을 듯 싶습니다.

사람의 식별자가 전체 식별자 문제의 반을 차지할 것입니다.

사람의 식별자 문제가 해결되어 가면서 당연히 다른 존재의 식별자 문제도 해결될 것입니다.

인컴은 큰 주제인만큼 많은 의문이 이어질 것입니다.

하나의 책, 하나의 논문으로 끝날 주제는 아닙니다.

인컴의 식별자는 한국이 주도하여도 세계의 표준으로 다루어져야 합니다.
인터넷 및 웹이 창시될 때와 같은 과정을 밟아야 합니다.

인컴식별자, 영문 이름, 암호, 지문, 얼굴, 홍채,등

한 사람을 계속 주시하며 동일인임을 확인하는 것이며 여러 사람을 대상으로 하지 않습니다. 앱들의 요청에 따라 식별자와 같은 사람임을 확인합니다.

국가 앱은 인공지능 프로그램입니다.
궁극적으로 국가의 규칙을 시행하는 것은 공무원이 아니라 인공지능입니다.
공무원이 24시간 역할을 수행할 수 없습니다.
대국민서비스의 강화는 인공지능에 의존할 수밖에 없습니다.
필요하지만 인간의 힘으로 불가능했던 대국민 서비스들이 공공 인공지능으로 가능해집니다.
인컴 내부의 공공 인공지능은 법집행의 보조자이자 대국민서비스 수행자입니다.

인컴의 내부 프로그램은 개인비서입니다.
개인비서는 개인적인 버릇 등을 포함, 특정인의 모든 것을 잘 알아야 합니다. 국가 앱은 비서기능도 포함합니다.
비서가 개인비서가 되기 위해서는 인컴 내부의 특정인에 대한 개인적 자료가 충분히 쌓여야 합니다. 개인비서 기능을 고도화 시키는 것이 인공지능의 주 역할입니다.
개인비서는 지문, 얼굴, 홍채, 정맥 등등 모든 생체 자료를 지니고 있어서 주인을 알아볼 수 있어야 합니다. 이것은 반인과 반컴의 결합 확인을 위해 필요한 정보입니다.
궁극적으로 태어난 아기를 돌보는 주체는 어머니나 간호사보다 인컴이어야 합니다.
아기가 태어나면 새 스마트폰에 얼굴을 보여주면 새인컴도 탄생하는 것입니다.

인컴과 기존 스마트폰의 공존

처음 인컴 프로그램은 작아서 기존 스마트폰 이용에 불편이 없을 것입니다. 그러나

인컴 프로그램이 커지면 하드웨어의 구성에 변화가 생길 수도 있습니다.

인컴은 미래세상의 플랫폼을 만들어줍니다. 플랫폼 없이 미래세상이 저절로 다가오지는 않습니다.

인컴 설치는 인컴식별자의 생성을 요하며, 식별체계는 인공어와 국가통합시스템에 필수 불가결한 요소입니다.

세상이 정확해집니다.
인간에서 컴퓨터로 주도권이 넘어갑니다.

모든 개발자는 사용자에 아기와 치매노인이 포함된다는 점을 알아야 하며, 사용성을 극도로 제고시켜야 합니다. 그들의 참여가 없다면 원인을 찾아야 합니다. 대국민서비스가 크게 신경써야 할 대상이기 때문입니다.
사용자가 요구하여 시작하는 서비스가 전부가 되어서는 안됩니다. 안전 건강이 주요서비스의 하나로 컴퓨터가 알아서 시작하는 서비스가 많아져야 합니다.

국가의 대국민서비스가 주요서비스가 되어야 하며 공공 인공지능이 대국민서비스의 주도자입니다.

이 책은 인간이 인컴(반인반컴)으로 진화하는 대혁명을 말하고 있습니다.
왜 이렇게 큰 변화가 지금 필요한가요?
이것은 인류 역사상 가장 큰 사건의 하나일 수 있습니다.
이 사건은 한마디로 인간이 컴퓨터와 결합하여 인컴이 됨으로써 보다 완벽한 존재가 되는 일입니다.
인컴이 왜 완벽한 존재인가요? 인공지능은 인간을 완벽히 돌볼 수 있기 때문입니다.
인간과 컴퓨터가 따로 있는 지금과 같은 상황에서는 많은 난제가 존재합니다.
고쳐야 할 수천 수만 개의 헤아릴 수 없이 많은 문제가 있음에도 이들이 문제로서 인식되지 않고 있습니다.

어차피 이 사건은 큰 사건으로서, 좀 긴 호흡으로 추진 되어야합니다.

인간의 역사는 만년의 역사이지만 1940년에 태어난 컴퓨터는 약 80년의 역사를 가질 뿐입니다.

컴퓨터는 결국 인간을 대체할 것으로 예상되는 대단한 존재이지만 이는 순간적으로 이루어지지는 않고 인간이 인컴으로 진화되는 것입니다. 이것은 인간 역사상 가장 큰 퀀텀 점프입니다.

이미 폭발성은 존재합니다.

인간이 오랫동안의 관행에 젖어 인지하지 못하고 있을 뿐입니다.

인간은 컴퓨터와 합치고 합친 자기의 짝인 컴퓨터에게 모든 것을 넘겨주면 모든 것은 컴퓨터가 해결할 것입니다.

일반 이론

3

3.1 식별체계

3.1.1 사람의 식별자

인컴 식별자(전세계)	세계시민번호 (myGlobalNumber)	GUID(Globally Unique IDentifier)
인컴 식별자(국가)	국민번호 (myNationalNumber)	NUID(Nationally Unique IDentifier)

식별체계는 전역이 전세계가 되어야 합니다. 그래야 전세계적으로 같은 의미를 가집니다.

그러나 각국은 그 나라의 통치력이 미치는 곳에서 타국의 식별방법이 사용되는 것을 허용치 않는 경우가 있습니다. 그래서 전세계가 같은 식별체계를 갖지 못하게 될 수 있습니다.

컴퓨터를 이용한 식별체계는 대규모일 수록 좋습니다. 소규모의 많은 식별체계가 있으면 사람의 자연어와 같은 현상이 벌어집니다. 한 국가의 사람에 대한 식별체계가 각 지자체별로 운영한다면 그야말로 바보짓입니다. 사람에 대한 식별체계는 최소한 국가 단위가 되어야 합니다. 반컴이 모든 식별체계를 전세계를 기반으로 하도록 노력할 것입니다.

모든 식별체계는 GUID가 되어야 합니다.

식별 체계는 매우 중요합니다. 식별체계가 인간이 사용하는 자연어의 대표적인 결함이고 동시에 인간의 가장 중요한 결함입니다. 이것 때문에 인간은 모호합니다. 자연어도 모호합니다.
인간의 보통 명사나 고유명사는 고유(unique)하지 않습니다.
하나의 단어가 하나의 뜻을 가져야 합니다. 명사, 동사, 등등 모든 것이 고유하지 않습니다.
특정 사람의 이름이 한 사람만 사용할까요? 예를 들어 김영희라는 사람이 한 명일까요?
김영희라는 사람이 여럿이면 어떻게 식별할까요? 주소, 전화번호, 주민등록번호, 등등 많은 정보를 이용해야 사람이 구별됩니다. 그러나 어느 정보의 조합도 완전한 식별자가 될 수 없기에 많은 문제가 야기됩니다.
여러 개의 정보가 합쳐서 식별자의 역할을 하면 여러 개의 정보가 어떻게 합쳐져야 하는지 명확해야 하며, 아니면 정확한 식별자라 할 수 없습니다. 현재는 결합방법이 통일되어 있지 않고 각기 제멋대로입니다.

특히 사람의 식별자는 매우 중요합니다. 사람은 행위자이기 때문입니다.
6하원칙 중 (누가, 언제, 어디서)의 3원칙은 명확히 할 수 있습니다. 세계 모든 사람이 언어에 관계없이 누가는 인컴식별자, 언제는 그리니치 표준시간, 그리고, 어디서는 GPS (위도, 경도) 등의 식별자에 의해 사건을 서술할 수 있습니다. 사람의 경제 행위의 경우 언어에 관계없는 정확한 서술을 위해서는 식별체계가 많이 개발이 되어야 할 것입니다. 식별체계는 세계인이 모두 이해할 수 있도록 숫자로 만들어져야 합니다. 세계인이 쓰는 대표적인 식별체계는 GUID(Globally Unique IDentifier)입니다.
사람의 식별자도 GUID이어야합니다.
전역변수가 아닌 지역변수는 전역에서는 제대로 처리되지 않기 때문입니다.
인터넷에서 사람이 정상 처리 되려면 사람의 식별자가 지구상에서 유일해야 합니다.

5byte이면 256의 5승이며 60억 세계인구를 각각 식별할 수 있고 사망한 인물까지

포함할 수 있습니다. 식별자의 길이가 10byte라도 컴퓨터가 처리하는 것이 문제가 없습니다.

인간의 생체적인 뇌는 이에 비하면 극소수 밖에 처리할 수 없습니다.
5byte의 식별자를 인간이 사용한다는 것은 상상할 수도 없습니다.
인간의 이름 3자리(예 홍길동)는 소수의 인원 밖에 처리할 수 없습니다.
인간은 주로 읽고 듣고 하는데 비슷한 발음은 서로 식별이 불가능합니다.
인간이 기억할 수 있는 양도 매우 작습니다. 1천 명, 커봐야 1만 명입니다.
컴퓨터에게 60억명을 처리하는 것은 일도 아닙니다.
컴퓨터는 유선무선 전기적 신호가 주요 수단입니다.
인간과 컴퓨터는 정보처리 속도가 비교할 수 없습니다.
컴퓨터는 매우 빠르고 정확합니다. 인간은 매우 느리고 부정확합니다.
그래서 전체 작업에 사람이 개입되어 있으면 병목현상이 일어납니다.
인간을 배제시키면 그것이 발전입니다.

사람의 식별자와 휴대폰의 식별자

휴대폰의 식별자는 IMEI입니다. 15자리의 십진수입니다.
사람의 식별자는 5byte(10자리 16진수)입니다.
십진수와 16진수의 차이는 별 의미 없습니다.
인간은 10진수를 쓰고 컴퓨터는 16진수를 씁니다.
IMEI (International Mobile Equipment Identity) unique 15-digit

3.1.2 사람외의 식별자

사람의 식별자가 가장 중요하지만 그 외에도 명확한 식별자가 필요한 것은 많습니다.
사람은 정체성이 있습니다. 정체성이 식별자를 만드는데 가장 중요합니다.
어떤 존재에 대한 식별자를 만들려 하는데 그것이 생성과 소멸, 합성과 분열이 무상하다면 그 식별자의 관리가 까다롭습니다.

다음으로 고려해야 할 식별자는 법인입니다. 법인의 정체성은 인간과 비교할 수 없을 정도로 나쁘지요. 그러나 법인은 금전거래 및 경제활동 주체의 하나이니 만큼 반드시 그 식별체계가 이루어져야 합니다. 국가가 관리해야 하는 부분과 국제기구가 관리해야 하는 부분이 있을 것입니다.

사람 식별자의 운용 경험이 쌓이면서 법인의 식별체계도 잘 관리될 것입니다.
사람과 법인의 식별체계가 만들어지면 경제통계는 실시간으로 이루어질 수 있습니다.

법인 ID, 인컴+법인컴

담당자(특정 인컴)가 법인에 대해 법인 ID, 즉 법인 식별자를 만들어 법인컴을 생성시키게 될 것이며, 담당자가 바뀌면 새로운 인컴으로 대체될 것입니다.

3.2 자연어와 인공어

인간이 사용하는 자연어는 원시인 일수록 단어의 수가 적고, 문명인일수록 단어가 많습니다.
개와 인간이 소통할 수 있는가요? 가능하지만 극히 제한적입니다.
인공어는 무엇인가요?
컴퓨터와 컴퓨터가 정보를 교환할 때 사용되는 언어라 할 수 있습니다.
인공어와 비교하여 자연어는 지극히 원시적이며 모호합니다.
원시인일수록 좁은 세계에서 적은 자연어를 구사하며 삽니다.
넓은 세계의 언어를 구사할 수 있는 사전/변환표가 필요합니다.

언어는 한 단어가 한 의미를 가져야 정상입니다.
인공어에서는 보통 숫자도 단어 역할을 합니다.

언어의 지역성

123-4567은 서울전화번호. 좁은 세계에서의 번호입니다.

서울의 123-4567은 서울에서는 한 번호가 한 곳의 전화가 걸립니다.

전국에서는 걸리는 곳이 제멋대로입니다. 부산에 다른 123-4567가 있습니다.

전국에서 한 의미를 가지려면 지역번호가 더해져야 합니다.

전지구상에서 한 의미를 가지려면 국가번호가 더해져야 합니다.

국가에서 통하는 번호는 02-123-4567 입니다. (사용지역이 대한민국)

세계에서 통하는 번호는 82-2-123-4567 입니다. (사용지역이 전세계)

컴퓨터에서는 GUID(Globally Unique IDentifier)가 사용됩니다.

전 지구상에서 공통으로 사용할 수 있는 식별자이지요.

프로그래밍 언어도 인공어이지만, 프로그래밍에서 지역만 통하는 언어를 쓰는 경우가 일반적이며, 마치 자연어처럼 쓰는 경우도 많지요.

하지만 프로그래밍 언어도 인공어라고 할 수 있습니다.

인공어에는 자연인(원시인)이 모르는 수많은 개념이 포함되어 있습니다. 인공어를 써야 진화된 신인류라고 할 수 있습니다.

컴퓨터에 있는 UI(User Interface)는 원시인과 신인류의 소통을 위한 것으로서 인간과 동물의 소통과 흡사합니다.

UI는 원시인도 알기 쉽도록 사용성이 높아야 합니다. 인공어는 매우 어렵습니다.

컴퓨터 통신(ICT)에 UI가 개입될수록 인간의 소통에 동물이 개입된 것처럼 아날로그적이며 비효율적입니다.

자연어(인간의 언어)는 굉장히 다양합니다. 언어가 다르면 소통되지 않습니다.

세계에는 수많은 언어가 있습니다. 그 수많은 언어에 사투리가 있습니다.

같은 사투리끼리도 개인적인 특징이 있습니다.

필연적으로 인간끼리의 의사 교환은 정확히 이루어지지 않고 보편성이 없습니다.

같은 내용이 전달 과정에서 왜곡되어 와전되는 결과가 발생합니다.

컴퓨터는 그렇지 않습니다. 정보교환에 있어 사람의 개입이 적을수록 정보가 정확하게 전달됩니다.

사람이 최소한으로 개입된 방식은 1)처음 사람 – 2)컴퓨터들 – 3)마지막 사람입니다. 처음 사람의 자연어가 입력되어 다음 인공어로 정확한 내용이 전달되다가 마지막에 필요에 따라 자연어로 변환되면 됩니다.

인간의 표현은 모호

인간 개인의 표현은 극히 모호하여 다른 인간이 알아듣지 못하는 이유는 아주 많습니다.

1. 언어가 다르다–한국어, 영어,...
2. 문자가 다르다–한글, 한자, 히라가나, 알파벳,...
3. 중의어–눈(eye, snow), 배(ship, pear, abdomen, 곱절)
4. 부정확한 발음으로 인한 의사 전달의 오류
5. 속어, 사투리

이것이 IT(Information Technology)에 큰 문제를 야기합니다.

인간은 수천 년간 써오고 있어 당연한 것처럼 생각하고 있으나 이들 문제가 IT 시스템의 효율을 극도로 떨어뜨리는 것으로서 반드시 극복해야될 대상입니다. 무수한 이유로 인간의 표현은 제대로 전달되지 못합니다.

IT(Information Technology)는 정보기술입니다.

인간의 표현은 정보를 전달하기 위한 것입니다.

인간이 사용하는 표현을 **자연어**라 하며, 컴퓨터가 사용하는 언어는 **인공어**라 합니다.

자연어는 모호하고 문제가 많으므로 인공어에서는 자연어의 모호성이 제거되어야 합니다.

자연어의 대표적 문제점은 1) 지역성, 2) 중의성입니다.

지역에 따라 의미가 같지 않은 문제가 지역성입니다.

중의성은 우리나라에 김철수라는 사람이 수 백명이 되어 어느 특정한 한 사람을 가리키지 못하는 문제가 그것입니다. 이것은 식별체계에서 큰 문제점이 됩니다.

인간이 사용하는 자연어

인간의 능력과 컴퓨터의 능력은 다릅니다. 인간은 중복 되더라도 짧은 이름을 사용하여야 하며 컴퓨터는 반드시 유일성을 갖는 긴 이름을 써야 효율성을 갖습니다.

모든 인간은 오랜 세월 자연어를 써왔기에 자연어의 문제점을 인식하지 못하고 당연하게 여깁니다. 자연어의 문제가 당연하지 않을 수 있다는 것을 잘 알아차리지 못합니다.

인공어에서는 이런 문제가 없습니다.

컴퓨터를 위한 인공어

인공어는 전역성과 유일성을 가져야 합니다. 그 필요성이 인터넷의 등장과 함께 나타났습니다.

그것은 지구적 유일 식별자(GUID, Globally Unique IDentifier)입니다.

이 것과 조금 다르게 국가적 유일 식별자(NUID, Nationally Unique IDentifier)의 필요성도있습니다.

세계의 식별체계 GUID를 우리 임의대로 정의하며 진행할 수 없기에 경과적 조치로서 국가적 유일 식별자를 사용할 수 밖에 없습니다.

디지털 뉴딜을 위해 자연어를 인공어로 바꾸는 작업이 필요합니다.

모호성을 제거하고 명확히 하는 일이기 때문입니다. 자연어는 인공어로 대체할 수도 있고 사람이 읽는 것이면 첨부(Tagging)할 수도 있습니다.

가장 먼저 생성해야 할 인공어는 국민번호(myNationalNumber)입니다.

이름이나 주민등록 번호는 인공어라 할 수 없습니다. 유일성이 없고 자동적으로 즉시 생성되지 않기 때문입니다. 국민번호 생성기는 국가 앱 서버에 설치되어야 합니다. 이것은 디지털 뉴딜이 반드시 해야할 일입니다. 행위자를 전역성, 유일성, 동적 생성이 가능한 국민번호로 표시하여야 합니다.

국민번호와 인컴식별자

처음 우리나라가 인컴 식별자를 만들면 이것은 인컴식별자인 동시에 국민번호입니다. 체재 외국인도 동일합니다. 속성에 국가가 다른 것 뿐입니다. 만약 외국이 다른 식별체계를 만들면 속성에 그 나라 식별자를 기록합니다. 만약 한 사람이 국적을 바꾸면 속성에서 국가가 변동이 되며 인컴식별자 자체는 변동이 없습니다. 구체적인 것은 상황이 벌어질 때 국제기구와 논의 될 사항입니다. 인컴식별자 생성기는 국민번호 생성기와 같은 것입니다.

컴퓨터 세상 바로잡기

컴퓨터 세상을 모호하게 만든 것은 인간입니다.
인간 위주의 사고방식을 컴퓨터 방식에 맞게 고쳐야 합니다.
컴퓨터가 세상에 나온지 80년, 이제 컴퓨터 세상은 컴퓨터 세상에 맞게 운용되어야 합니다.
인간 세상은 UI를 사이에 두고 컴퓨터 세상과 분리되어 있습니다.
컴퓨터 세상은 컴퓨터다워야 합니다.
컴퓨터의 인공어가 정확한 언어입니다.
인간의 문제점을 정확히 이해하고 고쳐나아가야 합니다.

인공어 Tagging

자연어는 인공어로 교체되거나 추가로 Tagging될 수 있습니다.
자연어는 인공어로 Tagging됨으로써 정보교환이 정확하고 신속하게 이루어질 수 있습니다.

자연어는 극도로 모호하기 때문에 정확한 언어로 Tagging되어야 합니다.

사람도 읽고 컴퓨터도 읽는다면 자연어에 Tagging을 하고 컴퓨터만 읽는 정보이면 인공어로 교체하면 됩니다.

3.3 인공어와 식별체계

인공어를 만들려면 수많은 식별체계가 구축되어야 합니다.

인컴은 제일 먼저 인컴의 식별체계를 만들었습니다.

인컴의 식별체계는 사람의 식별체계라고 할 수 있습니다.

다음은 아마 법인의 식별체계를 만들어야 할것입니다.

식별체계는 전지구적으로 만들어야 바람직합니다.

국제기구의 참여가 필요하며, 경과적으로 NUID의 생성시에는 장래 GUID로 확장할 때를 고려하여야 합니다.

식별체계의 원소인 식별자들은 실시간으로 생성되어야 합니다.

사람이 태어나면 즉각 사람 식별자도 생성될 수 있어야 합니다.

꼭 완벽해야만 작동하지는 않습니다.

식별체계는 완벽할 준비가 되어 있어야 하지만 실제 생성 시에는 필요성이 있어야지요.

밀림에 사는 원시인에게는 실시간 생성 필요성이 없습니다.

3.4 프로그래머들의 식별자 사용

보통 컴퓨터상에서 ID(Identifier, 식별자)라는 용어가 많이 쓰입니다.

ID/Pass가 대표적인 것입니다. 만약 ID를 hjpark라고 썼다면 다른 사람이 ID를 hjpark로 쓰려고 한다면 "hjpark은 중복되어 사용할 수 없습니다 다른 것을 이용해 주십시요" 라는 오류 메세지를 받을 것입니다. 이것은 특정 앱에서 벌어진 일입니다. 이 앱은 특정 앱이라는 지역성을 갖습니다. 거의 모든 프로그래머에게는 지역성이 관행화 되어 익숙합니다.

이 책이 말하는 식별자는 다릅니다. 지역성이 없는, 전지구상에서 유일한 전역적인 식별자를 의미합니다. 프로그래머들이 식별자의 개념을 바꾸면 인컴의 1/10은 해결된 것입니다.

사람의 식별자는 지구의 한 곳에서만 생성기를 운용하면 됩니다.

식별자는 보통 인덱싱(색인)에 의해 일련번호화 하는 것이 바람직할 것입니다.

3.5 개발자(설계자와 프로그래머)의 문제.

필자는 개발 프로젝트 리더들의 문제도 크다고 생각하며, 그 결과는 사용성(편리성)의 문제로 나타납니다. 그 뿌리는 아주 심각하며 기존 기업에서 많이 나타나는 문제로서 그들의 홈페이지나 앱이 극도로 사용이 불편한 것은 그 노조의 압력에 굴복한 의도적 결함입니다.

시스템이 자동화되면 필연적으로 일자리가 축소되면서 노조 등의 극심한 반발이 일어나며, 피치 못하게 이들을 고려하여 자동화를 어렵게 하여 사용자의 접근성을 희생시키는 결과에 이르는 것입니다. 그러면 오프라인이 살아나고 일자리는 유지되겠지만 회사의 경쟁력은 무너집니다. 이럴 때 기존 잉여인력의 반발이 없는 신생 벤처가 나타나면 능률성이 훼손된 기존 업체는 쉽게 무너질 수도 있겠지요.

이런 일은 혁명의 시대에 흔히 나타나는 문제입니다.

은행들이 그런 문제가 심각했으며 지금은 보험 회사들이 그렇습니다.

뭐가 이렇게 불편하나요? 앱이 1분이내에 처리를 끝내지 못한다면 잘못된 것입니다.

안전성이요? 다 고려해도 1분 이내에 끝내도록 앱을 개신해야 합니다.

한심한 앱과 홈페이지입니다. 홈페이지가 더욱 심각합니다.

인증서요? 없애십시오.

홈페이지는 아직도 인증서가 필요하다고 요구합니다.

신생벤처가 제공하는 보험료는 아주 낮을 수밖에 없으며 앱이 1분이면 처리를 끝낼 수 있습니다. 고객은 당연히 기존 업체를 버리고 싸고 사용이 아주 쉬운 신생벤처에 가입할 수 밖에 없습니다.

IT의 본래 역할이 인간의 역할을 대신하는 것입니다. 인간의 일자리를 줄이는 역할입니다.

IT의 본업이 억제되면 국가가 후퇴합니다. IT가 일자리를 축소시키지 못하면 역으로 자기일을 하지 않은 IT 인원이 축소되어야 합니다. 기본소득이건 뭐건 IT가 해결할 문제가 아닙니다.

자동화에 따라 크게 소득이 증가한 부문으로부터 세금 등에 의하여 균등화, 복지화를 이뤄내야 하는 국가의 경제부처가 걱정할 문제입니다.

이런 문제는 회사 경쟁력, 나아가 국가의 경쟁력을 떨어뜨립니다.

회사의 경쟁력이 높으면 해외 수출이나 해외 사업 진출로 일자리도 늘어납니다.

3.6 생체적인 뇌와 전자적인 뇌

인간의 결함은:

1	모호합니다.
2	부정확합니다.
3	매우 느립니다.
4	실수를 합니다.
5	고의로 실수를 합니다.
6	망각을 합니다.
7	거짓말을 합니다.
8	범죄를 저지릅니다.
9	옳지 않은 판단을 합니다
10	24시간 일할 수 없습니다. 하루에 8시간이 고작입니다.
11	자연어(인간의 언어)를 사용합니다.

컴퓨터는 정확하고 빠르며 의도적인 거짓이 없습니다.

인간의 뇌는 생체적인 뇌이지만, 컴퓨터의 뇌는 전자적인 뇌입니다.

생체적인 뇌는 아날로그적, 컴퓨터는 디지털적인 처리를 합니다.

[위키백과]이산수학은 이산적인 수학 구조에 대해 연구하는 학문으로, 연속되지 않는 공간을 다룹니다. 유한수학이라고도 하며, 전산학적인 측면을 강조할 때는 전산수학이라고도 합니다.

필자가 생각하기로는, 연속되는 공간을 다루는 실세계, 아날로그 세계는 필연적으로 모호하고 부정확합니다. 반면에 1/0(on/off)로 시작되는 컴퓨터 세계, 디지털 세계는 명확합니다.

모호한 연속공간에 기초한 인간과 정확한 불연속 공간에 기초한 컴퓨터는 완전히 다른 특성을 보입니다.

불연속 공간은 연속공간의 부분 집합이라고 할 수 있습니다.

연속공간은 생체적인 뇌가 처리하기엔 너무 큽니다.

실세계는 실수(real number)공간이고 디지털 세계는 자연수 공간이라고 할 수 있습니다.

실세계는 개략화(Approximation)의 기준이 없으나 디지털 세계는 명확한 개략화 기준이 있습니다.

불연속 공간은 전자적인 뇌에 맞춰 설계 되어졌습니다.

생체적인 뇌가 필연적으로 모호하고 부정확한 이유입니다.

전자적인 뇌는 원래의 설계처럼 정확히 작동되고 있습니다.

3.7 인공지능

인공지능은 빅데이터, 다차원 분석의 면을 가지고 있습니다.

인공지능은 정확하고 축적된 많은 데이터를 모두 보유하여야 합니다.

컴퓨터가 만든 정확한 데이터를 가지면 인공지능을 사용할 필요도 없는 경우가 많으리라 생각됩니다. 데이터가 정확하지 않으면 알고리즘이든 인공지능이든 옳은 결과를 기대할 수 없으며, 사람이 관여한 부정확한 데이터의 사용은 불가합니다. 기억에 의존한 증언에 의한 판결은 신뢰도가 부족합니다. 인컴은 정확한 정보(누가, 언제, 어디서)를 정확히 기록합니다.

법적 소송 자체가 필요 없어지는 경우가 많을 것이며, 경찰의 수사 필요성도 크게 축소되고 능률성이 제고될 것입니다.

인공지능의 현재 판단과 인컴이 정착된 후의 판단이 크게 다를 수 있습니다.

인컴 정착 후에 인공지능에 필요한 작업이 조사되어야 할 것입니다.

인컴이 정착되면 인공지능이 해야할 일로 생각했던 작업의 많은 부분이 불필요한 것으로 밝혀질 수 있는 것이지요.

인공지능의 개인화 및 개인변호사

인컴은 사람 한 명당 하나가 생성됩니다. 반인과 반컴으로 이루어집니다.

반컴에는 국가 앱이 있고 그 안에는 인공지능이 들어있습니다. 인공지능 안에는 개인비서가 들어있어서 다양한 서비스를 내포하고 있습니다. (개인 변호사, 개인 회계사, 개인 건강 관리사 등)

현재는 사람이 소송을 하게되어 변호사의 도움을 받는 경우, 사실 조사, 증거 수집에 많은 노력이 들어갑니다. 인컴의 개인변호사는 모든 개인자료를 가지고 관리하게 되어 있어서 인컴의 사람은 아무 문제가 없으며, 비용도 안들어 갑니다. 모든 증거자료는 국가의 참여하에 수집되는 것이기 때문에 국가의 공증이 된다고 할 수 있습니다.

현재의 변호사는 여러 사람을 상대합니다. 그러나 반컴의 개인변호사는 한 사람만 상대합니다. 모든 것을 사람이 개입할 필요 없이 알아서 처리하며, 사람은 필요에 따라 처리된 사항을 검토할 수 있겠지요.

개인변호사는 개인비서의 일부 기능입니다. 개인 회계사도 사람의 개입 없이 돈의 출납을 정리하고 회계장부도 관리합니다.
인공지능 개인비서는 사람을 위해 모든 서비스를 수행합니다.

반컴의 개인비서는 모든 본인의 개인자료를 수집, 관리합니다. 이것은 마이데이터이기 때문에 개인정보보호에 전혀 저촉이 되지 않습니다.

개인이 마트에서 물건을 구입하는 경우, 마트의 컴퓨터가 처리하면서 해당자료를 반드시 개인에게도 보내야합니다. 지금은 총액 정도만 문자로 보내지고 있지만 상세한 자료를 해당 인컴에게 실시간으로 보내야 할 것입니다.

인컴은 보내야 할 주소를 명확히 압니다. 인컴식별자가 지정된 메일, 문자, 계좌를 제공하기 때문입니다. 인컴은 모호한 것을 제거하며, 인간에게 묻는 단계를 거치지 않으며, 광속처리에 따라 시간을 지체하지 않습니다.

인컴에서의 개인화와 통합화

인컴의 개인적 설계가 완벽할 수록 60억 전 지구인의 통합화도 효율성이 제고됩니다. 문제점은 각 국가의 통치력이 미치는 영향권 내의 인컴에 대한 통합화 참여를 거부할 수 있습니다.
전 지구적인 통합화가 가장 바람직하지만 통합을 거부하는 개별 통치력 때문에 국가 단위 통합화가 먼저 추진될 수도 있습니다. 기술적으로는 국가단위나 전지구적이나 다를 것이 없지만, 일단 국가별 통합화가 이루어지면 그 벽을 넘어 지구적 통합화로 나아가기가 어려울 것입니다.

3.8 아날로그와 디지털

인간은 아날로그이며 컴퓨터는 디지털입니다. 아날로그는 실수(real number), 디지털은 바이너리 온/오프에 기반을 두고 있습니다. 디지털은 자연수이며 실수의 부분집합입니다.
실수는 무한소수로 표현되며 하나의 길이도 1테라바이트 하드 디스크에 못담습니다.

실수를 표현할 때 개략화의 기준이 없으면 자릿수만 많이 차지하고 부정확해질 가능성이 많습니다. 실세계의 아날로그 값을 컴퓨터의 디지털 값으로 전환할때 유효자리수를 정하며 그후 디지털 값은 변하지 않습니다. 아날로그 값은 복제에 의해 값이 변합니다. 디지털 값은 복제를 하여도 값이 변하지 않습니다. 아날로그는 원본이라는 것이 있습니다. 복제된 것이 원본과 같지 않기 때문입니다. 그러나 디지털에는 원본이라는 것이 없습니다. 원본과 사본이 동일하기 때문입니다.

개략화 기준이라는 것은 화소수라는 것으로, 또는 유효자리수로 표현되기도합니다. 아날로그 디지털 변환을 반복하는 것은 아날로그 복제가 일어나는 것처럼 변형이 일어나는 것입니다. 그래서 한번 디지털화된 것은 계속 디지털 상태를 유지하여야 변형이 일어나지 않습니다.

인간이 개입되면 아날로그화가 발생하므로 인간의 개입이 있으면 전체 처리절차가 부정확하고 느려집니다. 모든 처리절차가 끝나면 결과를 보여주는 정도로 인간의 개입을 최소화 하는 것이 좋습니다.

모든 것은 인간을 위한 개선이며, 컴퓨터의 진화 자체가 목표일 수는 없습니다.
처리과정에 대한 인간의 개입은 매우 바람직하지 않으며, 인간은 처리된 후 결과만 누리면 됩니다.
UI(user interface)는 최소화 되어야 하며, UI의 잦은 개입은 모든 처리를 지연시킵니다.

3.9 사람과 컴퓨터

사람과 컴퓨터의 역할을 잘 분리하여야 합니다.

- 사람이 결정하는 것: 점심에 칼국수 먹자.
- 컴퓨터가 결정하는 것: 음식점 예약
- 사람이 결정하는 것: 내일 12까지 XX대에 강의
- 컴퓨터가 결정하는 것: 출발시간 자율주행

점차 인간은 목표만 정하고 나머지는 컴퓨터가 알아서 합니다.

전체적으로 사람은 컴퓨터에 비해 상당히 열등합니다.

인간의 가장 우수한 것만 추려 모아놓은 것이 컴퓨터 소프트웨어입니다.

각 분야 최고의 전문가들이 설계한대로 수십년간 프로그래밍한 것이 쌓인 것이 소프트웨어입니다.

컴퓨터는 80년간 많은 사람들의 노력이 누적된 하드웨어와 소프트웨어의 장점들이 합친 것입니다. 한 사람과 컴퓨터 한 대의 능력은 차이는 한 사람과 60억 인구의 능력 차이보다 클 수도 있으며, 앞으로 둘 사이의 간격은 더욱 벌어질 것입니다.

80년간 누적된 지식과 별도로, 인컴은 국가 앱의 설계대로 동작합니다.

공공 인공지능 비서

이것은 국가 앱의 부분입니다.

이 개인비서는 인컴의 모든 일을 다 한다고 할 수 있습니다. 이 인공지능 비서는 국가에 의해 작성되고 관리됩니다.

장기적으로 비서는 모든 기능을 다 가지게 됩니다.

개인 변호사, 개인 회계사, 국가 보증인, 국가 문서(예 가족 관계 증명서) 요청자, 개인 자료 관리자, 개인 안전관리자, 건강관리자, 등등 국가가 팩트 기록에 항상 참여합니다. 예방적 차원으로 여러 관련 인컴 비서가 작업 가능 예) 상속 관련자.

모든 개인관련 데이터를 관리합니다. 사람이 쓰던 일기도 비서가 씁니다. 회계장부도 비서가 관리합니다. 백업도 비서가 합니다.

이 인공 비서는 국가가 자주 업그레이드 할 것입니다. 인컴에 많은 웨어러블, IOT가 부속 장치로 추가될 것입니다.

현재도 대한민국은 범죄가 거의 없다고 합니다. 이것은 스마트폰, CCTV등의 영향입니다.

코로나의 추적도 잘 이루어지고 있구요. 언제나 스마트폰으로 촬영이 가능합니다.

인컴의 영향은 훨씬 더 클 것입니다. 범죄는 없어질 가능성이 큽니다.

모든 사람이 회고록이나 자서전을 쓸 수 있는 개인기록, 또는 일기장이 축적될 것입니다.

잊혀질 권리를 위해 인터넷 장의사가 운영 중입니다. 살아 생전 자신에 대한 기록들을 다 지우고 싶어하는 사람이 있나봅니다. 보통 역사에 자신의 좋은 기록이 많이 남기를 바라는 것이 당연하겠지요.

인컴이 없는 사람

CCTV에 나타나는 사람이 인컴이 아니거나 스마트폰을 소지하지 않았으면 예비범죄자일 가능성이 큽니다. 범죄를 저지르면서 흔적을 남기려하는 사람은 없을테니까요.

인컴 이전에도 스마트폰 미소지자는 CCTV에서 주목하는 대상일 것입니다.

3.10 인컴에서의 특정상황 예방과 통제

프로그래밍의 조건문으로 특정상황에서의 기록을 합니다.

그러니 사람이 아닌 컴퓨터를 상대하면 모든 상황을 통제할 수 있습니다.

컴퓨터는 365일 24시간 작동합니다. 사람은 할 수 있는 것이 없습니다.

인컴은 모든 범죄를 예방할 수 있습니다.

영화 '마이너리티 리포트'와 조금 다릅니다. 미래를 완전 통제할 수는 없습니다.

그러나 인컴의 인공지능 개인비서가 인간의 개인 특성을 전부 알고 있습니다.

일부 예외를 제외하고는 다 예방과 통제가 가능합니다.

3.11 인컴식별자와 IMEI

IMEI는 장치(스마트폰)의 식별자입니다. 사람과 스마트폰의 한쌍인 인컴은 장치가
교체 되어도 바뀌지 않습니다. 그렇지만 사람이 바뀌면 바뀌어야 합니다.

인컴의 식별자는 그래서 사람의 식별자라고 할 수도 있습니다. 국민번호라고 하기
도 합니다.

사람의 팔을 이식하였다고 사람의 이름이 바뀌어야 할 필요가 없는 것과 같습니다.

4

인컴적 사고

인컴 전 사고 방식	인컴 후 사고방식
사람 중심	컴퓨터 중심
사람의 많은 결함이 영향을 미침.	컴퓨터의 정확성, 신속성
저속처리	광속처리

사람의 관행적 사고방식은 바뀌기 힘듭니다.

인간을 위한, 컴퓨터에 의한, 컴퓨터의 작업처리

인간을 위한, 컴퓨터에 의한, 컴퓨터의 작업이 되어야 할 것입니다.
인간이 최종 목표이지만 인간이 작업을 하지는 않습니다.
작업과정에서는 인간을 위할 필요는 없습니다.
작업과정에서는 인간을 배제하여야 합니다.

인간을 위한, 인간에 의한, 인간의 작업이 되서는 안됩니다.
60억 인구의 상당수가 이를 인식하고 있지 못합니다. 인간의 작업이 아니라 컴퓨터
중심의 작업이 되어야 합니다. 미래사회는 노동에 자유로운(놀고먹는) 인간을 목표

로 하기 때문입니다. 인간은 모든 노동에서 자유로워지고 스포츠나 춤, 오락으로 움직이며 누려야 합니다. 대신 정부는 자동화로써 획득된 부의 합리적 분배에 최선을 다해야겠지요. 물론 하루 아침에 이루어질 과업은 아닙니다.

산업혁명에서 인간의 육체노동이 획기적으로 개선되기 시작했으며, 다시금 정신노동도 컴퓨터에 의해 크게 자유로워져 왔습니다. 그리고 결국 인컴화에 의해 인간은 모든 노동에서 자유로워질 것입니다.
이를 위해 인간은 작업에 개입하지 말아야 합니다.

왕은 군림하나 통치하지 않는 것처럼 사람은 군림하나 작업에 개입하지 말아야 합니다.

인간의 병목현상-광속처리 개선팁

이 책에서 여러 번 강조되듯이 인간은 컴퓨터 처리과정에서 큰 저해 요소로서, 많은 연구를 통해 그 개입이 통제되어야 합니다. 일에 따라서는 많은 조건이 충족되어야 인간의 개입이 저지됩니다.

인간의 개입이 생산성을 극도로 저하시키는 이유

인간의 거짓, 부정확성, 느린 처리, 예측 불가능한 응답시간 등 많은 결함 때문에 사람의 개입은 억제되어야 합니다.
파업을 할 수도 있고 8시간의 업무 시간, 병가, 휴가, 생리작용 등의 제한적 요소를 가집니다.
가장 큰 문제는 인간의 일자리 보장을 위해 생산성이 희생됩니다. 결국에는 국민의 복지 개선으로 귀결됨에도 불구하고.
생산성의 희생은 국가 경쟁력, 사회적 진보의 악화로 이어지고, 전 지구적으로는 인류의 진화가 지체됩니다.
필자는 진보적인 미래학자의 관점으로 접근하기에, 개인의 이해를 위해 미래의 발목을 잡는 것은 옳지 않다고 생각합니다.

■ 사람과 컴퓨터가 혼합된 정보교환

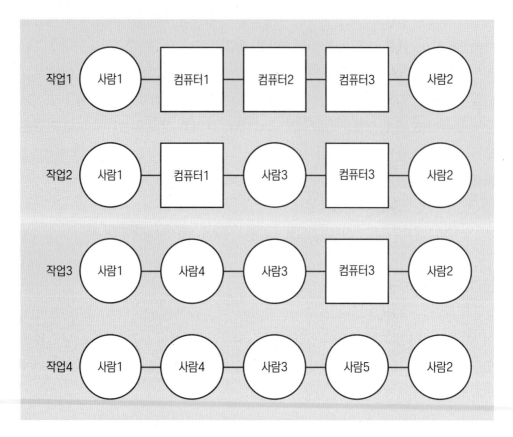

정보교환 작업의 예

위 그림은 사람1이 사람2에게 정보를 전달하는 작업입니다.

컴퓨터 간에는 유무선 통신으로 전달합니다. 광속 처리가 기본입니다.

사람과 컴퓨터 간에는 UI를 통해 정보가 전달됩니다.

사람과 사람 간에는 주로 언어로 정보를 전달합니다.

1번 작업이 가장 빠르고 정확합니다.

사람이 많이 개입할 수록 느리고 부정확합니다.

작업1 > 작업2 > 작업2 > 작업4

■ 인컴내의 반인과 반컴의 비중 변화

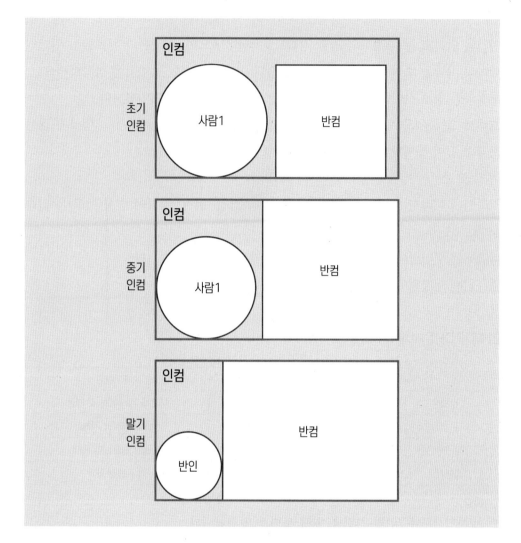

인컴내의 사람과 컴퓨터의 비중 변화

인컴은 사람의 개입을 최소화할 수 있는 구조입니다.

인컴은 사람과 컴퓨터가 같이 있지만 점차 컴퓨터가 중심 역할을 합니다.

결국에는 사람의 역할이 아주 작아집니다.

말하기 듣기의 정확도

인간의 말하고 듣는 정보의 전달 정확도는 극히 낮으며, 이것은 유튜브에서 일반인 대화의 자막을 보면 알 수 있습니다. 법정의 서기가 작성한 녹취록은 정확할까요?
부정확한 정보 사이를 인간의 나쁜 의도, 즉 권력과 이권이 개입합니다.
그래서 그 중에도 언론, 정부의 법관, 검찰과 수사관 등의 권력은, 그 행사에 많은 문제가 있어 통제가 고려되어 왔던 이유입니다.

정확성에 대해 말하자면 한 마디로 언론이나 법원, 검찰, 경찰에 진실(팩트)은 없습니다.
컴퓨터는 밑바닥에서 부터 사실에 근거한 기록을 할 수 있습니다.
컴퓨터에게 사적인 의도는 없습니다.

법 체계 대 IT 체계 -강제성

	법 체계	IT 체계
강제성	단순 서술	내용을 강제하는 것 가능
구체성	다양한 해석 가능	단일 해석만 가능
검증 가능성	검증이 어려움	다양한 검증방법 존재
집행기관	집행기관이 별도 필요	별도로 불필요

법 체계의 경우는 입법 기관을 통해 사회가 발전합니다.
IT 체계의 경우는 설계자를 거쳐 프로그래머에 의해 사회가 발전합니다.
인컴의 등장은 사회발전 구조가 크게 달라진다는 것을 의미합니다.
IT 체계는 법체계보다 세밀하고 강제력이 있습니다.

만약 법에서 강남구에 도곡동이 있다고 했다면, 실수이든 의도적이든 사용자가 강북구 도곡동이라고 기술할 수 있습니다.
그러나 IT에서는 강북구 도곡동이라고 입력이 불가능합니다.
강남구 도곡동이라고만 입력할 수 있습니다.

법은 법의 집행기관이 있어야 합니다.

 IT는 정보에 관한 법을 집행할 수도 있습니다.

법은 말을 안 듣는다고 처벌을 해야 할 때가 많습니다.

IT는 원천적으로 거짓말과 범죄를 막을 수 있기에 범죄가 예방되며, 따라서 처벌도 일어나지 않습니다.

컴퓨터는 24시간 365일 상황을 통제할 수 있으며 그 집행력의 막강함은 인간이 따를 수 없습니다.

예방적 조치 가능

문제에 대한 통계를 작성하여 큰 문제부터 예방적 조치를 실행하여야 합니다.

범죄가 한참 진행된 다음에 이를 막으려면 부작용이 큽니다.

프로그래밍에서 특정 조건문에 대한 예방조치를 지시하면 프로그램이 알아서 예방조치를 실행합니다.

일자리 축소 문제

언젠가 모두를 풍요롭게 만들 수 있습니다.

언젠가 단순반복적인 정신노동에서 자유롭게 만들 수도 있습니다.

노동에서 자유롭게 하면서(일례로 시간적 축소, 그리고 궁극적으로는 0에 수렴) 동시에 풍부한 일자리를 창출하는 것은 지속적인 연구가 필요하며, 정부 측의 과제가 될 것입니다.

효율성/생산성을 높이고 국가 경쟁력을 높이는 방향을 원하지 않는 사람도 많습니다.

일자리를 뺏긴 분노로 기계를 부순 러다이트 운동/차티스트 운동이 재연되지 않을까요?

전기차와 자율주행으로도 많은 사람이 일자리를 잃습니다.

인컴은 어떤 미래를 가져올까요?

인컴을 주도하는 국가의 일자리는 줄지 않겠지만 전세계의 일자리는 줄어들 것입니다.

요리사, 지하철 매표원, 고속도로 톨게이트 징수원의 일자리를 줄인 사례가 일본에서 보고됩니다.

인컴으로 일이 줄기만 하는 것은 아닙니다. 많은 일자리가 늘어날 것입니다.
많은 일들이 인컴 방식으로 수정 되어야 하니까요.
일을 줄이는 일을 하는 일자리가 늘어납니다.
국외의 일자리를 줄이는 곳에도 우리의 노하우를 전달해 주어야겠지요.
파괴 뿐인 전쟁에도 전쟁물자를 생산하는 산업은 필요합니다.

인컴 시대는 빠르게 변화합니다. 빠르게 변화할 줄 아는 사람이 살아남습니다.
우리나라는 빠른 민족입니다. 변화를 잘 주도할 것입니다.

인컴 도입 전/후, 생산성의 폭발적 증가

어느 직업이 가장 영향을 많이 받게 되나요?
사실이 명확해지고, 증거들이 많아지면 경찰, 검찰, 변호사, 판사 등이 영향을 받을 것입니다.
개인 변호사, 개인 회계사, 개인 건강관리사 등의 업무는 인공지능 비서의 업무로 포함될 것입니다.

노동의 종말은 언젠가 다가오겠지요. 노동으로부터 자유로워질 것입니다.

망각, 기억력, 컴퓨터의 용량

인컴이 되면 컴퓨터(반컴)에 대한 정보가 사람(반인)의 정보가 됩니다.
사람은 행위자입니다. 인컴 이전에는 컴퓨터의 인간에 대한 정보는 캐시 메모리에 존재하다가 지워집니다. 별 가치가 없기 때문입니다.

그러나 행위자의 정보는 계속 보존될 것입니다.

사람의 기억은 오래 가지 않고 정확치도 않습니다. 신뢰성이 없습니다.

사람의 기억 용량은 컴퓨터에 비해 아주 작습니다.

최근 스마트폰의 저장 공간은 1테라입니다.

행위자의 정보는 6하원칙으로 저장하는데 큰 공간이 필요치 않습니다.

진행하면서 조정은 해야 할 것 같습니다. 점점 자료가 많아질테니까요.

디스크 백업/복원

인컴 백업은 단순해야 합니다. 현재는 여러 곳이 백업을 제공하는 듯 하지만 전체 백업을 복잡하게 할뿐입니다. 앱 개발사/스마트폰 제조사/운영체제 개발사/ PC 개발사들의 백업은 사용자를 혼란하게만 합니다. 국가가 대표로 백업을 하면 간단합니다.

사용자가 각 백업의 변종을 알아야 할 필요가 없습니다. 국가가 인컴의 백업을 하면 됩니다. 국가의 백업이라는 것은 산학연이 합의하여 하나로 만든 것을 의미합니다. 어쨌든 사용자를 복잡하게 만들면 안됩니다. 단순하고 간결한 것이 아름다운 것입니다.

통합과 분산

통합할 것은 통합하여야 합니다. 민간 부문의 다양한 개발이 과도하여 난개발이 되었으며, 백업은 국가 클라우드 백업으로 충분합니다. 통합과 분산은 주기적으로 중심이 바뀌어야 합니다.

그동안 분산을 주도하였기에 다양성이 과도하므로 통합이 중심이 되어야 합니다.

인컴 자체가 통합입니다. 각 지방, 국가로 분산되었던 식별자는 지구 전체에 대한 유일 식별체계로서 GUID로 통합되어야 합니다. 최근에 표준 스마트폰 충전기가 USB-C가 되었습니다.

표준은 하나로 통합되고 시간이 지나면 대안들이 제시되며 분산하게 됩니다.

통합, 분산을 반복을 하는 것이지요. 지금은 과도한 분산으로 어지러우며 국가가 이를 강력히 통합하여야 합니다.

6하원칙

보통 사건은 6하원칙에 의거하여 기술합니다.

1) 누가
2) 언제
3) 어디서
4) 무엇을
5) 어떻게
6) 왜

이것을 인공어로 명확하게 서술할 수 있어야 합니다.

인간의 언어는 모호합니다.

(누가, 언제, 어디서)는 인컴에서 명확하게 서술할 수 있습니다.

주어가 사람인 경우에는 인컴식별자를 사용하고, 법인인 경우는 식별체계를 구축해야 합니다.

이와 같이 앞으로 식별체계를 만들어야 할 것들이 아주 많습니다.

정체성이 없으면 식별체계의 구축이 어렵지만 인간은 정체성이 확실하여 용이합니다.

국민 단일 서비스

인컴 식별자가 생성되면 국민 계좌, 국민 메일, 국민 알림, 국민 클라우드가 동시에 생성됩니다.

민간 서비스에 독립적. 중계역할도 합니다. 이런 서비스는 서비스 주소를 몰라도 됩니다. 인컴식별자와 같습니다.

예를 들어 재난 지원금은 국민 계좌에 보냅니다.

국민 계좌에 들어있는 돈을 자기 민간은행 계좌에 보낼수 있습니다.

즉 국민 지원금을 보낼 때 국민 각자의 민간 계좌를 알아야 할 필요가 없고, 단순히 각자의 국민계좌로 보내면 되므로 문의 절차가 생략되어 광속 처리가 가능합니다.

코로나 상생 지원금

지원금 신청은 매우 복잡한 쓸데없는 절차를 거치며, 이것은 인컴이 추구하는 방향과 상치됩니다.
지원금 지급 절차는 전혀 사람의 응답을 개입시킬 이유가 없으며,
그저 국민 단일 서비스의 국민계좌에 자동으로 송금하면 됩니다.
컴퓨터 자원이나 사람의 많은 노력이 필요하지 않은 작업이며, 반면 요일별 아날로그적 신청방식은 지극히 인컴적이지 않습니다.
사고방식을 완전히 바꾸어야 합니다. 사람의 개입을 극히 경계하여야 합니다.
너무 쉽게 송금되면 고마운 줄 모르는 부작용이 있을 수 있습니다.

사람의 작업 개입 금지

사람의 개입을 줄이도록 노력하여야 합니다.
피치 못하게 개입해야 한다면 사용성을 높여 신속히 끝낼 수 있도록 해야 합니다.
소프트웨어 개발에 많은 품질개선 사항이 있지만, 그 중에도 추가해야 할 가장 중요한 것은 사람의 작업 개입의 금지입니다.

	소프트웨어 품질 측정 항목
현재 측정 항목	기능성(적합성, 정확성, 상호운영성, 보안성, 준수성)
현재 측정 항목	신뢰성(성숙성, 결함 내구성, 복구성)
현재 측정 항목	사용성(이해성, 학습성, 운영성, 매력성)
현재 측정 항목	효율성(시간 효율성, 자원 효율성)
현재 측정 항목	유지보수성(분석성, 변경성, 안정성, 시험성)
인컴 추가항목	**사람의 작업 개입 최소화—개입이 꼭 필요한가요?**

필자의 프로그래머 경험을 되돌아보면 UI 개발 부분이 큰 부분인데 UI와 사람의 작업 개입 부분을 없애라고 하는 것은 굉장히 파격적인 말이 될 수 있습니다. 그러나 그것이 미래이지요.

▣ 미래는 이렇게 옵니다.

사람은 인컴으로 진화하고 그리고 사람의 역할이 축소되어 갑니다.

사람은 부도체, 컴퓨터는 도체로 비유될 듯 합니다.

컴퓨터끼리는 전기가 흐르고 컴퓨터 사이에 사람이 끼면 전기가 차단됩니다.

인컴은 도체입니다. (인컴-인컴-인컴)은 전기가 흐르고

(사람-컴퓨터-사람-컴퓨터-사람-컴퓨터)는 전기가 흐르지 않습니다.

컴퓨터의 기록에 대한 사람의 이견

사람이 컴퓨터의 기록이 틀렸다고 생각할 수 있습니다.

GPS기록은 오류가 흔합니다. 6하원칙에서 '어디서'에 대한 기록이 오류가 많으면 문제가 심각합니다. 이것을 근본적으로 개선하지 않는 것은 개인정보보호 때문입니다. GPS에 대한 오류는 개선이 가능합니다.

사람의 이견을 받아 별도로 기록하지만 원래의 기록은 잘못이 있어도 그대로 보존해야 합니다.

인컴에서 근본적으로 컴퓨터의 기록은 사람이 수정할 수 없습니다.

디디추싱의 뉴욕상장 폐지

폐지가 실행되든 아니든 전세계가 하나의 원칙을 갖는 것은 쉽지 않을 수 있습니다. 각 국가가 다른 생각을 가질 수 있습니다. 이런 것이 전세계 식별체계가 하나로 통일되는 것을 어렵게 만들 것입니다.

인컴은 기술적으로 하나를 추구하려는 노력일 뿐입니다. 결국은 국가의 통치력이 결정을 할 수도 있습니다.

인컴은 완벽한 신분증

인컴은 완벽한 신분증입니다. 더 이상 완벽할 수 없습니다.

내 차, 내 집, 내 컴퓨터 등등 모든 것에 즉시 들어갈 수 있습니다.

만능 키 역할을 할 것입니다.

국제기구 또는 국가가 항상 즉시 보증을 합니다.

인컴은 국제기구/국가와 실시간 통신을 합니다.

인컴은 상시 안전/건강 체크를 합니다.

필요에 따라 국제기구/국가와 통신을 합니다.

간단한 초기 국가 앱만 가지고 신분증 역할은 합니다.

그 후에 여러가지 기능이 활성화 되겠지요.

국가 경쟁력, 생산성, 일자리, 생산력

인컴은 생산성과 국가 경쟁력을 제고시킬 것입니다.

단기적으로는 일자리를 증가시킬 것이나 결국은 일자리가 대폭 감소될 것입니다.

인컴은 사람의 개입을 줄이는 것이 기본

따라서 UI가 최소화합니다. 컴퓨터 간의 정보교환은 유무선 통신입니다.

UI의 주요수단인 화면과 소리는 정보교환에 좋은 방법이 아닙니다.

QR코드도 좋은 방법이 아닙니다. 불편하면 나쁜 방법입니다.

XX페이도 카드설치 방법이 아주 불편합니다.

사람이 전체 절차를 기껏해야 한 번 정도 확인하는 것으로 족합니다.

유무선 통신으로 끝나야 합니다. QR코드는 정보일 뿐으로서 개입을 배제하고 유무선 통신으로 이동하여야 합니다.

정보는 공적인 업무의 편리성(사용성)이 중요합니다.

인컴에서 공적인 업무의 사용성이 나쁘면 무조건 잘못된 것입니다.

안전성을 핑계로 사용성이 매우 희생된 경우가 많습니다.

실제로는 안전성을 위한 것이 아니고 일자리 확보를 위한 변명인 경우가 많습니다. 사람의 개입이 배제되면 사용성이 증가합니다. 편리성을 높이지 않음으로 보충 설명이 필요해지고 그로써 사람의 개입을 늘리겠다는 의도입니다.

인컴은 사용자 결합이 매우 엄격하고 행위실명제입니다.

안전성은 IT의 구조로 해결을 해야지 편리성을 훼손하여 구하면 안됩니다.

그런 식의 설계는 오히려 IT의 안전성을 해치는 것입니다.

인컴과 범죄, 인컴과 탈레반

인컴은 인컴 식별자가 있습니다. 인컴 식별자는 전지구 단일 식별체계 하에 생성됩니다. 물론 초기에 많은 사람이 여러 이유로 인컴 식별자를 거부할 것이지만 결국 누구도 전지구적 단일 식별체계를 거부할 수 없습니다. 인류의 진보를 거부하지 않는 한, 테러리스트에게는 불편한 세상이 될 것입니다.

안전성

안전성은 매우 중요합니다. 안전성을 위해서는 결합확인이 중요합니다.

행위자가 누구인가를 확인하는 것이니까요.

인컴의 결합확인은 행위자 확인의 완벽한 방법입니다. 결합확인과 인컴 식별자가 행위실명제를 가능케합니다.

이것은 IT 안전성 구조의 필수적인 요소입니다.

인간이 안전성의 문제를 만드는 존재이니까요.

제네시스 페이스 커넥트

차도 여러가지 방법으로 열 수 있습니다.

제일 좋은 것은 인컴이 무선으로 여는 것입니다.

인컴은 자기 소유의 모든 것에, 권한을 가진 모든 것에 대한 접근이 가능합니다.

반컴(스마트폰)의 통제 - 법정, 교실

반컴은 항상 지니고 다녀야 합니다. 서로 일체를 이룬 스마트폰을 학교에서 회수하였다가 하교 시에 돌려주는 방식은 이제 더 이상 불가합니다. 수업에 방해되는 일들은 반컴이 알아서 스스로 통제하여야 합니다.
그것이 인컴 식 사고방식입니다. 사람의 통제/사람의 개입은 지양되어야 합니다.

CCTV.폰 동기화 -개인을 찍으면 개인자료

CCTV가 사람을 찍으면 해당 인컴에도 보내주어야 합니다.

반컴의 주도권

운영체제 개발을 보면 디버깅 때문에 인간에게 주도권이 주어지는 것은 당연하고 다른 생각은 할 여유가 없었습니다.

같은 스마트폰이라도 반컴은 특별한 장치입니다. 일반 컴퓨터는 사적인 용도입니다. 그러나 반컴은 사적인 용도보다 공적인 용도가 우선입니다.
그러나 실제로는 기존 사적인 용도도 지장을 받지 않을 것입니다.

대국민 서비스가 사적인 용도 인가요? 여기서는 공적인 용도입니다.
가족관계 증명서 발급도 공적인 용도입니다. 개인을 위해 국가가 관여한 작업이 공적 용도입니다.

많은 전자적 기록이 단순히 기술적 오류 검증용

전자적 기록은 일정기간이 지나면 폐기되는 자료였지만, 인컴에서는 이것은 반인의 행위 기록이 된다는 엄청난 사실이 되며, 이는 결합 및 식별자 덕분입니다.

앱이 사용자를 확인하는 절차

- 인컴 이전: 앱은 직접 사용자가 (사용자 ID/암호) 생체 인식 등 통해 본인확인을 합니다.
- 인컴 이후: 반컴은 항상 반인의 결합확인을 합니다. 앱의 본인확인 요청에 사용자(반인)가 답하지 않고 반컴이 인컴식별자를 앱에게 알려줍니다.

그러니 인간은 (사용자 ID/암호)를 기억할 필요도 없고 의미없이 같은 일을 반복할 필요도 없습니다. 반컴은 사람보다 훨씬 신뢰할 수 있는 존재입니다. 인컴식별자로 본인확인에 사용하면됩니다. 반컴은 인컴식별자에 해당하는 사람이 사용자인지 여부를 항상 확인합니다. 이 과정은 앱의 본인확인 과정과 유사합니다.
반컴 프로그램은 국가가 관리합니다. 국가가 최고로 신뢰할 수 있는 존재입니다.

거시적 관점

분명한 것은 거시적으로 인간의 참여를 극소화 시키는 것이 사회가 발전하는 것입니다.
인간이 하는 일을 컴퓨터가 처리하게 하는 것이 사회적 발전입니다.
사람에게 의존하지 않도록, 그리고 사람에게 묻지 않도록 시스템을 구축하여야 합니다.

사람이 할 수 밖에 없는 일은 무엇인가요?
언젠가는 사람이 할 일이 거의 없게 되겠지만 아직은 일만 바뀔 뿐이지 없어지지는 않습니다.

간난 아기아기와 노인을 돌보는 것은 컴퓨터가 아주 잘할 수 있는 일입니다.
컴퓨터는 24시간 365일 계속 아기와 노인을 돌볼 수 있기 때문입니다.
스마트폰 하나가 사람 5명분의 일을 할 수 있습니다.
현재는 치매 노인을 방치하거나 심지어 말썽을 방지하기 위해 묶어 놓는 경우도 많습니다.

치매 노인 하나를 제대로 돌보려면 요양사가 5인 정도는 필요할까요?
컴퓨터 분야에도 기득권을 위해 기술적 진보를 막는 세력이 있습니다.
이겨내고 기술 발전을 도모해야겠습니다. 왜 이 시점에 그렇게 해야 할까요?
스마트폰이 많이 보급되어 사람과 컴퓨터가 상시 결합이 가능하게 되었습니다.
코로나로 인해 전세계 IT분야의 문제점들이 많이 부각되었습니다.
한국은 스마트폰 보급률이 95%라고 하며, 이제 퀀텀 점프를 할 수 있는 환경이 되었습니다.

자율지능

자율언어, 인공어
인공지능은 컴퓨터에 의해 만들어진 지능입니다. 그런데 인공지능이라는 단어는 주도권이 인간에게 있다는 인상을 줍니다. 인공지능은 참고용 정보만 제공하고 최종적인 판단은 인간이 합니다.
그러나 자율지능은 스스로 최종적 판단을 합니다. 자율주행이 최종적으로 핸들을 조종하듯이, 인간이 아닌 컴퓨터가 최종적 행위를 합니다.
인간과 컴퓨터의 역할분담은 인간이 목표를 제시하고 컴퓨터가 이를 수행합니다.

자율지능은 판단에 필요한 각 데이터도 직접 컴퓨터로 얻습니다. 느리고 정확하지도 않은 사람에게서 얻지 않습니다.
이 책을 좀더 잘 이해하려면, 인간은 컴퓨터 보다 우월한 존재가 아니며, 대부분의 분야에서 이미 그 능력이 컴퓨터 보다 한참 열등한 존재입니다.
컴퓨터는 인간이 파워를 켜서 명령을 수행시키는 도구라는 인식은 이 책을 바르게 이해하는데 문제가 될 것입니다.

인간은 이미 왕좌를 잃었습니다. 필자와 독자가 모두 인간이지만 주도권을 빼앗겼습니다.

인간이 컴퓨터를 사용하는데 있어서 많은 난제들이 있습니다.

그 난제들 대부분은 컴퓨터의 문제가 아니라 인간의 문제입니다.

그것을 알지 못하면 난제들을 이해하지 못하고 있는 것입니다.

인간들이 끼어들지 않으면 컴퓨터끼리 많은 데이터를 잘 처리합니다.

통신을 할 컴퓨터와 컴퓨터는 서로 잘 찾아갑니다.

그러나 그 사이에 인간이 끼면 서로 잘 찾아가지도 못하고 데이터를 잘 처리하지도 못합니다.

인간이 병목현상을 일으킵니다.

사람과 사람이 대화하는 것은 문제가 많습니다. 인간 언어도 문제가 아주 많습니다.

인간과 컴퓨터의 대화, 또는 그 창구를 UI라고 합니다. 이것을 위한 프로그래밍도 어렵고 처리속도도 아주 느립니다.

이것도 당연히 컴퓨터의 문제가 아니고 인간의 문제입니다.

문제를 제대로 인식하지 못하면 문제를 해결할 수 없습니다.

문제를 해결할 준비가 되었는가요?

인간의 문제들을 잘 이해하고 있다면 이 책의 반은 이해하였습니다.

생체적인 인간의 뇌는 아날로그적으로, 그리고 전자적 뇌인 컴퓨터는 디지털적으로 처리합니다.

필자가 생각하기로는, 연속되는 공간을 다루는 실세계, 아날로그 세계는 필연적으로 모호하고 부정확합니다. 반면에 1/0(on/off)로 시작되는 컴퓨터 세계, 디지털 세계는 명확합니다.

모호한 연속공간에 기초한 인간과 정확한 불연속 공간에 기초한 컴퓨터는 완전히 다른 특성을 보입니다.

불연속 공간은 연속공간의 부분 집합이라고 할 수 있습니다.

연속공간은 생체적인 뇌가 처리하기엔 너무 큽니다.

불연속 공간은 전자적인 뇌에 맞춰 설계 되어졌습니다.
생체적인 뇌가 필연적으로 모호하고 부정확한 이유입니다.
전자적인 뇌는 원래의 설계처럼 정확히 작동되고 있습니다.

인컴은 주도권을 인간에게서 컴퓨터로 넘기는 대혁명입니다.

인간은 몇 만년 살아오면서 관습적으로 반복적으로 해오던 것이라서 당연하다고 생각할 것입니다. 필자는 70년 가까이 살아왔고 40년 넘게 IT 분야에서 일을 해왔습니다.
IT 분야의 일을 해오지 않았다면 인간이 이렇게 결함이 많은 존재인지 알지 못했을 것입니다.

인간과 컴퓨터를 결합을 하여야만 인간의 결함을 보완할 수 있습니다. 인간은 소규모 집단에는 비교적 잘 작동합니다. 규모가 커질수록 처리용량을 넘고 많은 문제가 발생합니다. 그래서 컴퓨터가 만들어졌습니다.

5

세계 단위의 설계

세계 전체의 관점으로 보는 연구가 부족합니다.

크게, 장기적으로 보는 관점이 부족합니다.

크고 장기적인 관점에서는 1)전세계가 단일 식별체계가 되어야 하며, 2)사람중심이 아닌 컴퓨터 중심이어야 하며, 3)사람의 개입 차단을 목표로 삼아야 합니다.

	방향
식별체계	전세계가 **단일 식별체계**가 되어야 합니다.
중심역할	사람 중심이 아닌 **컴퓨터 중심**이어야 합니다.
장애물	사람은 IT 작업의 장애물입니다. 적극적인 개입 차단이 필요합니다.

앞으로 추가적인 식별체계를 만드는 과정이나 인공어를 보완하는 과정에서 많은 노력을 기울여야 합니다. 이 과정에서 인컴 이전처럼 지역적인 접근을 지양하고 전세계를 단일화하려는 생각을 하여야 할 것입니다.

국제기구, 국가

인컴 소프트웨어는 국가의 이름으로 작성 및 관리 되어야 합니다.

인컴 소프트웨어는 최종적으로 국제기구(국제 비정부 기구, 국제 표준화 기구)가 관리할 부분과 국가가 관리할 부분으로 구분될 수 있을 것입니다.

인컴에 의해 생성되는 많은 데이터를 누가 관리하는가는 매우 중요한 문제로서, 전 지구적으로 일관성 있게 다루어지는 것이 가장 바람직합니다.

그러니 인컴 소프트웨어는 국제기구에 의해 작성,관리되는 것이 최선이지만, 각국의 이해가 다르므로 국제기구에 의해 관리되는 부분과 국가에 의해 관리되는 부분으로 구분될 것입니다. 지자체에 의해 관리되는 부분은 없어져야합니다. 전자정부는 있을수 밖에 없지만 전자 지자체는 없는 것이 당연합니다.

규모가 작은 것은 인간의 특성 때문입니다. 컴퓨터가 인간의 특성을 따라하면 안됩니다.

지금 중국이 인터넷을 양분하려 하고 있습니다. 모든 국제기구가 양분 될지도 모릅니다.

컴퓨터는 지구촌 단일 마을을 만드는 것에 근본적인 어려움은 없습니다. 굉장히 효율적인 사회이지요.

국가 공인, 국제 공인, 국제표준기구(ISO)와의 협력

반컴/인공지능은 국가의 지시 사항 및 국제 표준 사항을 프로그램을 통해 전달받아 수행합니다.

결국 반컴/인공지능은 국가 공인 절차 및 국제공인 절차를 수행합니다.

필요한 기구

정식 해답을 만드는 것은 DARPA가 인터넷을 개발할 때, 팀 버너스 리 박사의 1989년 웹 창시 때처럼 국제 표준을 선도할 수 있는 팀이 구성되어 시행해야 할 것입니다.

1차적인 구현이 되면 곧 실용화가 가능합니다. 1차적인 것을 사용하면서 업그레이드해 나가면 전세계적인 대혁명이 진행되는 것입니다.

전세계 식별체계 관리 기구

세계 공용의 식별자를 생성, 관리하는 국제기구가 설립되어야 합니다.

이 기구를 통해 식별자 생성절차를 수립하여야 합니다.

사람에 대한 세계공용 식별자를 생성, 관리하는 것은 어렵지 않습니다.

그러나 그 외의 많은 것들은 앞서 언급되었듯이 어려움이 있습니다.

6

시스템 통합

[위키백과]시스템 통합(system integration)은 사용자들의 요구에 따라 하드웨어 · 소프트웨어 · 네트워크 등 유형의 제품과 컨설팅 · 시스템 설계 및 유지보수 등 무형 서비스 기술을 통합, 의뢰자의 전산 및 경영환경에 맞는 종합전산 해결책을 제공하는 전문정보처리 시스템 사업을 말한다.

필자는 연구소의 제품 개발이 주 경력이지만 SI사업에 2번 이상 참여하였습니다.
이 책이 말하는 시스템 통합과 일반적인 SI는 조금 다릅니다.
일반적인 SI는 하나의 조직을 위한 시스템의 개발을 뜻하지만 이 책은 한 국가 내의 모든 시스템의 통합 또는 전세계 IT 시스템의 통합을 의미합니다.

회사의 IT 시스템은 그 회사만을 위한 것입니다. 처리한 것을 공유하기 힘들지요. 다른 회사도 필요한 것이었다면 똑같은 일을 다시 하는 문제가 생깁니다. 무수한 중복처리가 일어납니다.

즉, 국가적 IT 인프라 또는 전세계적 IT 인프라를 뜻합니다.
전 세계에는 많은 IT 개발자들이 있지만, 대개는 어느 특정회사를 위한 일에 집중하기에 이 책에서 주장하는 내용을 업무 과정에 스스로 인식하기는 어려울 가능성이 큽니다.

일본은 1700개의 지자체가 있습니다. 각자의 지자체는 IT 시스템이 있습니다.

각 지자체에서 쓰는 상수는 지역상수입니다. 지역상수는 다른 지역에서는 의미가 없습니다.

일본 전역에서 같은 의미를 갖는 전역상수가 아니기 때문에 1700개의 지자체 시스템을 통합하면 전혀 작동하지 않습니다. 지역인가 전역인가는 크기에 달린 것이 아닙니다.

전세계의 Facebook 사용자는 일본 사람보다 많을 것입니다.

Facebook은 잘 작동합니다. 그러나 일본 지자체 시스템은 통합적으로 작동하지 않습니다.

일본 시스템은 무엇인가가 일관성이 없기 때문입니다. 2025년까지 수정하겠다고 했지만 어떻게 해야 하는지 모르는 것 같습니다. 그때까지 수정되지 못할 것이라고 합니다.

인컴은 그 자체가 신분증입니다. 인컴식별자를 tagging하면 가장 중요한 사람의 식별자가 전역 상수가 될 것입니다. 모든 IT 시스템이 사람을 식별하기 위해 인컴식별자를 사용하면 전역에서 같은 의미를 갖게됩니다. 이것은 모든 IT 시스템의 중요한 사실입니다.

Facebook도 사용자의 숫자만 많았을 뿐이고 다른 곳에서 의미가 없는 지역상수일 뿐입니다.

모든 IT 시스템은 인컴식별자를 사용하여야 합니다.

필자는 전역이 2종류이어야 한다고 생각합니다. 하나는 국가 또 하나는 지구입니다.

지구 식별자가 제일 좋고, 적용할 수 없으면 국가 식별자를 적용하여야 합니다.

전역 식별자와 지역 식별자

- 전역 식별자: 전역에서 사용할 수 있는 식별자.
- 지역 식별자: 지역에서만 사용할 수 있는 식별자.
- 전지구적 식별자: 전지구에서 사용할 수 있는 식별자. GUID
  인터넷 시대에 제일 바람직합니다.
- 국가적 식별자: 국가내에서만 사용할 수 있는 식별자. NUID
  통치권이 국가에만 미치기 때문에 국가가 주도적으로 할 수 밖에 없는 것들
  이 많습니다. 가능하면 전지구적 식별자를 사용하여야 합니다. 국가 식별자
  를 사용하면 국가 밖에서는 의미가 없어집니다.

인간은 작은 골짜기 주민, 컴퓨터는 지구촌 시민

인간은 작은 규모에 적합하고 컴퓨터는 큰 규모에 적합합니다.
인간은 언어가 다르고 사투리를 씁니다. 개인마다 발음이 다 다릅니다.
언어 자체가, 많은 사람과 정보교환을 하기엔 적합하지 않습니다.
많은 사람을 기억하지도 못합니다.
정보교환은 컴퓨터가 중심이 되어야 합니다.

국가와 민간

민간이 앞장서고 민간은 다양성을 제공하고 대안을 제공합니다.
그러나 인컴은 국가가 앞장서고 통합을 하며 난개발을 줄이는 것이 필요한 시기입
니다.

인컴은 컴퓨터/국가가 앞장을 섭니다. 사람/민간이 앞장서지 않습니다.
인컴은 국가/국제기구를 주로 생각하며 만들어진 그림입니다.

개인화

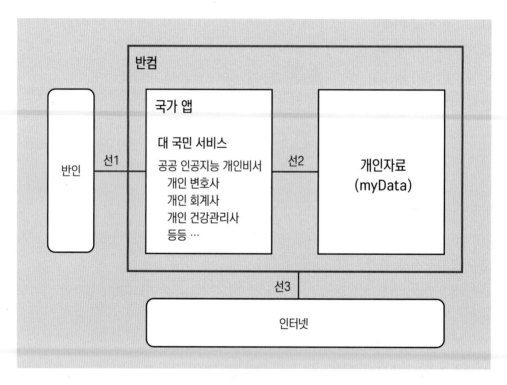

인컴의 개인화

인컴은 공용 컴퓨터가 아닙니다. 본인의 자료만 수집 저장 관리됩니다.

국가 앱에는 대국민서비스가 들어있고 공공 인공지능 개인비서가 들어있고 개인비서에는 개인변호사, 개인 회계사, 개인 건강관리사 등등 많은 것이 들어있습니다.

개인자료에는 모든 개인자료가 수집되며 이 방대한 자료를 가지고 개인비서는 비서 역할을 수행합니다.

이 개인자료는 특정 반인 본인자료를 수집한 것이므로 개인정보보호법에 저촉되지 않습니다.

사람(반인)은 기억력의 문제로 기억의 한계가 있으나 반컴과 같이 수집한 본인자료들은 세밀하고 정확하며 방대한 자료들입니다.

모든 반인 기록을 반컴에 기록

흩어진 개인의 기록은 반컴에 기록되어야 합니다.

그러기 위해서는 사람의 식별자가 확실해야 합니다.

지금까지는 사람의 식별자가 부정확하여 개인의 자료가 자동적으로 수집되지 못하였습니다.

인간은 망각의 동물이기에 사람이 수집한 것은 부정확합니다.

그러나 데이터는 '자원의 보고'라고 하듯 인공지능 개인비서가 자동, 수동으로 수집한 데이터는 정확하고 방대합니다.

과거 컴퓨터는 대부분 공용이었습니다.

여러 사람이 사용합니다.

한 사람은 여러 일반 앱들에게 동일한 응답을 반복적으로 합니다

예를 들면 주소가 어디인가요? 주소를 많이 입력하였을 겁니다.

개인용 컴퓨터는 같은 응답을 안해도 됩니다.

인컴의 경우는 개인비서가 답하지요.

인공지능 = 공통 프로그램 + 개인적 특징 학습.

특정인의 개인적 특징은 반컴의 개인비서가 학습하고 처리합니다.

8

진화

인컴은 어떻게 진화될까요? 인컴에는 반인과 반컴이 있습니다.

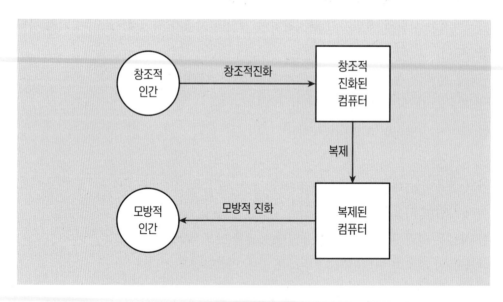

인간과 컴퓨터의 진화

극소수의 뛰어난 분야별 창조적 인간이 설계하고 이를 프로그래밍하여 컴퓨터는 창조적 진화를 합니다. 새롭게 업그레이드된 소프트웨어는 모든 컴퓨터에 복제됩니다. 업그레이드된 컴퓨터는 일반 사용자들을 모방적으로 진화 시킵니다.

인컴의 진화-빅뱅

인컴은 매우 빠르게 진화합니다. 인간의 진화 과정과 다릅니다.

인간의 진화는 교육에 의합니다. 사회는 다수결로 진화합니다.
따라서 사회는 교육과 다수결로 진화 과정을 거칠 수 밖에 없습니다.
이 과정은 매우 매우 느립니다.

인컴은 이와 비교하여 다른 과정을 거칩니다. 다수결의 과정을 거치지 않습니다.
각 분야 제일 뛰어난 인간이 프로그래밍을 하여 반컴을 진화 시킵니다.
특정 인컴이 진화하는 것은 인간의 역할입니다. 특정 인컴이 전체 인컴으로 확대하는 것은 교육이 아닌 복제입니다. 새로운 운영체제가 업그레이드 되는 것을 보았을 것입니다.
사람이 그것을 이해해야 업그레이드 할 수 있다면 업그레이드는 이루어질 수 없습니다.
업그레이드는 그냥 복제일 뿐입니다. 인간의 교육과는 전혀 다른 것입니다.

전체 사회의 진화방식이 바뀌어 수억배 빠르게 사회가 진화할 것입니다.
그러니 인간의 인컴으로의 진화는 가히 빅뱅에 비유될 수 있을 것입니다.
반컴이 반인의 교육을 담당할 것이며, 항상 반인의 판단을 보조할 것입니다.

인컴으로의 진화는 엄청난 속도와 크기로 진화하는 빅뱅입니다.

9

인컴 도입 단계 제1, 제2, 제3

인컴이 도입되는 것은 그야말로 천지개벽이며 모든 것이 달라집니다.

- 인컴 도입 1단계: 기본적인 단계~1% 국민이 인컴 설치
- 인컴 도입 2단계: 초기 단계~70%
- 인컴 도압 3단계: 정착 단계~100%

9.1 인컴 도입 제1단계- 인컴의 기본적인 단계

인컴의 기본적인 진행과 전제조건

	할일	전제조건
1	인간이 반드시 일정 성능의 스마트폰을 항상 소지합니다. 오프라인을 IT설계에서 고려하지 않아도 됩니다. 등기우편 등은 잊어도 됩니다.	
2	국가 앱을 설치합니다. 사용자의 얼굴 인식을 합니다. 지문인식을 합니다. 이름, 주소 등의 정보를 입력합니다. 인컴서버에서 식별자 생성을 합니다. 인간이 완벽한 식별자를 갖습니다. 이제껏 완벽한 식별자가 없었습니다. (1.5의 설치 1,2단계는 여기서 수행됨)	1.식별자 생성기
3	소지한 스마트폰이 소지한 인간의 식별자를 사용합니다. 일반 앱의 본인확인 절차가 없어집니다.	1,2
4	스마트폰(반컴)의 모든 유무선 통신에 장치 ID뿐만 아니라 인간 ID도 포함합니다. 인간 ID를 통신 프로토콜에 추가. 행위 실명제가 시작됩니다.	1,2,3

인간 ID는 인간 식별자이며 인컴 식별자이기도 합니다.

위 4개의 일을 수행함으로써 기본적인 대변혁이 일어납니다.

기본적인 진행은 인컴이 시작되면서 진행되는 일이며 인컴 1단계의 일입니다.

9.2 인컴 도입 제2단계

인컴 도입 초기단계입니다.

9.2.1 반컴이 아닌 컴퓨터의 변화

컴퓨터가 모두 반컴이 아닙니다. 1인당 하나의 스마트폰만 반컴입니다.

반컴이 아닌 컴퓨터에게도 변화가 일어날 것입니다.

사람이 아닌 인컴이 PC 앞에 앉았을 때 전과 같이 본인확인이 일어나지는 않을 것입니다.

UI가 개입되지 않고 무선 통신으로 본인 확인이 진행될 것입니다.

PC,서버, 반컴이 아닌 스마트폰, IOT, 등이 반컴이 아닌 컴퓨터들입니다.

한 사람이 반컴 2대와 인컴을 이룰 수 없습니다.

반컴이 아닌 컴퓨터는 이전의 방법 또는 별도의 방법으로 사용할 수 있습니다.

반컴의 보조적인 IOT는 인컴의 일부가 되는 것은 가능합니다.

9.2.2 개인관련 데이터는 해당 개인에게로 전송

예)마트에서 물건을 사면 지불을 하는 순간 구매 내용이 구매자의 반컴에게 전달 되어야 합니다.

이것은 반컴이 통합하기 좋게 XML 데이터 형식을 권장 합니다.

모든 사람이 인컴이라는 가정이 있으면 앱의 설계가 단순합니다. 인컴 이전의 사용자 환경이 복잡하면 앱의 설계가 아주 복잡합니다.

책의 구매를 가정하면, 출판사에도 구매된 책의 내용이 전달되어야 합니다.

이는 책의 판매 상황을 실시간으로 알게 되는 것입니다.

이것은 구매자/출판사/마트가 완전한 식별자를 가져야 가능합니다.

처리가 모호한, 사람의 절차로서는 불가능합니다.

모든 존재가 완전한 식별자를 갖는 것은 오랜 시간을 요하는 일입니다.

자연어가 모두 인공어로 전환되지는 못할 것입니다.

사람은 정체성이 분명하므로 인컴이 완전한 식별자를 갖습니다.

9.2.3 일부 핵심 자연어를 인공어로 만듭니다.

자연어를 인공어로 만드는 일은 장기적인 일입니다.

그러나 사람(인컴) 식별자를 만드는 일은 핵심 인공어를 만드는 일입니다.

법인도 인공어로 만들어야 합니다.

인공어는 전역(전지구)에서 한 단어가 한 의미를 가져야 합니다.

9.2.4 일반 앱들이 인컴 속으로 들어와야 합니다.

인컴이 도입되면 모든 산업이 바뀌어야 합니다. 여기에서는 다른 산업의 변화는 다루지 않고 IT 소프트웨어의 변화만 간략히 서술할 것입니다.
일반 앱들은 프로그래밍 가이드가 나오면 본인확인 대신에 인컴 국가 앱에게서 인컴식별자를 받도록 수정되어야 합니다.

9.2.5 인컴 도입 계획 수립 및 기타

실제 인컴이 도입되면 모든 IT조직이 해야 할 일들이 보이기 시작할 것입니다.
이 대변혁 속에서 가만히 엎드려 복지부동해도 살아남을 수 있는 IT조직은 없을 것입니다.

9.3 인컴 도입 제3단계

자연어를 인공어로 만드는 일은 장기적인 일입니다.
자연어에 유일성을 부여하는 일은 용이한 부분과 그렇지 못한 부분이 있습니다.
생겼다가 금방 사라지던가, 변화무쌍하여 정체성이 결여된 것은 인공어로의 변환이 어렵지만, 사람은 정체성면에서는 인공어를 만들기 좋습니다. 그러나 통치권이 다른 국가가 동의하지 않으면 공동 사용이 어렵습니다.

9.3.1 무엇이 인공지능의 대상인가요?

기본 데이터들이 인간의 기록이 아닌 인컴의 기록으로 바뀐 후에, 인공지능으로 해결할 일이 무엇인가 따져봐야 합니다.

9.3.2 인간의 교육을 반컴이 수행

교육 필요성이 있을 때 OJT처럼 실생활을 통해 실시하며, 나이가 들면 반복적으로 재교육을 해야합니다. 인컴 시대에는 범죄가 없거나 극도로 축소될 것입니다.

9.3.3 인컴의 변화

	변화
기술적 변화	사람 중심에서 컴퓨터 중심으로
기술적 변화	인간에 의한 사실 기록에서 컴퓨터에 의한 기록으로
사회적 변화	비즈니스 모델의 변화
기술적 변화	IT 인프라가 사기업 중심에서 국가 중심으로
기술적 변화	분산화에서 집중화
기술적 변화	국가적/지역적 식별체계에서 전지구적 식별체계로
기술적 변화	인간 기록이 아닌 컴퓨터 기록을 베이스로 인공지능이 작동
기술적 변화	자연어 중심에서 인공어 중심으로
기술적 변화	무선통신 중심
기술적 변화	국가 앱의 세부 기능 개발, 대국민 서비스, 공공 인공지능 등

크게 봐서는 기술적인 변화와 사회적인 변화가 수반됩니다.
모든 사실의 기록이 인간이 아닌 컴퓨터에 의해 수행될 것입니다.
많은 사업 요소들이 변경되어 비즈니스 모델도 많이 바뀔 것입니다.

사회적 제약과 기술적 제약이 정확한 미래 예측을 어렵게 합니다.
작업에 대한 인간의 개입이 최소화되어야 합니다.

미래에는 누구나 하나씩 완벽한 개인비서를 갖는 평등한 세상이 올 것입니다.
인간은 결국 모든 노동에서 자유로워질 것입니다.
인간은 노동이 아닌 육체운동과 게임 같은 정신운동을 할 것입니다.

10

보안

보안은 중요한 문제입니다. 인컴은 두 가지 개선 사항이 있습니다.

10.1 행위실명제

거의 모든 전자적 흔적이 행위자의 전자적 흔적입니다.

10.2 범죄의 예방조치

프로그래밍에서 특정 조건문에 예방조치를 하라고 명령하면 프로그램이 알아서 예방조치를 합니다.

이 두 가지 보안개선 사항을 많은 범죄가 피해갈 수 없을 것입니다.

해킹방지도 사람의 개입 없이 이루어질 수 있도록 되어야 합니다.

보안과 해킹방지도 근본적인 방법이 바뀌어야 합니다.

11

장애물

인컴은 인간의 결함 해소 및 개선을 위해 고안 되었습니다. 이제껏 많은 문제는 인간으로 인한 것이었습니다.

인컴에 의한 문제 해결에 있어서도 인간이 주요한 장애물이 될 것입니다.

기존 법이 문제가 될 것이며 일자리가 축소된다는 빌미로 반대에 부딪치기도 할 것입니다.

많은 것들이 같은 문제를 겪을 것이며, 전기차와 자율주행도 많은 일자리를 줄일 것입니다.

기존 법이 바뀌기를 기다릴 수는 없습니다. 특구 방식으로 시작하여야 할 가능성이 큽니다.

11.1 법적 장애

인컴의 진행에 많은 장애가 예상되지만 가장 심각한 것은 법적인 문제일 것입니다.

가끔 돈 관련 인터넷 사이트들을 보면 크게 잘못 되었다는 것을 느낍니다.

자기들 서비스를 사용하는데 왜 저렇게 어렵게 만들까? 하는 의문이 생깁니다.

서비스 이용을 스스로 방해하는 것 같이 보입니다.

한때 은행이 서비스를 매우 어렵게 만들었습니다.

예를 들어 일반 보험과 사람이 개입 하지 않는 다이렉트는 차이가 있습니다.
다이렉트는 가격이 저렴하겠지요. 그러면 일반 보험이 영업이 안됩니다.
그래서 다이렉트를 불편하게 만듦으로써 일반 보험으로 고객들을 유도합니다.
그러나 이것은 장기적으로 회사를 망하게 하는 행위이며, 독점이 장기적으로 회사
에 독이 되는 것과 유사합니다.
그러므로 반독점법은 독점하고 있는 회사에게도 필요합니다.
독점하고 있는 회사의 직원이 퇴사하여 경쟁회사를 만들어 독점회사를 무너뜨립니다.

12

인컴과 디지털 뉴딜

12.1 비대면

디지털 뉴딜은 비대면의 속성이 있습니다.

인컴은 컴퓨터가 전면에 나서며 인간은 컴퓨터 뒤에 가려집니다.

인컴 세상에서는 인간은 작업에 개입하지 말아야 합니다.

인컴과 디지털 뉴딜은 비대면 측면에서는 정확히 같은 입장입니다.

인컴은 디지털 뉴딜의 비대면 요구사항을 완벽히 만족시킵니다.

인컴은 반드시 비대면을 동반합니다.

비대면 수단이 없는 사람은 문맹보다 심한 장애를 가진 것입니다.

비대면 수단이 없다는 것은 컴맹이라는 말입니다.

컴맹은 문맹보다 더 원시인입니다.

비대면은 AR, VR, MR, XR이 다들어 있습니다.

인컴은 아기도 치매노인도 반드시 포함해야 합니다.

글을 몰라도 인컴에 포함되어야 합니다.

눈이 안보여도 인컴에 포함되어야 합니다.

듣지 못해도 인컴에 포함되어야 합니다.

컴맹도 인컴에 포함되어야 합니다.

약자가 더 인컴의 도움이 필요합니다.

반컴은 무덤 속까지 따라가 줄 수도 있습니다.

12.2 개인정보보호

디지털 뉴딜과 IT 발전에 가장 큰 장애물은 개인정보보호입니다.

이런 상태에서 데이터가 원유보다 중요하다는 말은 아무 의미가 없습니다.

인컴은 반컴이 마이데이터를 수집하여 장애를 뛰어넘습니다.

마이데이터를 어떻게 취합하는가 하는 것은 국가가 할 일입니다.

마이데이터를 어떻게 수집, 저장하는가가 핵심 문제입니다.

인컴은 '개인화'를 통해 데이터의 수집, 저장을 완벽히 수행합니다.

내 데이터는 내가 직접 소유하고 통제하는 것입니다.

'개인정보 자기 결정권의 확대'는 인컴이 완벽하게 수행합니다.

12.3 코로나 19 추적앱

추적은 비교적 단순한 작업입니다. 세계적으로 개인정보보호 이슈 때문에 IT가 강력한 수단으로 사용되지 못하였다는 것은 안타까운 일입니다.

많은 것들이 개인정보보호 때문에 공개적으로 기술이 개선되지 못합니다.

위치정보가 부정확합니다. 이는 공개적으로 기술개선을 하여야 합니다.

오차범위를 지금의 1/10000(만분의 일)로 만들 수 있습니다. GPS를 지상의 측량 기준점과 계속 비교를 하며 오차를 줄여야 합니다.

모든 팩트는 컴퓨터가 기록하며 아주 정밀하여야 합니다.

프로그래머 가이드

인컴 세상의 프로그래머는 많이 달라져야 합니다.

13.1 식별자는 지구 공통 식별자 사용

프로그래머는 보통 회사를 위해서 일합니다. 시각이 회사로 한정됩니다.

가장 중요한 것은 지구상에서 공통적인 시각을 가져야 한다는 것입니다.

프로젝트 프로그래밍 가이드를 만드는 최상위 개발 리더가 달라져야 하겠지요.

지역성이 있는 프로그래밍은 인컴 시대에는 문제가 많습니다.

사람을 식별할 때 앱에 등록하는 순서대로 인덱스를 만들어 그것으로 식별을 하면 국가 차원의 통계나 지구 전체의 통계를 만들 때 문제가 생깁니다. 회사 지역성을 가진 식별자가 만들어집니다. 사람을 식별할 때 지구차원의 식별자를 써야 지구 차원으로 쓸 수 있습니다. 사람 뿐 아니라 많은 것들이 지구 차원의 식별자이어야 합니다. 모든 것은 지구차원의 식별자를 사용하여야 합니다. 어느 회사를 위해 일하던 같은 사람 식별자는 동일해야 한다는 말이지요. A회사에서는 어떤 사람을 '12354'로 식별하고 B회사에서는 같은 사람을 'amxc2'로 식별하면 안된다는 말이지요. 지구상 어디에서도 어떤 사람의 식별자는 같아야 합니다.

이름, 주소, 주민번호 등 어느 것을 복합적으로 사용해도 완전한 식별자가 되지 않습니다.

완전한 식별자는 대표적으로 국가가 판단하고 다른 조직은 국가가 만든 인컴 식별자를 공용으로 사용하면 대외적으로 아무 문제가 없습니다. 그것이 유일한 완벽한 방법입니다.

조직마다 복합적 식별자를 만드는 방법이 상이하고 예외들이 공통 작업에 오류를 만듭니다.

13.2 정보교환은 무선 디지털 통신 이용

많은 것이 불필요하게 어렵습니다. QR코드를 왜 쓰는지 모르겠습니다.

**페이 카드 등록 절차가 아주 불편합니다. 사진을 찍는 것은 UI로서는 가장 좋은 것입니다.

그러나 컴퓨터 간의 정보교환으로는 안좋습니다. 유무선 디지털 통신이 가장 좋습니다.

대부분이 치매노인도 사용 가능하여야 합니다.

인컴단계에서는 **페이 자체가 안쓰일 것이라고 생각합니다.

인컴 이전에는 가장 편리할지 모르지만 인컴 시대에는 불편한 방법입니다.

사용성이 극도로 우수하도록 프로그래밍하여야 합니다.

제일 좋은 것은 사용자의 개입이 불필요하도록 만들어야 합니다.

13.3 사람을 개입시키지 않도록 설계

사람이 개입되지 않고 사람이 소지한 스마트폰이 처리하도록 설계해야 합니다.

컴퓨터와 컴퓨터 간에는 무선 디지털 통신을 사용해야 합니다.

13.4 준비물이 불필요하도록 설계

정보 준비물(서류, 신분증 등)은 반컴에 들어있어야 합니다.

왜 신용카드가 필요한가요? 그냥 스마트폰에 정보를 집어넣어 다니세요. **페이처럼.

정보를 위해 무언가를 들고 다녀야 한다면 잘못된 것입니다.

종이 증명서는 정보입니다. 인감증명서도 정보입니다. 신분증도 정보입니다. 도장도 정보입니다. 가족관계 증명서를 가져오라고 해서도 안됩니다.

준비서류를 잊어서 다시 집에 갔다 온다는 것은 안됩니다. 준비서류는 있으면 안됩니다.

스마트폰만 들고 다니는 것이 정상입니다.

스마트폰이 기능을 포함할 수 없는 경우가 있으므로 웨어러블이 기본구성에 들어갈 수는 있습니다.

14

인컴의 법칙

인컴 제1법칙-인간은 우월한 존재와(수단과) 결합하여 진화합니다.

인간은 우월한 존재와 결합하여 진화합니다.

우월한 존재는 컴퓨터입니다.

사람은 이 결합된 컴퓨터에서 모든 전자적 행위를 합니다.

반인반컴의 형성과 더불어 모든 IT의 난제들이 대부분 해결됩니다.

모든 범죄가 불가능해지고, 범죄 없는 세상이 됩니다.

(인컴=반인반컴=인간+스마트컴+국가앱의 상시적 결합확인)

인컴 제2법칙-모든 식별자는 지구 상수이어야 합니다.

인터넷은 지구마을입니다.

모든 식별자는 지구 상수이어야 합니다.

어떤 존재의 식별자는 지구 어디서나 같은 것을 나타내야 합니다.

인컴 제3법칙-인간은 군림하나 노동(작업)하지 않습니다.

인간은 작업에 개입하지 않고 컴퓨터가 대신하도록 하여야 합니다.
인간이 개입하면 생산성이 극도로 저하됩니다.

인컴 제4법칙-사실의 기록은 인간이 아닌 컴퓨터가 합니다.

인간은 이해 당사자인 경우가 많습니다. 인간은 사실을 기록할 수 없습니다.
컴퓨터는 센서 등의 도움으로 사실을 기록합니다.

인컴 제5법칙-인컴의 대국민 서비스는 공공 인공지능이 수행합니다.

공무원이 국민 개개인에 대한 완전한 24시간 상시 대국민 서비스를 수작업으로 할 수 없습니다.
많은 종류의 인공지능이 개발되어 이 국민 서비스에 포함되어야 합니다.
대국민 서비스를 위한 인공지능은 공공 인공지능이라 합니다.
인공지능의 주류인 공공 인공지능의 발전은 국가가 적극적으로 주도하지 않으면 기대할 수 없습니다. 개인정보도 공공 인공지능이 보호하며 수행합니다.

15

2021년 정리

15.까지는 20021년 쓴 것이고 16.부터는 2020년에 쓴 내용입니다.(약간 수정)

필자와 인컴

필자는 젊은 사람들처럼 스마트폰을 화려하게 쓰지 못하고 게임을 안합니다. 인컴은 공적인 용도입니다. 대국민 서비스를 많이 고려하고 있습니다. 공적인 용도와 사적인 용도가 균형을 이루지 못할 수도 있겠지요. 처음은 스마트폰에서 인컴이 차지하는 비중이 작겠지만 점차 커짐에 따라 게임 같은 사적인 용도와 균형을 이루는 조치도 필요해질 듯합니다.

스마트폰과 스마트워치

스마트폰(반컴)을 집에 두고 스마트 워치만 가지고 나오는 경우가 있는 것 같습니다. 스마트 워치의 기능이 많이 좋아지니까요. 곧 인컴 구성에 웨어러블들이 포함될 것입니다.
요즘 스마트 워치가 많이 출시됩니다. AR,VR,MR,XR 등을 위한 웨어러블도 소개됩니다.

페이스 ID 및 지문 인식

2021년 9월 현재 본인인식에는 페이스 ID와 지문인식이 많이 쓰이는 것 같습니다.
워낙 앱들이 많아져서 기억에 의존하는 (로그인 ID/암호)방법은 더 이상 적용될 수
없습니다.
요즘 암호없이 로그인하는 방법이 거론되는 것 같습니다.
인컴은 앱들의 모든 본인확인을 신경 쓸 필요가 없습니다.

'민·관 랜섬웨어 대응 협의체'

미국이 랜섬웨어에 피해를 많이 받았습니다.
행위 실명제에서는 다를 것입니다. 인컴은 행위자의 이름으로 전자적 흔적을 남깁
니다. 범인의 흔적을 추적할 수 있습니다.
인컴 환경에서도 랜섬웨어가 피해를 줄 수 있는지 알아봐야 할 것입니다.

내장형 가입자 식별 모듈(e심)

인컴 식별자는 인컴 식별자 생성기에 의해 실시간으로 만들어집니다.
인컴 식별자는 스마트폰의 e심에 저장 필요성이 있습니다.
구체적인 사항은 추후 논의할 사항입니다.

인컴 식별자

인컴 식별자는 5byte의 길이를 가진 값입니다. 지구상의 모든 사람은 동적으로 식
별자가 주어집니다. 5byte의 길이이면 256의 5승 = 약 1000억입니다. 5byte이면
60억 지구 인구와 사망한 역사적 인물에 식별자를 부여할 수 있으며, 이를 확장하
는 것도 문제가 없을 것입니다.
모든 사람은 일생동안 변하지 않는 상수를 부여 받아야 합니다.

재난지원금 지급

한국이 재난지원금 지급에 있어 일본보다 5배 빠르다는 기사가 있습니다.
인컴이 장착되면 지금의 한국보다 얼마나 빠를까요? 10분 안에 전국민에게 줄 수 있
을 것입니다. 인컴 도입과정 전후에 얼마나 개선되는지 통계를 만드는 것도 중요합
니다.

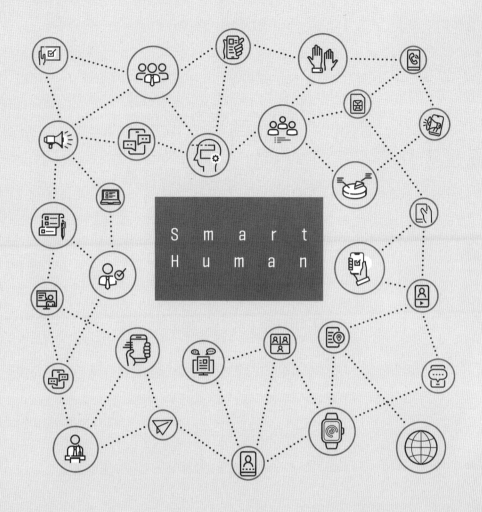

Smart
Human

PART 2

온라인 대통령 선거
실제 준비 2022년

PART 2는 2022년 3월 9일의 대통령 선거를 인컴 구조속에서 비대면 실시할 때 준비하여야 할 사항들입니다. 2022년 3월 9일의 대통령 선거를 인컴 구조속에서 실시할 경우 준비하여야 할 사항들입니다. 인컴 구조는 이해하기 어렵습니다. 인컴구조는 실례를 통해 이해를 하면 쉽습니다. 가장 좋은 실례가 대통령 선거입니다.

왜 온라인 대통령 선거를 해야 하는가요?

반 뉴딜적인 행사를 정리하셔야 합니다.
언제까지 대통령 선거를 아날로그적인 종이 선거로 치를 생각이십니까?
2021년 미국 대통령 선거는 미국의 추악한 얼굴이었습니다.
코로나 시대에 대통령 선거를 비대면으로 수행한다면 이것은 세계에 대한민국의 큰 자랑이 될 것입니다.

이것이 완벽히 수행된다면 한국의 IT 시스템은 한 단계 큰 도약을 할 것이며 다른 국가들과 큰 격차를 가지게 될 것입니다. 선거 후에는 모든 것을 비대면으로 진행할 수 있습니다.

한국이 디지털 뉴딜을 외치면서 어떻게 종이 선거를 바꿔보겠다는 시도도 하지 않는지 궁금합니다.

온라인 대통령 선거는 다음 5단계를 준비하면 됩니다.

1단계 온라인 선거법을 제정 합니다. (온라인/오프라인 투표 병행)
2단계 인컴 앱을 만듭니다. 완벽한 본인확인과 인컴식별자를 제공합니다.
3단계 인컴 앱 설치
4단계 기존 국가DB(인사 레코드)에 인컴 식별자를 추가합니다.
5단계 인컴 앱으로 온라인 투표를 실시 합니다.

현재 스마트폰 보급률 95%, 종이 선거를 병행하면 나머지 5%의 스마트폰 공급을 생략해도 지장 없습니다.

인컴 앱은 일찍 설치하고 정해진 기간에 인컴 앱으로 투표를 실시합니다.

인컴은 실시간 인프라를 제공합니다.

1. 사람에 대한 상시 실시간 양방향 통신—긴급 연락이 1분 이내에 항상 가능. (연락이 전해졌는지 즉각 확인 가능, 추가적 조치 가능)
2. 완벽한 본인확인(결합확인)
3. 완벽한 식별체계(사람 식별자)

국가는 1)IT 인프라법, 2) 온라인 선거법을 만들고, 3)국민에게 스마트폰을 제공해야 합니다.

IT 인프라법에 의해 국민에게 스마트폰을 제공해야 하며, 온라인 선거법에 의해 온라인 선거의 법적 근거를 만들어야 합니다.

**예외 온라인/오프라인 투표를 병행하면 스마트폰의 제공은 하지 않아도 됩니다. 스마트폰이 없는 경우에는 오프라인 투표를 하면 되기 때문입니다.

온라인/오프라인 병행 투표의 장점

온라인이 잘못되어도 기존 오프라인이 작동합니다.

온라인 투표가 잘 작동하면 투표율이 상승할 것이며 선거결과가 일찍 발표되고 코로나 방역 걱정이 줄어들 것입니다

■ 인컴구조 및 본인확인

인컴구조는 사람(반인)과 컴퓨터(반컴)가 결합된 것입니다.

반컴에는 국가가 제작한 인공지능이 들어있어 반인의 본인확인을 합니다.

본인 확인 방법은 1)얼굴인식, 2)지문인식, 3)스마트폰번호, 4)IMEI 등입니다.

사람이 입력한 것은 검증하여야 하지만 위 4가지 정보는 사람이 입력한 정보는 아

닙니다.

거짓정보를 입력한다면 거짓말을 한 사람의 정보들이 있어 죄를 물을 수 있습니다. 거짓말을 할 수 없는 정보와 함께 사용자가 입력한 정보도 그런 이유로 믿을 수 있습니다.

이름, 주소, 주민등록번호 등입니다.

인컴 앱설치 과정에서 기존 정부가 가지고 있던 국민 DB에 인컴 식별자만 추가합니다. 쉽게 설명하면 선거앱에서 대통령 후보를 선택하기전에 스마트폰 카메라로 사진 또는 동영상을 촬영합니다. 이 정보들로 충분하지만 쉽게 추가적인 정보도 이용할 수 있습니다.

PASS가 이용하는 주민등록증, 운전면허증 정보입니다.

◼ 인컴 식별자

지구상수로서 한번 부여되면 전지구적으로 같은 값인, 시공적으로 변하지 않는 상수입니다.

인컴 서버의 생성기가 생성시킵니다.

10자리의 HexaDecimal(16진수) 숫자로서 우선적으로 살아있는 사람에게만 부여되며, 추후 사망자, 역사적 인물이 포함됩니다.

◼ IT 인프라법

모든 사람이 스마트폰을 가져야 합니다.

그리고 상시 인터넷 연결이 보장되어야 합니다.

2020년 국내 스마트폰 점유율

브랜드	점유율	운영체계	기타
삼성	65%	안드로이드	인컴 앱은 항상 수행되야함.
애플	20%	iOS	인컴 앱은 항상 수행되야함.
LG	13%	안드로이드	인컴 앱은 항상 수행되야함.

인컴 앱은 안드로이드와 iOS에 설치가 가능하여야 합니다.

대통령 선거 설계

인컴 식별 번호와 1대 1 함수관계인 1회성 선거번호 생성
본인만 알 수 있는 선거 번호, 선택한 후보, 투표한 시간
검증 본인은 선거번호를 찾아 선택한 후보와 투표한 시간이 맞는지 확인
누가 누구에게 투표했는지는 비밀입니다. 비밀을 위해 선거번호를 이용합니다.

전체 선거 결과

순번	선거 번호	선택한 후보 번호	투표 지역	투표 시간

특정 인컴의 선거 정보

인컴 식별자	선거 자격	선거 번호	선택한 후보 번호	투표 지역	투표 시간

미리 후보 선택을 하였다가 시간을 정하여 선거 서버에 제출할 수도 있습니다.
정치권이 미리 선거 결과를 알고 이용할 가능성이 우려된다면 선거 막바지
까지 취합을 미룰 수 있습니다.

인컴이 선거의 본인확인 구조를 제공

인컴의 결합확인과 식별체계로써 완벽한 비대면 본인확인이 이루어집니다.
이것은 사람이 개입하지 않는 본인확인의 구조입니다.

선거가 끝나면 IT 인프라가 완성 및 그리고 검증이 된 것

첨예한 여/야 정치권의 이해가 자연스럽게 결과를 검증할 것입니다.
여/야가 헛점 여부를 지켜볼 것입니다.

- 전국민의 상시 실시간 양방향 통신
- 전국민의 실시간 안전확인 알림. 재난 알림 구조.

사람이 개입하지 않아 24시간 작동이 가능합니다.

IT 인프라 - 국가 통합시스템과 지구 통합시스템의 토대

IT 인프라가 완성되면 서로 공유되지 않던 IT 시스템들이 식별체계를 중심으로 공유, 통합되어 국가 통합시스템으로 구축될 것입니다.
국가 통합시스템은 지구 통합시스템의 토대가 될 것입니다.
지금의 각 회사 IT 시스템들은 서로 공유가 되지 않아 다른 회사가 이미 작업한 것을 무한 중복적으로 반복하고 있습니다.

검증 - 크로스 체크

국가의 각종 DB는 식별체계를 중심으로 취합되고 통합될 것입니다.
이 과정에서 크로스 체크를 통해 잘못된 정보들은 수정, 보완될 것입니다.
완벽한 식별체계는 완벽한 정보, 완벽한 DB의 전제조건입니다.

선거 전략의 변화-스마트폰의 앱으로 투표

시대가 바뀌었습니다. 간단히 앱을 설치하여 투표합니다.
시간과 장소의 제약이 없어집니다. 투표소에서 줄서는 일이 필요 없습니다.

선거 전략의 변화-비대면 투표

코로나 걱정 없이 비대면으로 투표합니다.

비대면 대통령 선거와 인컴구조

대면 선거에서는 종이 신분증과 얼굴을 대조하여 대면 본인확인을 하지만,
비대면 선거에는 전자신분증과 생체인식 값을 비교하여 비대면 본인확인을 합니다.
전자신분증을 위한 것이 인컴 식별자이며 비대면 본인확인은 생체인식과 기타 전자
본인 확인으로 이루어집니다.

비대면 선거에는 후보자를 선택하는 절차와 IT인프라가 필요합니다.
인컴 IT인프라가 인컴 식별자와 전자 본인 확인 기능을 제공합니다.
인컴 구조는 반컴이 사람과 상시 결합되어 있어서 완벽한 본인확인 기능을 제공합
니다.

인컴의 식별체계는 서로 다른 DB 간의 데이터 검증에 필수적인 기준이 되어줍니다.
두개의 데이터가 취합되기 위해서는 한 사람의 주소 정보와 같은 사람의 은행정보
라는 것이 확실해야 합니다. 서로 다른 사람의 정보들을 합치면 전부 잘못된 정보가
됩니다.
이 경우 인컴의 식별자는 확실한 연결고리의 역할을 합니다.
인컴의 식별체계는 가장 중요한 IT 인프라의 요소입니다.

청와대 청원 게시판

2022년 대통령 선거에 온라인 비대면 투표 방식의 병행 실행을 촉구합니다.
국민은 스마트폰에 앱 하나를 설치하면 비대면 대통령 선거를 간단히 끝마칠 수 있습니다.
미리 사전에 투표를 할 수도 있습니다. 코로나 방역도 걱정할 필요가 없습니다.
조용한 곳에서 혼자서 잠깐 동안에 투표를 할 수 있으니까요!

방역 문제 때문에 외국 여러 나라는 대통령 선거도 연기하고 국경 봉쇄/지역 차단도 실시하여 국가 경제가 파탄이 났었습니다. 비대면 선거를 아직 준비하지 않았다는 것은 무책임하다는 증거입니다. 예방 접종으로 코로나를 막을 수 없습니다. 거리 두기와 비대면이 꼭 필요합니다.

대한민국은 IT강국이며 2020년 7월부터 디지털 뉴딜을 추진하고 있습니다.

한국판 뉴딜을 전세계에 알릴 좋은 이벤트로 2022년 3월 9일 대통령 선거를 온라인 투표로 병행 실행할 것을 제안합니다. 우리나라가 이것을 모범적으로 치러낸다면 대한민국은 전세계에 디지털 뉴딜을 각인시킬 수 있을 것입니다.

금번 미국 대통령 선거를 보면서 참 원시적이라는 생각을 했습니다. 왜 전세계가 온라인 투표를 하지 않는지 의아합니다.

코로나 시대에 대통령 선거를 안전한 비대면으로 수행한다면 이것은 세계에 대한민국의 큰 자랑이 될 것입니다.

우리나라는 온라인 투표법이 있습니다. 그러나 전국 규모의 투표 실행에 대해 들어보지 못하였습니다. 모든 선거는 기존 종이 선거에 온라인 투표를 병행할 수 있음을 규정하는 법 개정이 필요합니다.

우리나라의 스마트폰 보급률은 95%입니다. 온라인 투표를 병행하면 대다수가 편리한 비대면(온라인)으로 투표할 것입니다. 코로나 방역을 위해 비대면 투표가 바람직합니다.

기존 종이 선거와 온라인 선거를 병행하면 준비 시간이 많이 필요치 않습니다.

이번 선거를 이용하면 선거 그 자체 뿐 아니라 한국의 IT인프라를 기존 오프라인에서 완전한 온라인(상시 실시간 양방향 통신)으로 바꿀 수 있습니다.

우리나라 법적 통지의 기본적인 수단이 아주 원시적인 우편/등기입니다.

모든 국민이 스마트폰을 갖고 있고 약간의 조처가 추가되면 모든 IT작업의 광속처리가 가능합니다. 이렇게 인프라를 갖추면 온라인 투표도 광속으로 처리됩니다. 온라인 투표가 국민에게 지진 경보를 보내는 것처럼 할 수 있습니다. 결과 발표도 선거 직후 발표가 가능합니다.

온라인으로 본인확인을 할 수 있는가 궁금하실 수 있습니다. 항상 소지가 가능한 스마트폰을 이용하면 완벽한 본인 확인이 가능합니다. 본인 확인은 생체인식으로 사람이 대면 확인하는 것보다 정확하게 진행할 수 있습니다.

본인 확인은 모든 스마트폰이 1)얼굴인식, 2)지문인식, 3)스마트폰번호, 4)IMEI, 5)위치정보 등이 가능합니다. 본인 확인은 5가지 방법의 복합적 적용으로 충분할 것입니다. 수많은 본인 확인 방식이 있으나 이미 기술이 검증되어 사용되고 있는 것들을 선택하였습니다.

사용자 결합이라는 새로운 개념이 도입되어 일반적인 본인 확인 방법에 비해 완벽한 본인 확인을 합니다.

자세한 내용은 관련된 책을 보내 드리겠습니다. 관련자들에게 모두 보내드릴 예정입니다

이것은 새로운 IT인프라를 만드는데 대한 책입니다. 새로운 IT인프라는 온라인 투표에 필요한 본인 확인 기능 외에도 완벽한 식별체계를 제공합니다.

온라인 투표에 의해 투표 그 자체 뿐 아니라 IT 인프라가 마련된다는 의미가 깊습니다. IT 강국이 언제까지 종이 투표를 지속할 수는 없습니다.

대통령 선거	2022/3/9	비대면 병행
지자체장 선거	2022/6/1	비대면 병행
국회의원 선거	2024/4/10	완전 비대면으로 실행
미국 대통령 선거	2026년	비대면 병행

비대면 선거 병행에 법적 준비 기간이 필요하면 대통령 선거에 실시하지는 못하더라도 2022년 6월 1일 지자체장 선거부터는 반드시 비대면을 실시하여야 합니다.

빠른 준비를 하여 주시기 바랍니다. 늦으면 선거 이슈가 될 수도 있습니다.

https://www1.president.go.kr/petitions/Temp/mA23xa

2021년 11월 26일

주의-온/오프의 중복 투표방지. 비밀투표 원칙 준수

온/오프 중복의 경우는 불법. 사실상 온라인 중심-95%는 온라인으로 할 것입니다.

기타 선거

대통령 선거	2022/3/9	비대면 병행
지자체장 선거	2022/6/1	비대면 병행
국회의원 선거	2024/4/10	비대면 병행
미국 대통령 선거	2026년	비대면 병행

비대면 대통령 선거의 사후처리

대통령 선거는 2가지로 구성되어 있습니다.

1) 선거의 준비 + 투표 + 결과 취합 결과 발표,
2) 인컴 IT 인프라 준비

이번 선거는 인프라와 선거 2가지가 수행되니 다소 시간이 소요됩니다.
그러나 인컴 IT 인프라가 이미 준비 되어 있다면 선거는 일주일의 준비로 끝날 수 있습니다.
2번째 비대면 대통령선거는 일주일 준비기간이면 충분할 것입니다.
인컴 IT인프라는 여러가지 일들을 하며 각종정보들이 취합되면서 검증되면 갈수록 완벽해집니다. 인컴 IT인프라를 이용하는 많은 일들은 광속으로 처리되며 검증될 것입니다.

대통령 선거는 한 사람이 일주일 준비하면 수행이 가능할 것입니다.
선거 자격을 갖는 사람을 고르는 것은 조건문 한두줄이면 되고 미리 DB는 완벽히 준비되어 있을 것이기 때문입니다. 투표를 하는 과정도 길지 않은 프로그램 이면 됩니다. 투표결과를 취합하는 것도 간단한 프로그래밍입니다.

대통령 선거라는 것은 모든 것이 정보만 오가면 되는 정보처리 업무입니다. 사람의 개입이 1번 있어야 하는 것을 고려하여도 선택할 후보 하나의 값을 받으면 되는 일입니다. 기간내에 참여하지않으면 불참하겠다는 것으로 처리하면 됩니다. 비대면으로 수행하면 참여 과정이 쉬우니 투표율이 많이 높아질 것입니다.

인컴 IT인프라는 완벽한 본인확인 기능과 완벽한 식별 체계를 제공합니다.

전자투표 연구동향

기존 전세계 전자투표의 연구와 실행 사례들은 아주 많습니다.

그러나 결국 전부 실패했습니다.

인컴 구조 아래서는 완벽한 모바일 투표가 가능하며 실패할 수가 없습니다.

실패한 많은 이유가 있지만 대표적인 것은 대리투표의 가능성입니다.

ID/Password 방식이나 인증서 등은 원주인의 용인아래 다른 사람이 사용하는 것을 막을 수 없습니다.

인컴의 사용자 결합은 생체인식을 많이 사용하기 때문에 원주인이 용인해도 대리투표가 불가능합니다. 인컴은 반인의 거짓을 허용하지 않습니다.

그리고 전자투표의 비용이 종이 투표의 1/10이라고 하는데 인컴의 모바일 투표는 종이 투표비용의 1/100이 소요될 것으로 추정됩니다. 투표만을 위한 별도 장치도 필요 없습니다 길게 다루지는 않겠습니다. 이 책의 주요 주제는 인컴이며 투표가 아니기 때문입니다.

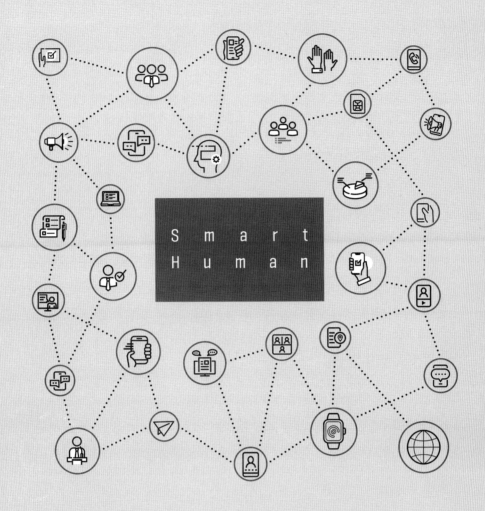

Smart
Human

PART 3

2020 디지털 뉴딜

Smart Human

PART 3의 대부분은 2020년에 작성된 것입니다.

주제가 넓고 기존의 연구 주제에서 시작된 것이 아니라서 구성에 변화를 겪었습니다. 창조는 모방에 비해 시행착오를 거치며 주제에 비해 오랜 시간이 소요됩니다. 대중에 대한 접근성 문제에서 방황하여 수정 및 재작성을 반복하였습니다.

필자의 2020년 생각과 2021년의 생각은 많이 달라졌을 수도 있습니다. 일관성이 없을 수도 있지만 독창적 업무의 어려움과 비대면 대통령 선거 일정에 시간적으로 쫓긴 때문이라는 변명을 관대히 받아 주시기 바랍니다.

2020년 세계의 동향

16

2020년 코로나19로 인해 세계는 대변혁을 겪어 오고 있습니다. 선진국 후진국을 가리지 않은 대참사였었습니다. 특히 그 민낯이 여실히 드러난 선진국들도 있었으며, 그 와중에 한국은 가장 훌륭히 코로나19에 대처하여 세계의 모범이 되고 있습니다. 많은 학자 정치가들이 코로나19 이전과 이후에 바뀌게 될 국가 서열을 말하고 있으며 미국 대통령이 한국을 G7에 초청하기도 하였습니다. 키신저 박사, 짐 로저스 등이 한국의 화려한 미래를 예상합니다. 각종 세계적 통계를 살펴보니 한국이 이미 선진국인 것은 확실한 것 같습니다. 2019년 7월 일본 수출 규제로 야기된 소부장(소재, 부품, 장비) 분야 발전에서도 여러모로 한국은 일본의 수준을 뛰어 넘은 듯합니다.

이번 코로나19 사태에서 한국은 의학분야(K-방역)에서 특출한 능력을 보였으나 기본적으로 IT분야의 능력이 없었으면 불가능한 업적이었습니다.

IT기술을 이용한 감염자의 추적이 불가능하였다면 코로나19의 통제는 불가능하였습니다.

코로나19 관련 업무의 처리에는 IT 인프라 및 능력이 필요하였습니다.

재난 지원금 지급에 소요된 시간을 보면 한국이 우수함을 알 수 있습니다.

가까운 일본의 경우 지원금의 신청에 수 개월이 소요되었으며, 아베노마스크의 배송에도 오랜 시간이 걸려 언제 끝날지 모르며, 도장 결재 문화 때문에 재택 근무가 불가능합니다. 일본은 신용카드 사용율도 20%에 머무르고 있으며 나머지는 현금결제입니다. 원격교육도 학생은 다 등교하고 선생님만 없습니다. 대단한 코메디입니다. 일본 도쿄의 관청에는 와이파이가 없었답니다. 일본만 지적하려면 끝이 없습니다. 우리는 일본과 비교하여 월등한 IT 처리 능력을 가지고 있습니다.

이제 정부는 포스트-코로나19 계획을 만들어 시행하기 시작하였습니다. 2020년 7월 14일 대통령의 한국판 뉴딜 종합 계획은 디지털 뉴딜과 그린 뉴딜을 두 축으로 하고 있습니다.

디지털 뉴딜은 무엇인가요? 그린 뉴딜은 이 책의 범주를 벗어납니다.
디지털 세상은 컴퓨터가 만들어지며 탄생하였고 인터넷의 등장으로 보다 성숙해집니다.
컴퓨터는 1940년대, 인터넷은 1990년대 말에 등장하였습니다.
2000년이 되면서 인터넷과 PC가 대중화 되었으며, 이후 컴퓨터의 발전 및 소형화에 따라 스마트폰과 IOT가 대중화 되었습니다.

아날로그 세상은 실세계이며 수학적으로 개략화(Approximation)가 이루어지지 않은세상입니다.
디지털 세상은 바이너리(온/오프)로 이루어졌으며 개략화가 이루어진 세상입니다.
디지털화는 개략화 하는 과정이 들어가며 개략화는 해상도,화소수 등이 적용됩니다.
아날로그는 수학적으로 무한소수라고 할 수 있으며 하나의 길이조차도 정확히 표현하려면 무한한 기억장치 용량이 필요합니다.
그러나 디지털은 유한소수이며 유효숫자로 표현됩니다. 그래서 손톱만큼 작은 기억장치가 도서관 하나의 내용을 담을 수 있습니다.
아날로그적 특성과 디지털적 특성은 매우 다르며 아날로그와 디지털이 혼용되면 효율성이 매우 낮아집니다.

코로나19 바이러스라는 생물학적 문제의 해결에 왜 디지털화, 비대면화(언텍트화)가 중요할까요? 백신이나 치료제의 등장으로 코로나19 사태가 종식되면 디지털화 및 비대면화는 중요하지 않게 되나요?

중요성은 달라지지 않습니다. 디지털화 및 비대면화는 컴퓨터와 인터넷의 기술 발전의 또 다른 단면이고 4차산업/인공지능의 필수 요소입니다. 아날로그 사회와 대면 사회는 정보처리 방식에 있어 4차산업/인공지능 등 미래사회의 등장에 큰 장애가 됩니다.

아날로그 사회와 대면 사회는 미래에도 존재할 것이지만 주류 사회는 강력하고 효율적이며 생산성이 높고 빠른 디지털 사회가 담당할 것이며 비주류 아날로그 사회는 한적하고 느린 시골의 역할을 할 것입니다. 도시에서 지친 사람이 편히 쉴 수 있는 곳이 시골이지만 도시의 큰 도로가 있어야 할 곳에 좁은 흙길이 있으면 안됩니다.
이 책은 디지털 사회와 비대면 사회, 그리고 데이터에 관련된 책이기도 합니다.

데이터는 정보와 큰 의미에서는 같은 단어입니다.
한국은 IT강국으로서 다른 나라들과 비교하여 뛰어납니다.
미래학자 짐 데이토는 "수명 다한 서구 모델…한국 따라갈 모델 없어" 라고 합니다.
하지만 한국이 이러한 문제에서 자유로운가요?
아닙니다. 곳곳에 많은 문제가 산재합니다. 한국도 개선할 부분이 무수히 많습니다.

우리가 디지털 뉴딜을 위해 무슨 일들을 해야할까요?
우선 외국의 많은 나라가 지적 받은 사항을 되돌아보아 우리에 해당하는 사항을 인식하여야 합니다.

⁖ 한국판 뉴딜 종합 계획

디지털 뉴딜과 그린 뉴딜을 두 축으로 하고 있으며, 이 책은 디지털 뉴딜을 주제로 합니다.

:⫶ 디지털 뉴딜

디지털 뉴딜에 자주 등장하는 단어가 언텍트(비대면)이라는 단어입니다.
디지털이란 단어는 1940년대 컴퓨터의 등장과 함께한 단어입니다.
비대면이란 것은 내용적으로 사람이 직접 정보를 전달/공유하지 않고 인터넷과 같은 컴퓨터 통신을 이용한다는 것을 의미합니다. 컴퓨터 개입에 의해 디지털화가 이뤄지고 간결, 명확해집니다.

:⫶ 코로나19

왜 바이러스 문제가 IT 변혁을 요구하고 있는가요? 코로나19 사태가 진정되고 나면 디지털 뉴딜과 비대면 처리도 끝나게 되는 것인가요?
아닙니다. 효율적이고 경쟁력있는 사회가 되기 위해서는 디지털화와 그 부속 특성인 비대면화는 코로나19가 아니어도 반드시 필요했습니다.

:⫶ 동향 기타

세계 디지털 경쟁력 평가 순위(IMD 자료)

	2019년	2020년
1위	미국	미국
2	싱가포르	싱가포르
3	스웨덴	덴마크
4	덴마크	스웨덴
5	스위스	홍콩
6	네덜란드	스위스
7	핀란드	네덜란드
8	홍콩	한국
9	노르웨이	노르웨이
10	한국	핀란드

인컴이 도입되면 한국이 1위가 될 것으로 생각됩니다.

왜 코로나19가 빠른 기술발전을 가져왔는가요?

코로나19가 평시 보다 10배는 빠른 디지털 기술발전을 가져왔다고 말하는 사람이 있습니다.

미래사회에는 사람이 사람과 직접 정보교환을 하는 일이 없을 것입니다.

사람은 항상 인컴의 개인비서를 통해 세상을 만납니다.

1980년대 필자는 바로 옆의 동료와 전자 메일로 공식적인 업무를 보았던 기억이 납니다.

이것이 매우 효율적이라는 생각을 했습니다. 명확한 증거가 남아 사후에 논쟁이 없습니다.

미래사회는 모든 일을 인공지능 개인비서를 통할 것입니다.

개인비서는 증강현실처럼 많은 정보를 제공할 것입니다.

위기이자 기회-문제인식

문제의 개선은 문제를 문제로 인식하는 것에서 시작됩니다.

문제를 인식하지 못하는 사회는 발전하지 못합니다.

◼ 가까운 사회와 먼 사회

가까우면 디지털의 필요성을 잘 못 느낍니다.

가까운 사회에서만 살면 원시인의 특성을 갖게 됩니다.

원시사회는 평생 한 골짜기에서 삽니다.

문명사회는 지구적 사회이며 인터넷으로 연결되어 있습니다.

비대면 사회는 미래사회입니다.

가까운 사람은 디지털을 사용하지 않을 가능성이 크지만

언컨텍트는 가까운 사람도 디지털을 사용하게 해주었습니다.

모든 것이 개선의 대상이며, 개선이 가능합니다.

■ 창조력의 가장 큰 적은 상식이다 - 파블로 피카소

변하지 않는 것은 죽은 것입니다. 물론 그 변화는 긍정적 방향의 개선이 되어야 합니다. 측정되지 않거나 개선의 필요성이 인식되지 못한 것은 개선할 수 없습니다.

이 책은 모든 개선해야 할 것을 서술합니다.
보통은 기업들과 학계가 이런 기능을 하겠지만. 이 책이 그들의 역할을 보완하여 거시적인 제안을 담고 있습니다.
미래학 주제들도 포함, 구체적 연구 주제들을 제시하고 있습니다.
많은 저자들의 유의미한 주장을 더하여 시리즈로 출판할 계획을 가지고 있습니다.

■ 왜 지금 디지털 뉴딜이 이야기 되는가요?

많은 사람이 말하는 것처럼 코로나19는 커다란 기술, 특히 IT 발전을 가져왔습니다.
그리고 새롭게 후진국과 선진국이 갈리었습니다.
많은 학자들이 코로나19로 얻게 된 달라진 세상, 비약적 기술 발전을 말합니다.
코로나19로 인간 세상이 어려워졌다는 점보다 훨씬 중요한 사실은 세계를 새로운 관점으로 보게 되었다는 것입니다.
각 국가들의 적나라한 단면을 통해 그들의 현재와 미래가 보다 정확하게 인식되고 명암이 갈리게 되었습니다. 희망적인 미래의 대표적인 국가가 바로 대한민국으로서 수십년간 쌓아온 내실이 위기 상황에서 실력으로 드러난 것입니다.

디지털 뉴딜/인컴 이론 개략

사람과 컴퓨터를 결합하여 인컴(Smart Human)을 만들면 무수한 IT적 난제들이 해결됩니다.

모든 인간이 인컴으로 진화하면 인류는 무한한 능력을 갖게 됩니다.

인간은 지구상의 모든 인간과 실시간 대화를 할 수 있고 궁극적으로 같은 언어를 사용할 수 있습니다.

인컴은 반인과 반컴이 결합한 것입니다.

인컴은 인간의 능력에 컴퓨터의 능력이 더해진 것입니다.

컴퓨터는 인터넷을 통해 전지구의 컴퓨터들과 연결되어 있습니다.

따라서 인컴은 인터넷을 통해 전지구의 인컴들과 연결되어 있습니다.

인간의 활동 영역은 협소하지만, 인컴은 전지구적 존재입니다.

인간 간의 대화는 인간의 언어인 자연어로 이루어 지지만 컴퓨터 간의 대화는 디지털 통신규약(Protocol)에 의합니다.

인컴간의 대화는 인공어로 행해집니다.

자연어는 아날로그적이며 인공어는 디지털적입니다.

자연어는 태생적으로 불명확하지만 인공어는 명확하며, 명확히 정의되고 사용됩니다.

인간의 인컴으로의 진화는 엄청난 혁명으로서, 인컴의 진화는 인간의 진화보다 엄청난 속도로 이루어집니다. 인컴은 혁명과 진화를 가져옵니다.

인간의 업그레이드는 교육에 의하지만, 컴퓨터의 모방적 업그레이드는 복제에 의합니다.
반인은 반컴에 의해 업그레이드 됩니다.

인공어는 필수적인 중요한 것만 완성이 되었습니다.
인컴의 진화는 인공어의 진화를 포함합니다.
자연어는 명확하고 정체성이 확인되는 것만이 인공어로 변환될 수 있습니다.

대면은 개인정보보호가 어렵습니다.
인컴의 비대면은 개인정보를 보호하는 여러가지 수단이 존재합니다.

⠿ 디지털 뉴딜 이론 해설

인컴은 특정의 컴퓨터에 특정의 사람을 연결, 고정시켰습니다. 그래서 완전히 성격이 다른 존재인 사람과 컴퓨터의 장점들이 온갖 난제들을 해결할 수 있습니다.

사람은 컴퓨터가 가지지 못한 2가지 중요성을 가지고 있습니다.

1. 행위자로서의 권리를 가집니다.
2. 컴퓨터를 향상시키는 창조성을 갖고 있습니다.

반면 컴퓨터는 사람보다 월등한 많은 능력을 갖고 있습니다.

- 월등한 통신능력
- 월등한 센서능력
- 완벽한 정확성(반면 사람은 극히 부정확하다)
- 빠르게 진화합니다.

결과적으로 인컴은 다양한 능력을 보유합니다.

- 인컴은 세계, 전국의 인컴과 실시간 연결될 수 있습니다.
- 인컴은 행위자로서의 모든 권리를 갖습니다.
- 인컴은 인간대신 인컴의 식별명을 사용합니다. 따라서 본인정보이므로 개인 정보보호의 제약을 받지 않습니다.
- 인컴은 특정 인간과 특정 컴퓨터가 결합되었으므로 본인 확인의 필요성이 없습니다.
- 프로토콜의 모든 정보에는 반컴의 정보 뿐 아니라 반인의 정보도 포함되므로 행위자의 책임을 따질 수 있습니다.
- 행위자 정보는 책임소재를 명확히 할 수 있지만 사람에게 개인정보는 노출되지 않습니다.
- 반컴은 반인에게 다른 존재이면서 같은 존재의 측면을 갖습니다. 반컴은 반인의 가면이기도 하고 비서이기도 합니다.
- 인컴은 우편함, 사서함, 무인텔, 지하철 보관함, 비서의 역할을 하기도 합니다.
- 특정의 컴퓨터에 불특정의 사람이 연결되는 데서 발생하는 온갖 난제들이 해결됩니다.

그러한 난제들은 다음과 같은 것이 있습니다.

본인확인, 로그인, 패스워드, 패턴, 원타임 패스워드, 얼굴 인식, 홍채 인식, 정맥 인식, 인증서, PIN번호, 족쇄, 등등

이 모든 것이 인컴으로 단순화되거나 필요 없어집니다.

도장, 싸인, 신분증 등도 필요 없어집니다.
인컴 자체가 완벽한 신분증입니다. 어디서나 통하는 열쇠입니다.

사람이 누구인가하는 것은 매우 중요합니다.
그것은 사람이 법적 행위, 경제적 행위를 하는 행위자이기 때문입니다.
행위자가 법적 책임을 갖습니다.
글에서 주어의 역할을 하기도 합니다.

혁명의 시작 - 디지털 뉴딜/인컴

⠿ 인컴의 탄생

인컴의 시대가 도래하고 있습니다.

1차 산업혁명은 단순 반복적 육체노동으로부터 인간을 자유롭게 하였으며,

3차 산업혁명이 또한 단순 반복적 정신노동으로부터 인간을 자유롭게 하였다 하겠습니다.

1940년은 컴퓨터가 태어났습니다.

올해 2021년이 인컴이 탄생한 해로 기억되기를 기대하며 작업에 매진하고 있으며, 컴퓨터의 등장 후 약100년이 경과된 2040년에는 본격적 인컴 시대가 무르익을 것으로 생각합니다.

인컴은 반인반컴의 완벽한 존재로서, 인컴으로의 진화는 인간의 역사에서 엄청난, 획기적인 사건이 될 것입니다. 반인은 기존 인간과 크게 다를 것이 없으나 반컴은 특별한 컴퓨터로서, 인간과 결합되어 이동성을 가져야하므로 스마트폰이 가장 적합합니다. 모든 스마트폰이 반컴이 되지는 않습니다.

인간과의 결합절차를 마쳐 인컴을 이룬 스마트폰이 반컴인 것입니다.

미래에는 인간의 역할을 인공지능이 대신할 것이라고 미래학자들은 말하지만, 필자

는 "인간은 인컴으로 진화할 것입니다." 라는 표현이 보다 적절하다고 생각합니다.

인컴은 인간의 장점과 컴퓨터의 장점이 결합되어 완전체가 된 것입니다.
인컴은 행위의 주체이며 완벽한 통신을 합니다.
인컴 내부에는 국가 공공 인공지능과 앱들이 존재합니다.
반컴의 내부에는 앱들이 설치되어 있었습니다.
인컴의 내부에 추가적으로 국가 공공 인공지능이 들어갑니다.

::: 인컴의 본인확인

국가가 앱을 등록 받고 사용자도 등록 받습니다. 국가가 일반 앱과 인컴의 페어링을
공인합니다.
국가가 국가 내의 모든 약속을 보증할 수 있는 존재입니다.
신분증, 재산, 가족관계 등등 모든 것을 보증할 수 있는 존재입니다.
지금은 모든 일에 본인확인이 중요한 일입니다.
인컴 세상에서는 사람의 모든 행위가 공증사무소의 공증을 받는 것처럼 될 것입니다.
그러나 이런 절차가 사용자에게 아무 부담을 주지 않습니다.
사용자는 아무 절차가 없는 것과 같습니다.
국가에서 파견된 인공지능 비서가 대행을 하고 있기 때문입니다.

::: 인컴과 국가

국가가 국가 내의 모든 약속을 보증할 수 있는 존재입니다.
신분증, 재산, 가족관계 등등 모든 것을 보증할 수 있는 존재입니다.
인컴이 지구촌 단일 마을을 추구하지만 이런 것들을 국제기구가 담당하게 될 때까지
는 시간이 걸릴 것입니다. 실제 진행으로서 다음의 단계가 추진되어야 할 것입니다.

인컴과 신뢰체계

국가 내의 신뢰체계는 전적으로 국가에 의존합니다. 분산된 공인체계 필요없이 간단하게 신뢰체계가 작용합니다. 컴퓨터의 신뢰체계는 소규모일 필요가 없습니다. 전지구적이 최선이나 특정 국가가 이탈할 수는 있습니다. 중국이 인터넷을 양분하려고 하고 있습니다.

인컴과 공공 인공지능

국가는 국민을 위해 많은 일을 합니다. 그러나 대국민 서비스는 공공 인공지능을 통해 이루어집니다. 24시간 인간을 돌보려면 인간이 서비스해서는 안되고 인공지능이 돌봐야 합니다. 인컴은 입력자료가 정확합니다. 인간이 작성한 자료들을 이용하지 않습니다. 그래서 인공지능이 아니라 그냥 일반 로직으로 많은 것이 처리될 것입니다.

사용자 결합(UB, User Binding)

인간은 아날로그적인 존재이며 인컴은 디지털적인 존재입니다.
인간은 상대적으로 매우 모호하며 정확한 흔적을 남기지 않습니다.
그러나 인컴은 명확하며 많은 정확한 흔적을 남깁니다.

인간은 아날로그적 존재이나 행위자이고 법적인 책임을 갖는 존재입니다.
인컴은 명확하고 많은 정확한 전자적 흔적을 남깁니다.

인컴은 행위자가 명확하고 행위자에 대한 많은 정확한 전자적 흔적을 남깁니다.
인간과 반컴의 상시 결합이라는 개념은 중요한 발상입니다.
칩을 심지 않더라도 논리적 결합만으로 세상이 완전히 바뀝니다.
행위자의 추적이 가능하여 모든 범죄는 사실상 불가능해집니다.

그래서 범죄를 막기 위한 수많은 절차들이 필요 없어집니다. 편한 세상이 됩니다. 이것이 IT의 수많은 난제를 해결합니다.

전자발찌

전자발찌 부착의 경우, '누가 어디서 언제' 있다는 정보가 제공됩니다.

사람과 전자발찌가 결합되지 않았다면 아무 의미가 없는 정보가 존재할 뿐이지만 결합에 의해 소중한 정보로 탈바꿈하는 것입니다.

전자발찌가 생기기전에는 범죄자를 가두거나 묶거나 사람이 항상 감시하여야 했습니다.

전자발찌에 의해 범죄자의 통제가 용이해 졌습니다.

사용자와 결합된 인컴

사용자와 결합된 인컴

전자발찌가 아닌 반컴이 사람과 결합되면 더 많은 정보를 얻을 수 있습니다.

정보/데이터는 석유보다 중요한 자원입니다.

사용자와 결합된 인컴은 데이터를 생산할 뿐 아니라 많은 문제를 해결합니다.

정보부족으로 할 수 없던 일들이 가능해집니다.

시간이 갈수록 더 많은 일들이 가능해집니다.

사용자 결합이 없으면 인컴의 모든 정보에 '누가 언제 어디서' 정보가 없어 쓸모없는 정보입니다.

인컴은 지불을 처리할 수 있습니다. '왜?'라는 것도 알 수 있습니다.

결합에 의해 육하 원칙의 대부분을 알 수 있습니다.

사람이 혼자 다닐 때에는 흔적을 추적하기가 쉽지 않습니다.

그러나 사용자 결합된 인컴을 가지고 다니면 무수한 흔적을 남깁니다.

한국을 매우 안전한 나라라는 외국인들의 말을 듣고 돌아보니 정말 그런 것 같습니다.

유럽사람들은 한국에 CCTV가 많고 감시사회라서 안전한 것이라고 합니다.

한국을 북한과 혼동하는 사람이 많습니다.

CCTV가 많아서 범죄가 예방되는 것은 아닙니다.

CCTV의 수와 범죄율이 반비례하지는 않습니다.

사람이 소지하는 반컴이 범죄를 예방할 것입니다.

사용자 결합 인컴이라는 것이 IT 분야에 대변혁을 가져올 것입니다.

⠿ 사용자 결합 방법

사용자 결합을 구체적으로 어떻게 하는가요?

전자발찌의 경우는 직접 사람에 발찌가 부착되었습니다(물리적 결합).

그러나 인컴은 인공지능이 생체인식에 의해 양자를 연결합니다(논리적 결합).

범죄자처럼 직접적으로 결속할 수는 없습니다.

지문인식과 얼굴인식이 주로 쓰입니다.

지문인식

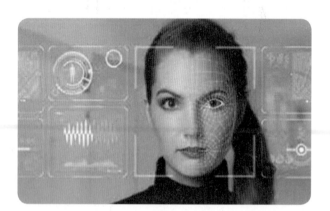

얼굴인식

홍채인식

필자의 스마트폰의 경우는 지문인식이 주로 쓰이며 노트북에는 얼굴인식이 주로 사용됩니다.

인컴의 본인확인은 기본적인 전화 확인 단계를 거친 것으로 생각할 수 있습니다.
따라서 인컴은 전화를 통한 본인확인, 지문인식, 얼굴인식을 통한 중복 본인확인이 이루어졌다고 할 수 있습니다. 10여가지 방법이 사용되어 완벽히 결합될 수 있습니다.

이와 같이 본인확인은 여러 방법에 의해 중복적으로 수행됩니다.
여러 확인 방법을 사용하더라도 사용성을 저하시키지 않을 수 있습니다.
즉, 전혀 사용자를 불편하게 하지 않습니다.
사용자 결합이 적용되면 과거의 본인확인에 비해 안전성이 완벽해집니다.

그 외에도 사용자 결합을 공격하려는 범죄자의 행위 정보가 범죄자의 사용자 정보와 함께 무수히 쌓이기 때문에 범죄자의 범죄흔적이 도처에 남게 됩니다.
인컴이 알아서 필요한 만큼의 결합을 확인할 것입니다.
인공지능이 상시 결합을 확인하였다면 모든 알리바이는 상시적으로 증명되는 것입니다.

다음은 본인확인을 위한 논리적 결합 수단들입니다. 사용자 결합에 활용됩니다.

1. 지문인식
2. 얼굴인식
3. 홍채인식
4. 정맥인식
5. 전화번호
6. 로그인 ID
7. 암호
8. 인증서
9. 위치정보, GPS
10. 패턴정보

이 본인 확인 방법들은 이들중 일부만 적용하여도 충분한 안전성을 보장합니다.

이 외에도 수많은 방법이 있습니다. 반인의 특성들이 본인확인에 사용될 수 있습니다. 예를 들어 갑자기 키 200cm가 와서 160cm이었던 반인이라 우겨도 본인확인을 통과할 수가 없습니다.

전통적 방법과 다르게 새로운 본인확인 방식들은 매우 간편합니다.

얼굴인식과 위치정보 등등은 사용자의 직접적인 개입없이 본인확인을 가능케 합니다. 사용자의 불편을 야기하지 않고 보안이 강화될 수 있는 것입니다.

현재의 일반적인 스마트폰으로도 사용자 결합된 인컴을 만드는 일은 아주 쉽습니다. 현재 스마트폰 제조사가 스마트폰 보호를 위한 본인확인 기술만 적용하면 됩니다.

혁명의 시작은 사용자 결합입니다. 이것만으로 세상이 바뀌고, 미래세상으로 들어가는 첫발자국이 완성되는 것입니다. 인컴은 사용자 결합이 이뤄진 상태이므로 인컴 자체가 안전지대(Secure Zone)인 것입니다. 이 안전지대에 들어와 있는 앱들도 이미 안전한 상태이고 컴퓨터 차원에서 안전이 확인되었기 때문에 앱들의 안전이 보장되었습니다.

100개의 앱을 설치한 인컴 안에서 각자의 앱은 별도로 로그인/암호 처리 같은 절차를 거칠 필요가 없습니다. 이것을 장치 차원의 본인확인과 앱 차원의 본인확인이라고 합니다.

완벽한 장치 차원의 본인확인이 되었으면 100개 앱 각자에 대한 앱 차원의 본인확인은 필요없습니다. 주인이 떨어지지 않고 인컴을 지키고 있다고 생각하면됩니다.

이로써 미래세상의 전제조건인 사용성이 크게 진전됩니다.

∷ 미래세상의 전제조건인 사용성(Ease of Use)

왜 미래세상의 전제조건에 사용성(Ease of Use)이 들어있는가요?

미래세상은 인공지능이 인간의 역할을 대체합니다. 이것은 인간의 역할이 없어도 된다는 말로서 인간은 점차 더 쉬운 일을 담당하다가 결국 역할이 필요 없어진다는 말입니다.

사용성이 나쁘다는 말은 컴퓨터 제조회사와 운영체제 개발회사의 방향 설정이 잘못되었다는 것을 의미합니다. 회사가 많은 좋은 기능을 제공하고 있지만 사용성은 최악입니다. 미래세상으로는 한발자국도 전진하고 있지 못하다는 말입니다. 표준화 등등의 방법으로 사용성을 개선시켜야 합니다.

일반적인 앱 개발자들의 UI설계가 대체로 잘못되었습니다.
어느 것이든 사람에게 확인하거나 질문, 의존하면 안됩니다. UI의 역할은 축소되어 사람에 대한 질문 없이 모든 것이 처리되어야 합니다.

사용성이 낮으면 국민의 디지털 접근권이 제약됩니다. 사용성이 문맹률보다 더욱 중요합니다.
보다 다양한 옵션 제공이 컴퓨터 제조회사 제품의 우수성을 말해 준다는 생각은 옳지 않으며 사용성을 저하시킵니다. 더 다양한 지식을 더욱 쉽게 제공하여야 합니다.

사용자 행위자가 있는 곳에서 어떤 일들이 일어나야 하는가요?
신분증이 있어 신분 확인이 되고 모든 행위가 이루어집니다. 또한 그곳에서 많은 일들이 국가에 의해 수행됩니다.

이 곳이 바로 대혁명의 현장으로서 정부 민원센터 창구이자 동시에 은행창구이기도 합니다. 이 곳이 미래세상이 시작되는 곳입니다.

⁝⁝ 전자적 흔적 vs 생체적 흔적

스마트폰의 등장과 함께 전자적 흔적은 폭증하였습니다.
사용자 결합이 전자적 흔적을 행위자의 흔적으로 만들어 줍니다.
사용자 결합이 되면 행위자의 흔적이 백만배는 늘어날 것입니다. 범죄자의 IT발자국이 그대로 드러나기에 범죄는 갈수록 불가능해집니다.

다양한 본인확인 강화 방법이 고려되어 본인확인 문제가 확실히 해결될 것입니다.
자동 로그인이 그것으로서 모든 로그인은 필요 없어집니다.
사용자 결합은 상시적인 본인확인이 된다는 것을 의미합니다.

자 이제 사용자 결합으로써 미래세상에 1보를 내디뎠습니다. 다음은 미래세상의 2보입니다.

⁙ 국민 등록 (=인컴 식별자 생성)

결합한 사용자를 확인, 등록하여야 합니다. 가장 중요한 사용자의 신분증이 만들어지는 것입니다. 사용자를 등록하는 앱은 국가의 앱입니다. 사용자가 인컴에 있는 국가 앱을 이용하여 자신을 등록하는 것입니다. 이름, 주민번호, 주소, 스마트폰 번호, 일반전화 번호, 지문, 국가 등을 입력하고 등록을 하면 국민번호, 국민 메일주소, 국민 계좌번호, 국민 저장소(클라우드)가 생성됩니다.
국민번호는 국가 서버의 국민번호 생성기에서 실시간으로 생성됩니다.
국민 알림 주소, 국민 메일주소, 국민 계좌번호, 국민 저장소(클라우드)는 자동으로 생성되며 이들은 단순한 서비스이며 본격적 민간서비스를 위한 일종의 대기행렬(Queue))로서 사용자가 지정하는 것이 아닙니다. 시스템이 자동으로 알아서 정하는 것입니다. 이것을 이용해 국가지원금 처리 및 국민 투표 처리도 신속히 실시간 처리될 수 있습니다.

국민번호는 전혀 개인이 기억하여야 하는 번호가 아닙니다. 모호한 자연어 정보들을 복합적으로 이용해 정확한 인공어로 만들어야 하며, 인공어로 중요한 기준값들이 번역 표현되어야 정확한 세상을 표현할 수 있게 됩니다. 인공어는 자연어와 다릅니다. 인간이 다루기 불편합니다. 인간은 태어나서부터 아날로그적이어서 스스로의 결함을 당연히 여기고 자신이 얼마나 그렇게 모순 덩어리인가 인지하지 못합니다.

반인반컴의 반쪽인 인간의 결함은 작지 않습니다.

인공어를 만드는 일이 중요한 일인가요? 중요하고 오랜 시간이 걸린다는 점에서는 미래세계의 1보(사용자 결합)보다 더 어려운 일인지 모릅니다. 사용자 결합은 합의가 이루어져 실행되면 일단 끝나는 문제입니다. 그러나 인공어를 만드는 일은 끝없이 지속되어야 할 일입니다. 쉽고 중요한 것부터 해나가야 됩니다. 첫 인공어 대상은 사람입니다. 사람은 정체성이 그대로 유지됩니다. 분할과 합병이 무상한 대상은 정의가 어려워 인공어 생성이 어려우나 속성(정체성)이 유지되는 대상은 인공어를 만들기 쉽습니다.

인공어는 어느 대상과 그 표현이 함수관계이어야 그 인공어가 가능하며, 정의역이 지역적이 아닌 전역적이어야 합니다. 이들의 식별체계가 있어야 한다는 뜻입니다. 일본 1700개의 지자체 사례에서 보듯, 식별체계가 없으면 국가 단위로 통합되지 않습니다. 수 조원을 쓰고 몇 년이 걸려도 시스템 통합이 불가능한 것은 식별체계가 구축되지 않았기 때문입니다.

국민번호 때문에 인공어 전부를 설명할 필요는 없기에 인공어에 대해서는 뒤쪽에서 보다 상세히 인공어 제목에서 언급할 예정입니다.

인컴에서 수행되어야 할 미래세상의 제 3보는 국가가 운용하는 국가 앱을 생성하는 것입니다. 국가 앱은 한국인 등록을 포함한 여러 기능을 포함합니다. 사실상 지금까지 모든 일은 국가가 주도해야만 하는 일입니다. 이 국가 앱은 사용자의 비서 역할을 하며 이 비서 역할을 위해서는 국가의 권한이 필요합니다. 국민의 개인정보를 다룰 수 있는 권한이 필요하기 때문입니다.

미래 세상의 전제조건을 개선시키고 공공 인공지능이 설 자리가 어디인가를 제시하는 것이 미래세상을 시작하는 것입니다. 공공 인공지능이 있을 곳은 인컴입니다. 기초적 인공지능이라도 이곳에 설치되어야 합니다. 국가 앱은 공공 인공지능이며 비서 인공지능이기도 합니다.

⠿ 인컴 - 반인반컴

사용자 결합된 인컴은 논리적인 반인반컴(half Human half computer)이라고 할 수 있습니다.

(사용자 + 스마트컴 = 반인반컴)

이 논리적인 반인반컴을 필자가 인컴으로 명명하였으며, 이를 제안합니다. 인컴의 개별적 식별자는 국민번호입니다.

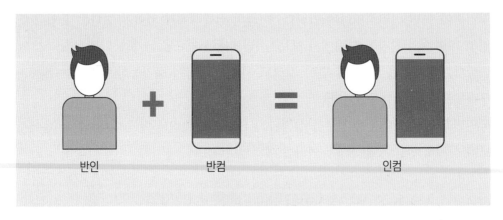

인컴(사용자 + 반컴)

완전체 인컴

🔅 인컴의 본인확인과 앱의 본인확인

인컴의 본인확인과 앱의 본인확인은 다릅니다.

예를 들어 공용PC는 PC차원의 본인확인은 없습니다. 앱 차원에서만 본인확인이 있습니다.

공용으로 쓰는 컴퓨터는 컴퓨터의 본인확인은 없고 앱 차원의 본인확인만 있습니다.

사용자 결합이 되어있는 인컴은 앱 차원의 본인확인이 필요없습니다.

인컴의 앱 차원 본인확인은 중복된 절차입니다.

인컴은 잠시 자리를 비운 사이에 다른 사람이 사용 할 수 없습니다.

인컴은 항상 주인만 사용할 수 있습니다. 잠깐 다른 사람에게 쓰게 하는 것도 안됩니다.

인컴의 경우는 엄격하게 장치 보안이 적용됩니다.

어느 것이 인컴의 본인확인이고 어느 것이 앱의 본인확인인지 알 수 있나요?

명확하게 구분되는 경우도 아닌 경우도 있습니다.

본인확인과 본인확인 사이 잠깐의 개입도 불가합니다.

잦은 본인확인은 사용자를 귀찮게 할 수 있습니다.

하지만 상시적 본인확인 방법은 사용자를 전혀 귀찮게 하지 않습니다.

인컴도 본인확인 없이 쓸 수 있는 앱이 있습니다.

사고 및 분실의 경우가 특별한 예외로서, 비상전화만 허용이 됩니다.

이런 경우에도 본인확인이 필요한 일반 앱들은 사용이 허용되지 않습니다.

지금까지는 앱 차원의 본인확인이 중심입니다.

그러나 인컴이 정착되면 장치 차원의 본인확인만 실행될 것입니다.

인컴 자체가 안전지대인 것입니다. 그 안의 앱의 본인확인은 중복된 일입니다.

스마트폰인가 인컴인가 여부에 따라 앱 차원의 본인확인이 필요하거나 필요 없을 수 있습니다.

사용자 결합이 안된 스마트폰은 앱 차원의 본인확인이 중요하고 사용자 결합이 된 인컴은 앱 차원의 본인확인이 필요 없습니다. 이것은 출입 시에 신분 확인을 확실히 하고 보안구역에 들어온 사람은 방에 들어갈 때마다 다시 신분증 검사를 받을 필요가 없는 것과 같습니다. 의도적 중복 보안체크는 불편이 따르지만 사용자의 개입을 필요로 하지 않다면 중복이 불편할 것도 없습니다.

과거 앱 차원의 본인확인은 매우 사용자를 괴롭혔습니다. 앱마다 로그인ID와 암호를 기억하는 것은 사실상 불가능한 일이기 때문이며, 동일한 로그인ID와 암호를 적용하는 것은 또한 보안상 바람직하지 않습니다.

한 앱이 뚫리면 모든 앱이 뚫리게 되기 때문입니다.

앱 차원의 본인확인을 없애는 것이 사용성 증대의 큰 요소입니다.
장치 차원의 본인확인으로 충분하도록 만드는 것이 매우 중요합니다.
국민에 대한 보안 적용에 사용성이 매우 중요하기 때문입니다.
너무 어렵고 불편하면 국민의 보편적 디지털 접근성에 심한 제약이 됩니다.

⁞⁞▸ 장치중심과 앱중심의 본인확인

과거의 본인확인은 앱을 중심으로 하였으나 컴퓨터 장치 중심의 본인확인이 증가하면서 현재는 앱 중심과 장치 중심의 본인확인이 혼재되어 혼란한 상태입니다.
과거에는 컴퓨터를 여러 사람이 사용하는 경우가 많아 앱 중심 본인확인을 할 수 밖에 없었으나 점차로 컴퓨터가 공용으로 사용되는 경우가 감소되는 때문입니다.

현재는 특히 스마트폰의 경우에는 개인이 쓰는 경우가 대부분입니다.
스마트폰은 장치가 상시적으로 본인확인을 하는 사용자 결합에 의해 본인확인 자체가 획기적으로 간편하고 쉬워집니다.

앱 차원에서 프로그래머가 생체인식기술을 적용하기에는 기술적 어려움이 있습니다. 제일 편한 것은 로그인ID와 암호입니다.

장치 차원에서는 생체인식을 포함한 모든 본인확인 기술을 적용하고

앱 차원에서는 본인확인을 하지 않거나 간단히 로그인ID와 암호를 적용할 수 있습니다.

사람이 기억하지 않고 장치 안에 있는 내 금고에 사이트별 로그인/암호을 자동저장하고, 이를 이용해 자동 로그인하는것입니다.

사용자 결합이라는 것은 장치 중심의 본인확인이 완벽히 이루어진 것이므로 앱 별 본인확인은 필요없습니다.

이런 과정을 거치면서 본인확인의 안전성, 거래의 안전성, 행위의 안전성이 완벽해질 것입니다.

▶ 공용 컴퓨터와 개인용 컴퓨터

과거에 컴퓨터가 아주 귀하고 실제로 보기도 쉽지 않았을 때는 컴퓨터는 대개 공용이었지만, 개인용으로 사용하게 되면서 많은 문제들이 해결될 수 있었으며, 아직도 환경이 완벽하지는 않지만 극복이 가능하며, 대혁명을 코앞에 두고있는 것입니다.

▶ 지능과 인공지능

인간의 지능이 우월한가요, 인공지능이 우월한가요?

인공지능은 지능을 닮아가고 있는, 지능의 모조품입니다.

하지만 결론적으로는 인공지능은 지능보다 우월하여 미래세상에서 인공지능이 지능을 대체할 것입니다.

인간은 망각을 하고 주관적이며, 결함이 많습니다.

반복적인 일에 싫증을 내어 의도적으로 일을 거부하고 지시를 따르지 않기도 합니다.

실수가 많고 처리속도가 극히 느립니다.

인공지능은 아직 아기이지만 성숙에 따라 인간에 비할 수 없이 객관적이고 빠르며 정확해집니다.
미래세상을 위해 우리가 할 일은 하나로서, 인공지능이 설 자리를 마련해 주는 일입니다.
인공지능이 있어야 할 곳은 인컴의 국가 앱입니다.

인간의 뇌에 기계장치들이 내장된 사이보그라는 것은 이 책의 제안과는 거리가 있습니다. 사이보그는 하드웨어를 직접 인간의 뇌에 이식하였으나 여기서는 생체적 뇌의 문제점을 전자적 뇌(컴퓨터)로 보완하는 것이기 때문입니다.
미래세상에서 인간의 뇌가 없어지는 것이 아닙니다. 인간이 주체로서 감정처리 및 창조적 행위 등에 대해 인간의 뇌는 최후까지 그 역할을 할 것입니다.

░ 사용자 결합의 장점

1. 본인확인 절차가 간단합니다.
2. 모든 행위자의 행동이 전자적 흔적으로 자동 기록됩니다.

따라서 IT 시스템(앱)의 개발이 용이해집니다.
범죄가 예방됩니다. 행위자의 기록을 남기지 않고 범죄를 저지르는 것이 불가능합니다.
은행의 보안카드와 같은 기존의 범죄 방지 절차는 개발자와 사용자 모두를 극도로 괴롭히는 일이었습니다.
앞으로는 그렇게 스스로를 학대하던 Active X, 공인 인증서, 은행 절차 등이 필요 없이, 쉽고 간단한 세상이 되는 것입니다. 은행 창구에 갈 일이 없게 됩니다.

CCTV 밀도 측면에서는 우리나라 보다 월등한 곳이 많더라도 우리나라가 IT강국이고 누구나 스마트컴을 갖고 있기에 사용자 결합이 완벽해지면서 가장 온라인/오프라인 범죄로부터 안전한 국가가 이루어질 것입니다.

사용자 결합에 의해 간단하고 쉽고 안전한 세상이 이룩됩니다.

개인정보

개인정보는 국가와 당사자가 취급할 수 있습니다.

국가는 현재도 국민의 개인정보를 관리하고 있지만 앞으로는 그 관리 범위를 확장되어, 국민의 재산, 재난, 정보, 안전, 건강 모두를 적극적으로 관리하여야 합니다.

국가가 내 재산을 보증하고, 내가 우리 부모의 자식이라는 것도 보증하며, 수많은 증명서를 발급합니다.

디지털 뉴딜을 통하여 이런 많은 국가의 활동이 강화되어야 합니다.

군사 비밀을 관리하고 대통령 기록물을 관리할 뿐 아니라 국민의 개인정보(국민의 재산 정보 안전 건강) 모두를 적극적으로 관리, 보호하여야 할 것입니다.

현대의 국가는 IT의 발전, 인컴의 확립과 더불어 국민에게 더 많은 서비스를 제공할 수 있으며 제공하여야 합니다.

지금까지 스마트폰에서는 수많은 앱들이 이름, 주소, 전화번호, 앱 규약 동의 여부를 물었지만 이것은 크게 잘못된 것입니다. 컴퓨터가 생긴 이후의 산업혁명에서는 인간이 단순 반복적인 정신노동에서 해방되어야 함에도, 우리는 반복적으로 같은 것의 입력을 강요받고 있습니다.

이것은 사용자를 괴롭히고 스마트폰의 사용성을 떨어뜨리고 국민의 디지털 접근권을 제약하는 일입니다.

국민이 국가에 개인정보를 한 번 입력한 다음에는 앱들의 질문에 대해 국가가 이를 판단하고 응답하여야 합니다. 이는 국민의 디지털 접근권을 위해 반드시 이행되어야 합니다. 국가가(국가 앱이) 디지털 뉴딜을 위해 강화하여야 할 부분으로서 이를 위해 적극적으로 인공지능이 활용되어야 할 것입니다.

⠿ 개략화 문제

다음은 수 또는 양의 개략화에 대한 문제입니다. 예를 들어 키가 180cm라고 한다면 이는 정확한 값이 아니라 근사값입니다. 소수 몇자리까지 표현해야 적당할까요?
원주율은 얼마로 표시해야 할까요? 원주율은 무한소수입니다.
하지만 디지털에서 유효숫자를 소수 2자리라고 하면 간단히 3.14로 개략화되어 표현됩니다.
모든 길이값, 즉 아날로그 값은 사실상 무한소수입니다.

무한 소수는 1테라 하드에도 들어가지 못합니다. 더 큰 하드에는 들어갈까요?
아무리 큰 하드에도 무한소수값이기에 담길 수 없습니다.
우리가 길이라는 것을 표현할 때는 근사값으로 표현하지만 기준은 무엇일까요? 대충 그때 그때 다릅니다. 정확한 기준이 없습니다.

그러나 컴퓨터에서는 유효자리를 정합니다.
디지털로 변환할 때 반드시 개략화(Approximation)가 이루어집니다.
이 개략화가 아날로그와 디지털의 근본적인 차이점을 갖게 하는 중요 요인의 하나입니다. 1테라 하드가 하나의 길이도 못 담을 수도 있고 도서관 하나의 내용을 다 담을수도 있습니다. 불가사의한 차이입니다. 화소수 라는 것은 개략화 정도를 나타내는 것입니다.
이런 문제를 개략화 문제라고 합니다.

⠿ 디지털의 우월성

아날로그는 처리할 때 개략화의 기준이 없고 매체에 따라 달라지지만, 디지털은 개략화의 기준이 뚜렷하며, 이것이 디지털의 대표적 우월성입니다.
개략화가 되지 않은 아날로그는 복제할 때 원본과 복제본이 다릅니다.
무한대라는 것은 정확히 복제가 불가능하며 매체마다 제각각이지만 개략화된 디지털은 원본과 복제본이 동일합니다.
이런 차이가 디지털의 근본적인 우월성입니다.

인컴의 대변혁은 국가가 주도

카카오, PASS, Payco, 한국정보인증, KB국민은행 등 여러 곳에서 인증서가 제공되고 있지만, 앞으로는 인증서가 불필요해지고 인증기관이 제공하는 공개 키 알고리즘도 중요성이 낮아질 것입니다.
사용자 결합이 역할을 대신할 것이기 때문입니다.

UI(User Interface)의 역할

사용자 결합된 인컴은 신분증 및 인증서를 포함하고 있습니다.
모든 인증방법은 인컴이 담고있어 결합된 사용자가 사용할 수 있습니다.
사용자는 인컴의 UI(User Interface)를 통해 개인정보 관리의 기능을 수행합니다.
UI를 통해 사용자와 컴퓨터가 정보교환을 하는 것입니다.
모든 UI는 주로 인컴과 사용자 간의 인터페이스입니다.
인컴과 사용자가 결합되어 항상 동반되는 관계이기 때문입니다.

장기적으로 사람은 직접 사람이나 앱과 같은 IT장치와 정보교환을 하지않고 인공지능 개인 비서를 통할 것입니다. 사람은 자신의 인공지능 비서하고만 직접 의사교환을 하는 것입니다.

미래세상은 사람 대 사람의 직접대화가 점점 사라진다─놀라운 일이 아닌가요?

미래세상은 비대면이 일상인 것입니다. 1980년대에 코앞에 있는 회사동료에게 전자메일을 보냈습니다. 정확한 정보전달을 하기 위해 가까운 사람에게도 말이 아니라 전자메일을 보낸 것입니다. 이는 법정에 서기(속기사)가 있는 이유와 같습니다. 가까운 곳에 있는 사람에게도 반드시 컴퓨터를 통해 정보교환을 할 것입니다. 그래야 먼 곳에 있는 사람과의 대화와 가까운 곳에 있는 사람과의 대화 처리가 같아지는 것입니다. 여러 사람이 회의할 때 대화방법이 동일해야 합니다.

많은 경우 전화의 응답은 사용자의 응답이 아니라 인공지능의 자동 응답이 되며 그것이 더 빠르고 옳은 판단일 것입니다.
사용자는 자고 있어도 응답을 들을 것이며 사용자를 깨워 사용자의 의견을 들을지 여부는 인공지능의 판단입니다. 인공지능이 낮은 수준이면 모든 것에 사용자의 의견을 들을 것이지만 인공지능이 고도화 될수록 사용자가 인공지능의 의견을 듣게 될 것입니다.
인공지능 비서는 현실을 증강현실처럼 만들어 보여줄 수 있습니다.
이 모든 미래는 국가가 초보적인 인공지능 비서가 설 자리를 만들어 주어야 다가올 수 있습니다.

⋮⋮⋮▶ 인컴과 국가의 역할

IT 발전을 위해 국가가 할 일은 무엇일까요?
이것은 책을 쓰면서 생각하게 된 중요한 질문입니다.
이것이 민간이 하여야 할 일인가요? 국가가 해야할 일인가요?
민간은 사적인 이익을 추구하며 경쟁합니다.
이것이 사회발전의 원동력입니다.
그러나 개인정보의 프라이버시라는 장벽이 강조되면 민간은 전혀 나아갈 수가 없습니다.
공익을 앞세우는 국가가 역할을 해주어야 합니다.
빠른 시간내에 모든 국민은 인컴을 보유하여야 합니다.

어린이 및 치매 노인도 대국민서비스를 받아야 합니다.

지금과 같은 UI의 형태는 지양되고 국민 개개인에 맞는 UI가 제공되어야 합니다.

인공지능과 국가

지금까지 국가의 대국민서비스는 수동적이었으며, 개인이 국가에 신청을 하는 방식이었습니다. 앞으로는 상시 양방향 실시간 통신이 되어야 합니다.

국가는 국민 개개인의 상태를 실시간으로 파악하고 있어야 하며, 이는 사용자 결합이 되어있어 양방향 실시간 통신이 가능해야 가능합니다. 국가가 만들고 운용하는 인공지능이 사용자 결합된 인컴에서 상주하며 모든 대국민서비스를 수행합니다.

개인비서가 사용자에게 질문을 통해 결정하는 비율이 갈수록 적어질 것입니다.

인공지능이 발달할 수록 스스로 결정하는 비중이 커집니다.

사실상 민간이 할 일은 스스로 경쟁적으로 하고 있습니다.

이 책은 민간이 못하여 국가 즉, 그 산하의 산학연단체가 해야 할 일에 대한 것이 전부라 할 수 있습니다.

국가가 시작하여 제대로 정착함에 따라 손을 떼게 되는 것이 궁극적 목표가 될 것입니다.

모든 국민이 반드시 가져야 하는 신분증 같은 것은 무료이어야 한다고 생각합니다.

국가가 세금으로 수행할 수도 있지만 별도의 수익모델을 가지는 것이 바람직할 것입니다. 데이터가 큰 자원이기 때문에 수익모델은 어렵지 않을 것입니다.

표준 인컴, 인터넷 연결 등은 모든 국민이 가져야 합니다.

모든 국민이 사용할 인컴의 UI는 매우 사용이 쉬워야 합니다.

⚙ 산업혁명

산업혁명은 단순 반복적인 육체 및 정신노동으로부터 사람을 자유롭게 하여야 합니다. 그렇지 못한 현실은 뭐가 잘못 되었어도 한참 잘못 되었습니다. 한 마디로 4차 산업혁명에 의해 인간이 편한 자유로운 세상으로 변화되어야 합니다.

일단 비서에게 한 번 지시하면 비서가 곧 알아서 당신보다 훨씬 신속하고 제대로 처리할 것입니다. 자율주행이 자리잡을 때 즈음이면 당신의 개인 비서가 아주 똑똑한 비서가 되어있을 것입니다. 이 책은 그 작업의 시작입니다.

모든 제출할 증명서는 같은 방법으로 발급될 것입니다.
제출 증명서는 기본으로 해당 국민 조직 번호에 해당하는 국가 클라우드 저장소로 발급됩니다. 이는 최종 제출처에 직접 발송될 수도 있습니다.

⚙ 국민 단일 서비스(대기행렬, 국민 계좌, 국민 메일, 국민 문자, 국민 클라우드)

민간의 다양하고 복잡한 형태에 대한 국가의 단순 단일 서비스, 일종의 대기행렬(Queue)입니다.
모든 것은 국민 등록시에 자동으로 생성됩니다.
국민 계좌는 단순 서비스만 수행 되며 이자도 없습니다. 국민 계좌에 보내면 국민 개개인이 알아서 민간 은행의 계좌로 이체하여 사용할 수 있습니다.
국가는 국민과 민간은행 간의 복잡한 관계를 알 필요가 없습니다.
전자메일도 마찬가지로써 국가는 민간의 다양한 전자메일을 신경 쓸 필요가 없습니다.
국민 전자메일로 개개인이 알아서 옮겨 처리하면 됩니다.
국가가 국민에게 등기를 보내는 등의 업무가 전혀 필요 없어집니다.
국가 기본 알림이 등기보다 편리하고 정확하며 상시 실시간 알림으로써 예외, 누락이 없습니다.

예전에 IBM이 대기행렬(Queue)라는 것을 만들어서 빠른 장치와 느린 장치의 속도 차이 문제를 해결하였으며, 그것이 IBM의 POWER입니다. 마찬가지로 국민 단일 서비스는 민간의 복잡하고 느린 시스템의 완충장치 역할을 합니다.

POWER는 'Priority Output Writers, Execution processors and input Readers'의 약어입니다.

⠿ 뉴스-추가 2021년 새로시행

> https://www.youtube.com/watch?v=gTEbUBx4KFc
> 전자여행 허가서
> 바다 네비게이션
> 스마트폰 발급 전자명세서 100종(과거 13종)
> 연말정산 간소화 서비스, 정부24, 국민 신문고−웹사이트− 카카오/Pass/payco/한국정보인증/
> KB국민은행
> 모바일 전자증명서−인컴을 이용 증명서 신청/발급/제출 100종(과거 13종) −주민초본/ 장애인
> 증명/ 소득 금액 증명...
> 년말에는 300종

이 같은 전자정부의 활동은 근본적인 체계 아래 수행되어야 합니다.

이 책의 제안들은 전자정부의 설계를 완전히 바꾸게 될 것입니다.

전자정부는 정보기술을 활용하여 행정기관이나 공공기관의 업무를 전자화하여 이들 기관 간의 행정업무 또는 국민에 대한 행정업무를 효율적으로 수행하는 정부입니다. '디지털 정부', '온라인 정부'라고도 합니다.

⁘ 국민번호의 외국인 적용, 세계표준화

외국인은 입국시 외국인 등록 앱이 설치, 등록됩니다.
한국인 등록 앱과 사실상 같은 앱으로서 통합될 것이지만 편의상 별도로 설명합니다.

⁘ 소유자 vs 사용자

권리의 소유자를 확인하는 것은 IT의 오랜 난제입니다. 이것은 컴퓨터가 나타나기 이전부터 커다란 난제이었습니다. 소유자와 사용자가 다른 것은 많은 경우 사기 또는 해킹입니다. 모든 것은 소유자가 있습니다. 특정 물건의 소유자 확인은 아주 중요한 문제이었습니다. 도장, 인감도장, 부동산 등기부등본, 소유권, 전세권, 사용권 등 모든 경제적 행위의 문제입니다. 이 복잡한 문제는 컴퓨터의 등장으로 다른 양상을 보입니다. ICT에서 기본적으로 모든 행위는 장비ID 간에 이루어집니다. 컴퓨터 상에서도 경제적 행위가 이행되기 위해서는 사용자 ID 간에 행위가 이루어져야 합니다. 사용자 결합은 컴퓨터상의 모든 행위에 사용자를 개입시킴으로써 표준적인 정상 경제 행위가 이루어지도록 하는 작업입니다.

사용자와 컴퓨터의 결합에 의해 이 모든 것이 간단하고 쉽게 해결됩니다.

안전성이 확보되고 절차도 간단해집니다. 이것은 괄목할 만한 일대 혁명으로서 인간의 생활을 근본적으로 변화시킬 것입니다.

독자가 지금까지 충실히 내용을 이해하고 따라왔다면 바야흐로 코 앞에 대혁명이 임박했음을 깨닫게 될 것입니다.

◼ 사용자 당 하나의 결합된 인컴/ UI/ 생체인식/ 신분증

사용자는 단 하나의 결합 인컴만을 보유 및 사용하여야 하며, 이 인컴이 생체인식에 의해 본인확인을 하고 신분확인을 하여야 합니다. 여러 개의 스마트컴이 있더라도 오직 하나만이 인컴 자격을 가지지만, 인컴은 화면이 작고 키보드가 불편한 이유로 보조적 장치가 사용될 수 있습니다.

이 경우 보조장치들은 개념적으로 확장된 인컴의 일부로 간주됩니다.

⁞⁞⁞ 본인확인 방법의 안전성 및 편의성 대폭 향상

부실하고 복잡했던 안전 확인및 보완 절차가 간소화되고 완벽해집니다.

경우	서버	장치	사용자 :	성패	
1	O	X	O	O	다른 컴퓨터를 통해 옳은 사용자가 로그인됨
2	O	X	X	X	다른 컴퓨터를 통해 틀린 사용자가 로그인됨
3	O	O	O	O	같은 컴퓨터를 통해 옳은 사용자가 로그인됨
4	O	O	X	X	같은 컴퓨터를 통해 틀린 사용자가 로그인됨

장치와 사용자

도표에서 1번 경우와 4번 경우는 인컴에서 발생할 수 없습니다.
장치와 사용자가 결합 되어있기 때문입니다.
따라서 장치가 옳으면 사용자도 옳습니다.
서버에게 장치의 동일성 여부 확인은 매우 쉽습니다.

사용자를 확인하는 인컴의 프로그램은 누가 작성하는가요? 국가의 책임입니다.

앱 차원에서 생체인식 사용은 어렵고 그럴 필요도 없으며, 컴퓨터 장치 차원에서 본
인확인을 하면 됩니다.
국가나 제조회사가 대표로 생체인식을 사용하여 결과를 앱에게 전달합니다.

어느 본인확인 방법의 안전성이 완벽할 필요는 없습니다.
얼굴인식에서 얼굴은 수시로 변하며, 타 인증방법도 장기적으로 그러합니다.
그러나 인컴은 자주 복합적으로 생체인식을 수행하며 또한 대체 인식방법이 많으므

로 생체인식의 장기적 변화 문제를 고려할 필요가 없고 전혀 문제가 없습니다. 과거 보안 수단에 많은 강력한 수단들이 더해져 보안은 수백 배 강화되었다고 할 수 있습니다.

사용자 결합에 의해 많은 것이 간단하고 쉽고 안전해 집니다.

⁞⁞ 개인정보의 관리 주체 - 국가

사용자 결합된 컴퓨터(인컴)에서 개인적인 행위가 발생하고 개인정보도 생성 사용됩니다.

개인정보는 오래 전부터 국가가 관리했습니다.

기존에 국가가 관리하던 주민등록등본, 부동산 등기등본, 지문정보 등의 개인정보는 기술변화에 따라 자연히 늘어나고 있습니다.

얼굴 정보, 정맥 정보, 홍체 정보, 유전자 정보, 등도 국가가 관리하여야 합니다.

국가가 국민의 개인정보를 관리하는 방법은 인컴에 국가 앱(개인정보 관리 프로그램)을 두고 개인정보의 처리를 관리하는 것입니다. 이 프로그램은 국가 측에 있는 국가 앱 서버(개인정보 관리 서버)를 통해 개인정보 DB에 정보를 저장하고, 정보를 가져오기도 합니다.

개인정보를 왜 국가가 관리해야 할까요?

"국민은 모두 개인정보를 관리할 능력이 있다"고 할 수 없기 때문입니다.

국가가 인공지능의 도움을 받아 관리하여야 합니다.

빅데이터의 중심에 무엇이 있을까요? 인공지능의 중심에 무엇이 있을까요? 데이터의 중심에 무엇이 있을까요?

개인정보가 있습니다.

누가 개인정보를 처리할 수 있나요? 운영체제를 갖고 있는 MS, 애플, 구글?

클라우드 점유율이 가장 높은 아마존? 컴퓨터 제조회사인 삼성? 앱 개발회사?

모두 아닙니다. 개인정보를 다룰 수 있는 조직은 국가입니다. 국가는 개인정보를 관리해왔고 국가 기록물도 관리하고 각종 특급 비밀도 관리합니다. 국가가 개인정보를 갖지 않으면 국민 개개인에 대한 신분 확인을 해줄 수 없고 국민들은 국제난민이나 마찬가지입니다.

IT에 있어 국가가 개인정보 처리역할을 제대로 하고 있지 않아 IT발전이 지연되고 있습니다.

국가가 인컴에 개인정보 관리 프로그램(국가 앱)을 삽입함으로써 비약적인 IT발전을 가져올 수 있습니다.

국가가 많은 개인정보를 갖지 않으면 국민 개개인의 사정에 따른 개별적 서비스를 제공하지 못합니다. 국가는 즉각적인 실시간 대국민 서비스를 할 수 있어야 합니다.

개인정보 이외의 데이터 수집은 문제가 없습니다.
개인정보를 관리하는 국가의 적극적인 역할이 없으면 미래사회, 빅데이터 시대 모두 오지 않습니다. 데이터 없이 인공지능도 없습니다. 4차 산업혁명도 없고 미래는 다가오지 못합니다.

국가가 관리하는 개인정보는 표준화되어야 합니다.
표준화에는 많은 노력이 필요하지만 일단 입력되면 많은 곳에 이용될 수 있습니다.
예를 들어 앱들로부터 많은 주소 입력 요청을 받을 때 국가가 개인의 표준화된 주소를 갖고 있으면 그런 요청들이 자동적으로 처리될 수 있습니다.

⠿ 앱 가입과 앱 등록

앱 가입은 사용자가 처음 앱을 쓰려고 할 때 사용자가 앱에 가입하는 것입니다.
앱 등록은 앱 개발회사가 구글이나 애플 등에 등록하는 것입니다.

앞으로는 국가에도 앱 등록을 하여야 합니다.

앱 등록시 앱이 어떤 정보들을 사용자에게 요구할 것인가를 명시하여야 합니다.

앱 등록시 앱이 어떤 앱 규약을 사용자에게 적용할 것인지 명시하여야 합니다.

이것은 사용자와 앱 간의 정보교환을 쉽게 하기 위한 것입니다.

앱 개발회사는 사용자를 아주 쉽게 만들어야 합니다.

복잡하고 귀찮은 절차는 국가와 공공인공지능이 처리하여야 합니다.

이것이 미래세상이 작동되는 구조입니다.

사용자는 돈이 많고 교육정도가 높다고 가정하면 미래세상은 오지 않습니다.

만약 앱 가입시 시간이 소요된다면 제대로 된 절차가 아니라고 간주하여야 합니다.

미래세상의 의무교육에는 필수앱의 사용이 전제되어야 합니다.

⁝⁝ 전통적 사용자 확인 방법 vs 인컴 사용자 확인 방법

이와같은 사용자 결합 인컴이 없었을 때는 권리에 대한 소유자 확인을 어떻게 하였을까요?

가장 흔한 방법이 '로그인 ID/암호'입니다. 이 방법은 관리하기가 매우 불편합니다. 보통 한 사람이 수백 개의 ID/암호 쌍을 기억하여야 합니다. 앱이나 사이트에 따라서는 자주 바꿔줘야 하고 아주 복잡한 형태를 원합니다. 그밖에 인증서, 원타임 패스워드 등등 관리가 매우 힘듭니다. 지금까지 언급한 전통적 방법들은 모두 문제가 많으며 앱이나 사이트가 직접 UI를 통해 사용자에게 묻는 방식입니다.

반면 이 책에 소개된 방법은 앱이나 사이트가 사용자가 아닌 인컴의 프로그램에게 묻는 방식입니다. 앱 개발자는 API를 통해 소유자 확인을 받으면 됩니다. 복잡한 UI를 작성할 필요도 없어 프로그램 작성이 용이합니다. 잠정적으로는 기존 방식과 병행되어야 합니다.

보통 앱이나 사이트는 그 서비스에 가입한 사람이 그 앱이 가입자에게 제공한 권리의 소유자가 되고 이후 사용자가 됩니다. 서비스는 가입할 때 가입자를 식별할 수 있는 정보를 얻어 저장하고 추후 이를 사용자에게 물어 비교, 확인하고 사용을 허락하는 것입니다.

인컴에 들어갈 국가 개인정보 관리 프로그램(국가 앱)

이 프로그램은 국가가 만들고 유지 관리하여야 할 프로그램입니다.
미래에는 사람의 역할이 작아지고 IT 시스템(인공지능)의 역할이 증가합니다.
점차 앱들이 사용자에게 묻던 것들은 인컴 상주 프로그램에게 묻게 됩니다.
이 상주 프로그램은 초기에는 아주 간단한 내용일 것이나 갈수록 업그레이드된
인공지능 프로그램이 될 것입니다.
이 프로그램들이 존재하지 않는다면 미래사회도 다가오지 않습니다.
처음 한 줄로 짠 프로그램이라도 인컴에 집어넣어야 미래사회가 옵니다.

처음 개인정보 관리 프로그램은 앱 프로그램으로 만들어지겠지만 점차 운영체제의 일부로서 배포될 것입니다. 점차 국가는 인컴의 운영체제 회사와 인컴의 제조회사와 밀접한 협력 채널을 가져야 할 것입니다. 앱 회사들과 국민 개개인의 목소리도 잘 듣고 반영하여야 합니다.

1. 개인정보 관리 프로그램
   개인정보는 국가만이 관리할 수 있습니다. 앱들이 개인정보가 필요하면 사용자에게 요청할 것이 아니라 인컴의 국가(프로그램)에게 요청하여야 합니다.

2. UI생성 프로그램
   사용자와 정보를 주고 받는 UI를 생성하여 사용자와 정보교환을 합니다.

3. 비서 프로그램
   이 프로그램은 사용자의 요청에 답하고, 외부 앱들에게도 사용자 대신 답합니다. 주인 대신 비서가 처리하는 비율이 증가할 것입니다. 처음엔 1%에서

나중엔 99%까지 증가할 것입니다.

4. 신분증, 만능 열쇠 프로그램

이것은 집/자동차/IT장비를 자동적으로 열거나 연결하는 열쇠의 기능을 합니다.

이 사용자 결합은 다양한 생체인식으로 강하게 결합되며 사용자 몸에 붙은 신분증의 역할을 하며 모든 사용자 소유물건의 열쇠의 역할을 합니다. 예를 들어 사용자가 인컴을 가지고 PC 앞에 앉으면 자동적으로 PC에 로그인 된 상태이어야합니다.

마찬가지로 자동차에 가까이 가면 카 컴퓨터와 연결되어 로그인 상태가 됩니다. 다양한 생체인식과 위치정보에 의해 완벽한 보안상태가 유지됩니다.

어느 것의 자기소유 확인은 과거에는 소유자 이름의 기록이었으나, 지금은 인컴으로 자기 것의 전자적 등록이 대체됩니다.

두 장치가 연결을 요청하고 이를 허락하는 방식입니다.

⁝⁝ 인컴으로 얻게되는 것들

1. '로그인 ID/암호'는 장기적으로 사라질 것입니다. 특히 암호는 없어질 것입니다.

긴 암호와 특수문자의 포함, 잦은 교체 등의 문제로 관리가 아주 어려웠습니다. ID와 암호의 잦은 기억 상실로 복잡한 복구절차를 수행해야 했습니다. 근래 은행에서도 암호는 6자리로 축소되었으며 마이크로소프트는 Passwordless Strategy를 제안하고 있습니다.

IT분야의 암호 사용이 옳지 않음을 깨달았기 때문입니다. 이것이 IT분야의 대변혁을 가져올 것입니다.

2. 인컴은 행위자가 권리를 가진 사용자라는 것을 쉽고 정확하게 확인해 줍니다.
본인확인, 인증서, 신분증의 역할을 합니다.

많은 IT 장비간의 자료 교환은 행위자 정보 없이 수행되지만 인컴은 행위자 정보를 주고받는다는 점에서 행위자의 추적을 용이하게 합니다.

이것이 범죄가 불가능하게 만듭니다. 인간의 행동이 무수한 행위자의 전자적 흔적을 남깁니다.

3. 인컴은 모든 IT 장비 및 앱이 사용자와 정보교환을 하는 단 하나의 통로입니다.

이 곳에는 반드시 국가가 참여하여 중요한 역할을 담당하여야 합니다.

앱들은 인컴에게 API로 정보요청을 하고 인컴은 필요한 경우 UI를 통해 사용자로부터 정보를 받습니다.

그러므로 앱 개발자가 사용자에게 정보를 얻기 위해 UI를 작성하는 일이 적어집니다.

많은 앱의 요청은 사용자 대신 국가 앱이 처리합니다.

4. 디지털 세상이 쉽게 다가오고, 사용성이 대폭 증가합니다.

컴퓨터가 발달할 수록 쉽게 사용할 수 있어야 합니다.

그러나 현실은 갈수록 어려워져만 갑니다. 왜 그럴까요?

국가가 역할을 못하고 있기 때문이고 인공지능이 역할을 안하고 있기 때문입니다.

민간은 다양한 시도를 합니다. 지식이 발산을 합니다.

국가가 지식을 정리하여 압축하고 표준화하고 수렴하여야 합니다.

데이터가 쌓여있다고 그냥 좋은 세상이 오는 것은 아닙니다.

인공지능이 잘 작동되도록 국가가 역할을 하여야 합니다.

특히 개인정보는 사용자가 생성하지만 이를 이용하는 것은 국가가 주도하여야 합니다.

인컴은 IT지식이 많은 사람만 사용할 수 있으면 잘못된 것입니다.

유치원 어린이, 심지어 갓난아기나 치매노인에게도 도움을 주는 인컴이 되어야 합니다.

5. 사람은 기본적으로 인컴만 가지고 다니면 됩니다.

열쇠, 신분증, 종이 서류 등등을 가지고 다닐 필요가 없습니다.

열쇠가 딱딱한 것이라야 한다는 것은 편견입니다. 열쇠도 정보입니다.

내 차가 내 것이라는 것도 정보입니다. 모든 정보는 인컴에 넣어 다니면 됩니다.

집 열쇠, 차 열쇠, 현관 열쇠 등등 다 마찬가지입니다.

⫶ 정보의 안전, 거래의 안전, 행위의 안전 확보

컴퓨터의 안전성은 여러 차원에서 확보됩니다.

인터넷에 대한 연결을 끊기도 합니다.

철저한 보안구역의 컴퓨터로만 특급 비밀 정보 접근을 가능하게 합니다.

온갖 불편을 감수하고 특급비밀을 보호하기도 하지만 일반적인 것은 인터넷에 연결된 채로 비밀이 보호됩니다. 정부망은 인터넷에서 분리된 채로 운영되기도 하지만 대국민 서비스를 수행하는 국가망이 인터넷으로부터 분리될 수는 없습니다.

여기서는 인터넷에 연결된 컴퓨터의 안전성만 논의하기로 합니다.

1. 컴퓨터가 공용 컴퓨터이며 특별한 안전성이 고려되지 않는 경우.

2. 컴퓨터가 개인용이지만 가족 정도는 공유하는 경우−설치장소로 안전을 고려하며 특별한 암호를 걸지 않습니다.

3. 컴퓨터가 개인용이며 누구와도 공유하지 않는경우: 인컴은 심각하게 보안을 고려한 장치이며 생체인식 등등의 모든 방법으로 타인의 접근이 불가능하게 합니다. 지금은 분실 경우를 고려해 비상연락은 허용하고 있으나 앞으로는 비상 전화도 불허하는 것이 정상입니다. 인공지능이 알아서 조치할 것이기 때문입니다.

▣ 컴퓨터의 강력한 안전성이 확보된 경우

강력한 안전성은 생체인식의 반복 사용으로 확보될 수 있으며, 이러한 안전성은 가장 강력한 알고리즘으로 얻을 수 없고 양자 컴퓨터로도 얻을 수 없습니다. 사용자 결합 (UB)에서 생기는 문제는 알고리즘으로 해결할 수 없기 때문입니다.

인증서가 안전한가요? 몇천 년이 지나야 깰 수 있는 안전성?
그것은 별 의미가 없으며, 사용자 결합이 안되어 있다면 허당입니다. 인증서는 암호 가 있습니다. 암호가 안전하게 관리되지 않으면 인증서의 안전성이 무의미합니다. 다시 말해 인증서 없이 암호만 사용할 때와 다를 것 없는 것입니다. 인증서가 사용 자와 분리된다면 인증서는 의미가 없어집니다. 사용자 결합이 중요한 것입니다.

지문인식을 사용하고 얼굴인식을 같이 사용한다면 하나만 사용했을 때보다 훨씬 안 전합니다.
게다가 위치정보, 정맥인식을 사용했다면 충분히 안전해지는 것입니다.
여러가지 방법을 적용한다고 힘들지 않습니다. 몸에 지니고 다니는 것으로 안전성 이 확보되기 때문입니다. 암호는 사람과 분리될 수 있으며, 사람이 암호를 기억한다 는 보장이 없습니다. 암호는 안전성을 위해 사용되면 안됩니다.

요새 암호는 6자리 숫자입니다. 이전에는 12자리 이상이고 특수기호가 들어가야 한다 는 등 아주 어려웠습니다. 패턴도 옳은 방법이 아닙니다. 그것도 잊힐 수 있습니다.
암호가 길면 사용자를 괴롭힙니다. 현재 암호는 비전문적 침입을 막는 용도입니다.
잘못 건드려 실수로 특정 앱의 이상 작동을 방지하는 용도로 많이 쓰입니다.

ID, 암호, 패턴 등 사용자의 기억력에 의존하는 방법들은 장기적으로 점차 없어질 것입니다.

사용자 결합된 인컴의 부재는 검문 대상입니다.
침입방지 – 외부인 동선추적은 범죄 방지를 위해 필요합니다.
 IT장비들이 늘어날수록 사람의 동선을 감추는 것이 불가능합니다.
자신의 동선을 감추기 위해서는 기본적으로 인컴을 소지하지 않아야 합니다. CCTV 에 모습이 보이며 무선신호가 없는 사람은 요주의 인물입니다. 검문 또는 추적의 대상입니다. 발전할 수록 범죄는 불가능합니다. 무인상점이 앞으로 획기적으로 증가할 것입니다. 인컴은 항상 소지해야 하며, 비소지자는 출입이 제한되어야 합니다. 우리나라가 범죄율이 낮은 것이 CCTV 때문이 아닌가 궁금해 하지만 통계에 의하면 우리나라의 CCTV 밀도는 높지 않다고 하며 대상에 대한 신분 확인도 쉽지 않지만, 인컴 소지자는 즉시 확인이 가능합니다. 앞으로 비대면 상점이 획기적으로 증가할 것입니다.

▣ 해킹방지

해킹은 대부분 사용자 결합(UB) 부실로 인하여 발생합니다. 사용자 결합이 완전하다면 사이버 상의 모든 행위에 대해 좀 더 간단히 책임을 물을 수 있습니다.

인간의 아날로그적 흔적은 이용과 추적이 힘들며 가치가 적은 정보이지만, 인컴의 흔적은 매우 이용하기 쉽습니다. 다양한 주파수로 다양한 상대와 디지털 통신을 합니다.
인간보다 수백만 배 이상의 정보를 만들어낼 수 있습니다.
인간에 대한 정보는 사용자 결합된 인컴으로부터 충분한 양을 얻을 수 있습니다.
인간의 정보를 인간 자체로부터 얻으려하지 않고 그 반컴으로부터 얻어야 합니다.

인컴이 스마트폰으로서 정보를 교환하는 양은 다른 주파수로 다른 것과 정보를 교환하는 양과 비교할 수 없습니다. 간단히 와이파이 다이렉트나 블루투스로 다른 인컴에서 파일이나 폴더를 다운 받을 수 있습니다. 인컴으로 통화를 하지 않을 때에도 인컴과 기지국은 많은 정보교환을 지속합니다. 극히 일부의 기능으로 어느 장치를 이름 짓는 것은 그 장치를 오해하여 제약의 요소가 될 수 있습니다.

⁙ 반응성

얼마나 국가 요청에 빨리 반응(응답)하는가요? 맥박(HeartBeat)의 상시 체크로, 기지국과 스마트폰이 통신할 때마다 인간(사용자)의 상태를 보고합니다.

인간의 맥박신호, 인간의 국가 요청 인지 신호등이 반응성을 측정하는 값입니다. 반응성은 개인에 따라 다릅니다.

맥박 신호 반응성은 유사할 것입니다. 국가 요청 인지와 신호 반응성은 다소 차이가 있을 것입니다.

⠿ 기타

◉ 스마트폰의 새이름 - 인컴

스마트폰은 더 이상 작은 역할의 휴대폰이라기 보다 컴퓨터입니다. 항상 소지하는 컴퓨터로 바뀌어야 합니다.

스마트폰은 휴대컴 또는 스마트컴이라고 하여야 합니다.
사용자 결합된 스마트폰은 인컴(Smart Human)으로 불려야 합니다.

인컴은 행위자가 있는 유일한 장소입니다.
그래서 개인정보가 있는 곳이고 국가가 적극적으로 역할을 해야하는 장소입니다.
인컴이 설정되면 일반 앱은 별도의 로그인이 필요 없을 것입니다.

◉ 여러 개의 휴대컴 중에 인컴이 바뀐 상황

smart switch 같은 작업이 이루어져야 합니다. 상세한 설계가 필요합니다. 개발자들이 기존에 하던 일입니다. 특별히 언급할 필요 없습니다.

◉ 인컴이 분실되거나 고장나서 새 인컴으로 교체한 상황

smart switch 같은 작업이 이루어져야 합니다. 상세한 설계가 필요합니다. 개발자들이 기존에 하던 일입니다.
잦은 인컴 교체는 보안을 약화시킬 수 있습니다.

■ 보안이 뚫린다 하여도 UB가 되어 있으면 범죄의 추적은 용이합니다.

장비 기록이 아닌 행위자가 기록되는 시스템이기 때문입니다.

우리나라는 사실상 카드의 사인을 이용하지 않습니다.

카드의 사인이 없어도 안전성에 영향이 없다는 것을 경험으로 느끼고 있는 것입니다.

■ 보안의 주체는 사람이었지 특정장비가 아니었습니다.

그래서 사람은 자유롭게 다른 컴퓨터를 쓰면서 은행 일을 볼 수가 있었습니다.

그러나 사용자 결합 상태에서는 특정 컴퓨터가 권리를 가진 사용자라는 증거가 될 수 있습니다.

본인확인이 아주 어려울 수 있지만 대신 인컴을 이용한 본인확인은 매우 간단합니다.

사용자 결합이 분리된 순간은 범죄의 순간이며 알리바이가 없는 순간입니다.

인컴의 중요한 역할 중 하나는 사용자 결합을 수시로 확인하는 것입니다.

인컴은 사용자를 불편하게 하여 감정을 자극하지 않아야 합니다.

■ 인컴은 디지털 세상의 입구입니다.

컴퓨터 없이는 IT기기의 외관을 볼 수 있을 뿐입니다.

사람이 휴대하는 모든 것은 인컴 외에는 필요 없어집니다.

인컴의 사용자는 모든 국민으로 어린 아이, 치매노인도 있습니다. 따라서 사용성이 아주 좋아야 합니다.

국민 수만큼 사용자 결합(User Binding)이 필요하고 UI가 필요합니다. (5천만 사용자, 5천만 인컴, 5천만 UI) 인컴은 신분증이며 모든 장치의 열쇠입니다. 장기적으로 로그인이라는 것은 없어집니다.

표준 인컴의 기능은 지속적으로 업그레이드 되어야 합니다.

사람이 보고 듣고 말하는 모든 것은 인컴 비서가 중간에 개입하여야 합니다.

사람이 관리하는 모든 것도 인컴 비서가 중간에 개입합니다.

인컴은 사람이 디지털 세상으로 들어가는 입구입니다.

인컴 비서는 사용자와 세상을 봅니다. 중간에서 사용자와 세상을 연결합니다.
사용자는 여러 컴퓨터를 사용하게 되더라도 하나의 통일된 디지털 관점으로 이용할
수 있어야 합니다.

▣ 표준화와 단일화

국가는 모든 국민을 지원하여야 합니다. 그러기 위해서는 단답형 답을 주어야 합니다.
(검색은 수많은 결과를 보여줍니다. 인공지능은 그래서는 안됩니다.)
수천 수만의 선택지를 국민에게 주고 고문을 하여서는 안됩니다. 국민이 결정을 하
게 만들어서는 안됩니다. 비서가 답을 주어야지 질문만 늘어놓는다면 개인비서가
아닙니다.
인공지능 개인비서는 국민에게 답을 주어야 합니다. 국민에게 어려운 결정을 하라는
비서는 없느니만 못합니다. 사용자의 레벨에 따라 개인비서가 알아서 해야합니다.

국가가 이런 역할을 안하면 많은 국민이 정보 평등권을 잃게 되고 디지털 접근권을
잃습니다.
앱들은 사용자에 따라 레벨 수준이 지정되어야 합니다.

민간의 다양성을 제약할 수 있다는 반대가 있을 수 있습니다. 그러나 일본의 사례
를 보면 국가적 시스템 통합은 무엇보다 중요합니다. 이것은 국가의 이름으로 통합
하여야 합니다. 몇 분 안에 처리하여야 할것이 몇 달이 소요되면서 정부의 무능으로
결론이 났습니다.
표준화, 단일화되어야 합니다.

▣ 자동 로그인

인컴이 있으면 모든 앱이 자동 로그인입니다.
사용자가 앱에 가입할 때 요구되는 정보도 기본적인 것은 자동으로 주어지며 국가
가 앱을 등록할 때 결정됩니다.
모든 앱은 국가의 하위 서비스인 것처럼 다루어집니다.
마치 네이버의 하위 서비스들에 가입할 때 많은 정보가 요구되지 않는 것과 마찬가

지입니다.

한번 가입한 사이트는 그냥 자동 입장이 가능합니다. 사용자가 ID/암호를 기억할 필요가 없습니다.

인컴은 편합니다. 모든 앱에 자동로그인 되어 있는 것과 같습니다.

이 장치를 한 사용자만 사용하므로 이것이 가능한 것입니다.

■ 인컴의 중요성

모든 국민이 1인당 한대의 표준 반컴(스마트폰)을 소유하여 인컴을 형성함으로써 세상이 바뀝니다.

완벽한 본인확인 방법입니다.

■ 발상의 전환

몇십만의 직원을 가진 회사의 일사불란한 직원 관리가 어려울까요? 할 수 있습니다.

같은 식으로 국가가 5천만 국민을 관리하지 못할까요? 할 수 있습니다.

인컴으로 회사앱을 설치토록 하여 직원번호를 주고 직원등록을 시키면 모든 것을 통제할 수 있습니다. 그러나 한 국가는 한 회사와 상황이 다릅니다.

■ 인컴 설계

국가 내의 모든 사이트를 동일한 방법으로 로그인합니다.

국민번호(myNationalNumber)에 의해 동일한 사람이라는 것이 확인됩니다.

한국인 등록 앱에 의해 myNationalNumber가 주어집니다.

네이버 가입에 의해 하위 서비스들이 공통 정보를 공유하는 것처럼

한국인 등록에 의해 하위 국가 서비스들이 공통 정보를 공유합니다.

수가 많으면 퍼포먼스에 영향을 줄 수 있으므로 myGlobalNumber보다 myNationalNumber를 사용할 수도 있습니다.

모든 앱들은 국가에 등록하여야 합니다.

앱 개발회사들은 play store처럼 국가에 앱을 등록하여야 합니다.

앱 등록시 국민에게 요청할 정보들도 등록하여야 합니다.

그럼으로써 그 정보들을 사용자가 아닌 국민 정보 Pool에서 얻을 수 있게 됩니다.

1) 정부, 2) 운영체제 개발회사, 3) 스마트폰 제조회사, 4) 앱 개발회사들이 참여한 회의에서 구체적 방법이 상의되어야 합니다.

◼ 편의성과 사용성

컴퓨터는 갓난 아기부터 치매노인까지 모두 사용할 수 있어야 합니다.

수많은 인컴의 기능 중에 표준 필수 기능을 정의하고 사용자에 따라 기본 값이 달리 주어져야 합니다.

인컴의 기본 기능은 비서로서 유치원생과 치매노인도 사용 가능하여야 합니다.

비서의 주인에 따라 비서의 역할도 달라지며 UI의 기능도 달라져야합니다. 기본 값도 사용자에 따라서 달라져야 합니다.

맹인에게는 UI가 시각적인 방식이어서는 안되듯이 청각장애인, 치매노인, 글을 모르는 유치원생에 대한 UI도 달라져야 합니다.

때로 인컴은 관찰자, 보호자, 신분증 및 열쇠의 역할과 기능도 합니다.

◼ 신뢰체계

중요한 문제중 하나는 어느 조직이 가장 신뢰할 수 있는 조직인가요?

그것은 국가조직입니다. 현재 모든 개인정보는 국가가 관리합니다.

좀 더 확장된 개인정보는 누가 관리할까요?

그것은 국가라고 할 수 있고, 국가가 조직한 산학연이라고 할 수 있습니다.

그들을 정점으로 해서 신뢰/신용체계가 만들어집니다. 이러한 신뢰체계가 개인정보를 관리하여야 합니다. 신뢰체계가 만든 인공지능이 국민의 개인정보를 관리하여야 합니다.

국민에 대한 자세한 정보가 없으면 대국민 서비스가 제대로 이루어질 수가 없습니다.

국민의 자세한 정보를 얻기 위한 법 체계가 필요합니다.

과거 인증체계의 최고 상위 기관은 미국이 가지고 있었습니다.

신뢰체계는 한국 자체가 가지는 것이 좋다고 생각하며 IT강국 한국이 세계를 선도하여야 합니다.

우리의 개인정보 관리를 위임할 수 있는 조직은 당연히 국가입니다.

우리의 많은 개인정보는 주민등록증, 가족관계증명서처럼 국가가 관리해야 합니다.

때로는 정부에 대한 신뢰성에 문제가 있을 때도 있지만 한국은 가장 모범적인 자유민주주의 국가입니다.

1990년대에 출현한 인증 체계의 최상위 기관이 미국에 있었지만 새로운 신뢰체계는 미국에 의존할 필요가 없으며, 한국인의 개인정보는 한국 정부가 관리하는 클라우드에 보관되어야 마땅합니다.

웹의 창시자인 팀 버너스 리의 수많은 논문에 해킹이 시도된다고 하는데, 그는 쓰고 있는 논문을 클라우드에 저장하지는 않을 것입니다.

사설 클라우드를 신뢰할 수 있나요? 군사기밀을 사설 클라우드에 저장할 수 있나요? 그렇지 않다고 생각합니다.

국가 클라우드가 국민에게도 제공되어야 합니다.

정부와 민간이 해야할 역할은 다릅니다.

정부의 역할이 많이 강화되어야 합니다.

정부의 역할 강화에는 인공지능이 이용될 것입니다.

■ 문서의 간편한 전자서명 구조(서버)

법원에서 중요합니다.

증명서를 정부만 발행하지 않고 개인도 빠르게 발행할 수 있어야 합니다.

개인이 정부 서류를 떼어다가 정부에 제출하는 것은 번거롭고 이중적입니다.

인증서 작업에 중요한 것으로 전자서명, 부인방지 같은 것이 있지만, 신뢰할 수 있는 서버에 저장함으로써 자동으로 전자서명, 부인방지의 효과를 갖습니다.

1990년대에 인증기관이 생기기 전에도 은행은 잘 작동하였습니다

한국은 감시사회가 아닌 신뢰사회이다—기 소르망.
모든 것은 양면성이 있습니다. 선한 용도로 쓰이도록 통제해야 합니다.
예를 들어 칼은 살인 도구이기도 하고 없어서는 안될 생활 도구이기도 합니다.
칼은 무조건 없애서는 안됩니다. 선한 용도에만 쓰이도록 통제되어야만 합니다.
원시 정보는 일단 선악 중립입니다.

▣ 인컴과 국가간의 상시 실시간 양방향 통신

국가와 국민 사이의 통신은 현재는 국민이 볼 일이 있으면 간헐적으로 국가를 방문하는 단방향 통신이라고 할 수 있습니다. 요즘은 코로나19로 인해 국가 또는 지자체로부터 개인에게 안내 문자가 자주 발송됩니다. 이것은 바람직한 현상입니다. 많은 정보를 가진 국가가 국민 개개인에게 많은 정보를 주어야 합니다. 반면에 국가는 국민 개개인에게 실시간으로 정보를 얻고 상황을 파악하여 그 상황에 맞게 도움을 주어야 합니다.

현재는 개인이 중요한 정보를 발송하기 위해서 오프라인 우체국 등기가 많이 이용됩니다. 앞으로는 국가와 국민 개개인은 실시간 개별적으로 상시 양방향 연결되어야 합니다. 등기우편은 국민 알림 기능으로 대체되어야 합니다.

인컴에는 국가 개인정보 관리 프로그램이 상주하여 이것이 국가 개인정보 관리 서버와 통신을 하게되는 것입니다.

국민 모두에 인컴이 구비되면 국민 각자에게 실시간 연락이 가능합니다.

전화받기 비서— 받아야 할 전화인가, 긴급 전화인가요? 비서는 인공지능입니다. 알아서 받게됩니다.
미래에는 사용자에게 보내지는 모든 통신은 사람이 아닌 인공지능이 수신합니다.

미래 세상에서는 사람이 받는다는 생각을 하지 않아야 합니다.

모든 것이 사람을 거치면 극도로 비효율적인 아날로그적 처리가 됩니다.

▣ 인컴은 무선중심입니다.

유선은 선이 닿는 범위에서만 활동 가능하며 이동성이 있을 수 없습니다.

무선은 제약이 거의 없습니다. 인컴이 24시간 사용자와 결합될 수 있는 것은 무선이기 때문입니다.

인컴은 누구에게나 나의 존재를 확인해 줄 수 있습니다.

특히 기지국의 도움이 없어도 근거리에서는 나의 존재를 알리고 통신을 할 수 있는 다양한 방법을 가지며 다양한 활용이 가능합니다.

▣ near by share

이것은 가까운 거리의 컴퓨터끼리 무선으로 파일을 공유하는 것을 의미합니다.

이것은 android와 window에 사용되는 용어로서 Apple에서는 AirDrop이라고 합니다.

필자는 2021년 2월에 OneUI 3과 같이 업그레이드 되었습니다.

▣ 디지털 뉴딜적 사고방식

디지털 뉴딜적 사고방식은 사람의 개입을 최소화시키는 것입니다. 인공지능이 인간을 대신하는 사회가 미래사회입니다. 아직 인간이 99% 일을 하지만 인공지능이 99%의 일상을 담당하는 시대가 올 것입니다.

인공지능의 역할은 많으며, 현재로서 가장 중요한 것은 개인비서의 역할입니다.

개인은 많은 컴퓨터를 소유할 수 있으나 개인비서 인공지능이 들어있는 컴퓨터는 인컴 하나입니다.

사례 : 병원에 자료를 받으러 갔다면 이것이 정상인가요?

내 정보를 인컴이 가지고 있는데 못 가져온다면 비정상입니다.

인컴이 있으면 모든 정보를 얻기 위해 움직일 필요가 없습니다.

현재는 병원에 가야 됩니다.

갔더니 가족관계 증명서를 가져오라하여 다시 집에 갔다가 와야 한다면 이는 병원 측에 따질 문제는 아니지만 크게 잘못되어 있습니다. 사고방식이 근본적으로 바뀌어야 한다는 생각을 많이 합니다.

간단한 다른 예를 보지요.

2021년 2월 경기도 재난지원금 신청이 있었습니다.

카카오톡이 왔습니다.

보통 일이 끝나면 결과를 알려주는 카카오톡입니다.

친절하게 접수번호를 기억하여야 신청에 대한 진행사항을 조회할 수 있다고 합니다.

왜 컴퓨터가 기억할 일을 사람이 기억하거나 메모하도록 하지요?

설계가 근본적으로 바뀌어야 합니다.

신청을 할 필요가 정말로 있나요?

필자는 없다고 확신합니다. 모든 컴퓨터 작업의 사고방식이 잘못되었습니다.

사용성이 매우 중요합니다. 사람에 의존하거나 확인하려 하면 안됩니다.

컴퓨터가 알아서 해야합니다. 근본적으로 설계자와 프로그래머의 사고방식에 큰 문제가 있습니다.

왜 프로그래머와 컴퓨터가 할일을 사용자에게 미루는가요? 바보짓입니다.

전반적인 IT종사자의 큰 문제입니다. 인간에게 많은 짐을 지우면 안됩니다.

▣ 개인이 사용하는 컴퓨터들

한 사람이 사용하는 컴퓨터의 개수는 급격히 증가하고 있습니다. 클라우드, PC, 노트북, 인컴, IOT, 차에도 많은 컴퓨터가 들어갑니다. 코로나19 상황임에도 IT 장비는 급증하고 있습니다. 이들 중 클라우드와 인컴이 중요합니다.

클라우드에 대부분의 데이터가 저장되기 때문입니다. 클라우드는 전문가들에 의해 관리되는 중요한 자료 저장소입니다. 백업의 걱정이 없습니다.

◼ 원격생체 인식

원격 생체인식은 얼굴인식, 그리고 원격 자동차 인식은 번호판 인식이겠지요. 접촉인식 외에는 원격인식이라 할 수 있습니다.

위치기록은 사용자가 서울에 있는데 크레디트 카드를 미국에서 사용하는 것과 같은 경우를 방지해줍니다.

필자의 노트북은 얼굴인식이 주요 생체인식이며, 지문인식은 작동되지 않습니다.
필자의 스마트폰은 주로 지문인식과 얼굴인식을 생체인식으로 사용합니다.
MS가 남들에 앞서 Passwordless를 주장하듯,
아직 암호를 사용하는 것은 바보스럽습니다. 필자는 암호 잘 잊어버립니다.
복잡하지 않은 간단한 암호는 인컴에 하나 정도는 의미가 있을 수도 있지만, 앱마다 다른 암호를 사용하는 것은 바보짓입니다.

패턴처럼 간단한 용도로 쓰일 수는 있습니다.
화면의 잘못 눌림으로 인한 이상작동을 방지하기 위해 암호가 쓰일 수가 있으나, 이 경우 암호의 전통적 용도가 아니며, 이상작동 방지 용도일 뿐입니다.

◼ 외국에서 모두 분실한 경우

인컴만 있으면 아무것도 없어도 장기적으로 모든 일을 해결할 수 있습니다. ,
만약 외국에서 몸만 남고 인컴과 더불어 모두 분실했다면 어찌해야 하나요?
문제 없습니다. 대사관에서 공기계를 얻어 한국 정부와 연결해 생체인식으로 본인확인을 받고 내 인컴과 개인비서가 살아나면 됩니다. 내 개인정보를 받아 저장하면 되는 것입니다.
내 개인정보가 국가 클라우드에 저장되어야 하는 이유입니다. 국가 클라우드가 백업 장치입니다.
국가가 Samsung Smart Switch같은 앱도 모든 플랫폼에 제공하여야 합니다.
국가가 많은 역할을 맡으려면 끊임 없는 표준화 노력을 하여야 합니다.
국가가 책임을 지는 일이 많아야 국가가 발전합니다.

▣ 인컴의 사용자

사용자는 어떤 사람인가요?

사용자는 치매노인일 수 있고 글을 모르는 아이일 수도 있습니다.

국가가 관리, 보호 해야하는 대상은 똑똑하고 돈 있는 사람 뿐이 아니라 갓난아기부터 모든 국민입니다. 사용자와 개인비서 간의 일상적인 의사소통이 반드시 필요한 것은 아닙니다. 우리가 다리의 안전성을 측정하고 관리하듯이 개인비서가 아기를 관찰하고 필요한 조치를 할 수 있습니다.

보통 사람에게서도 답을 직접 듣기 보다는 즉각적인 표정이 더 진실을 말하기도 하기에 표정인식이라는 기술도 있습니다.

▣ UI방식의 변화

지금은 사용자가 UI를 통해 앱으로부터 개인정보를 요청받습니다. 그러면 사용자가 그 정보를 제공하거나 거절할 수도 있습니다. 인컴 앱이 들어가면 이 절차에 변동이 생깁니다.

앱이 원하는 정보는 인공지능 비서가 보유한 정보를 비서의 판단에 따라 바로 제공하거나 아니면 최종적으로 사용자의 확인 및 허락을 득하여 제공합니다.

앱과 앱 사이의 정보교환은 API에 의합니다.

앱과 사용자 사이의 정보교환은 UI에 의합니다.

인컴 앱이 UI를 만든다면 앱들은 간편한 API만 이용하면 됩니다. UI의 표준화가 가능합니다.

인컴 앱에 의해 공공 또는 정부가 참여하여 필요한 역할을 수행할 수 있는 기회를 갖게됩니다.

▣ 인컴 앱은 공공 앱입니다.

이 인컴 앱은 공공 앱으로서 운영체제/제조회사/앱들을 조정하는 역할도 수행합니다. 또한 국가 인공지능 서버와 국민 개개인 데이터를 수집, 관리 및 운용 합니다.

인컴 앱은 신분증 역할을 하며 개인정보의 관리주체로서 전입신고, 전출 신고, 요금 정산 등 전자정부에서 하고 있는 일을 포함하게 됩니다. 특정 앱에는 아파트 관리소의 기능도 들어가야 합니다.

한국의 아파트 관리소는 정상적인 온라인 비대면 기능이 없습니다. 전부 대면 방식입니다.

그러니 표준화가 안되어 있어 비리의 여지가 많습니다.

모든 국민은 1개의 인컴을 갖는다.
모든 국민은 1개의 인컴 계좌를 갖는다.
모든 국민은 1개의 인컴 메일주소를 갖는다.
모든 국민에게 실시간 연락을 할 수 있다.
하루 이내에 국민 각자에게 지원금 입금도 가능하며 한 시간 내에도 가능합니다.
국민 투표가 한 시간 내에 끝날 수 있습니다. 집계를 포함하여 한 시간 안에 못 끝낼 이유가 없습니다. 시스템 설계를 잘하면 됩니다.

전자백신 증명서 – 담당자가 실시간 개인 기록 입력. 예 백신 접종 증명

■ 아날로그적 처리 vs 디지털적 처리

아날로그적 처리 방법만 있으면 안됩니다. 디지털적 처리도 가능해야 합니다.
디지털적 처리가 가능해진 후에 아날로그적 처리방법을 없애야 하나요?
그 것은 그때의 판단입니다.

전자메일이 생기면 종이 우편을 없애야 하나요?
느린 세상을 원하는 사람도 많습니다.
각자 의견을 듣고 반영하여야 합니다.

■ 개인화

인컴은 손으로 만져도 됩니다. 자기만 만지니까.
엘리베이터 층 누르기 싫다. 여러 사람이 만지니까.

권리와 주인의 분리 : 계좌와 주인의 분리는 범죄일 가능성이 큽니다.

변화의 중심은 어디인가요?

PC, 인컴, 클라우드, IOT 중에서 인컴입니다.

◼ **공인인증서**

뉴스 기사 – 공인인증서 10일 폐지…"계좌 · 전화번호로도 전자서명 가입가능"

공인인증서는 존재가치가 상실될 것입니다.

◼ **표준 환경**

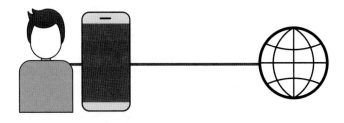

사람 ─ 인컴 ─ 인터넷과 다양한 기기

모든 국민은 각자 한 대의 인컴으로 디지털 세상과 연결됩니다.

◼ **기본 환경과 확장 환경**

미래세상은 Common Base가 필요합니다. 민간의 다양성이 사용성을 크게 해치기 때문입니다.

이것은 중대한 문제입니다. 이 책의 원고를 각기 접근 분야 및 환경, 사용 도구가 다른 여러 사람이 검토할 경우 그 참여자들의 공동 검토에 필요 이상의 많은 노력이 들어갑니다. 그러므로 기본 환경은 국가가 통일시켜야 합니다.

확장 환경은 민간이 알아서 다양하게 가도록 해야합니다.

국가의 기본환경은 동일하고 여타 개별적 환경은 각자 결정합니다. 이 환경은 Virtual Machine (VM)에 의해서 조성될 수 있습니다. 한국은 독자적인 운영체제를 가져야 합니다. 모든 국민이 동일한 환경을 가져야 하고 동일한 환경 하나 + 별도의 환경

하나는 VM에 의해 조성될 수 있습니다.

◩ 재미있는 사실

인간은 오랫동안 자연어를 사용하여 그렇게 살아왔으며, 수천 년간 써온 이 자연어는 상당히 허점이 많은 아날로그적 언어였습니다.

이제 컴퓨터가 생긴지 80년이 되었고 인터넷이 일반화한지도 20년이 지났음에도 심각한 문제들이 드러나고 있으나, 심지어는 그 심각성을 제대로 인식하지도 못한 곳도 있습니다.

일본의 경우 아직 지금도 1,700여개 기초자치단체가 서로 다른 시스템을 사용하고 있습니다.

이 심각한 문제를 일본 정부가 사활을 걸고 해결하려 하지만 전망이 비관적입니다. 낙후된 IT문제로 코로나 백신 접종도 해결에 많은 시일이 소요될 것이며, 도쿄 올림픽도 사실상 실패를 거두었습니다. 조속한 IT문제의 해결이 어려워 디지털화 통합 목표가 2025년으로 후퇴 되었으며, 2025년에 이르러도 한국의 현재 전자정부 수준에 도달할 가능성이 없어 보입니다.

한국의 전자정부 수준이 일본에 비할 바 아니라지만 한국도 문제가 심각합니다. 한국의 전자정부도 자연어 문제의 핵심을 미처 인식하지 못하고 있는 듯 하며, 만약 이 책이 다루고 있는 핵심적 문제가 긍정적으로 이해되어 제대로 추진되기 시작한다면 현재의 어지러운 분산이 통일적으로 집중됨에 따라 급속한 개선작업이 노도와 같이 이루어져 나갈 것입니다.

일본이 문제를 제대로 파악하여 개선, 노력에 총력을 기울일 때 우리는 현실에 정체되어 있다면 1년 이내에 한국 수준을 뛰어 넘고 탄력을 받아 앞으로 나아갈 수 있습니다.

모든 국민이 하나의 인컴과 사용자 결합을 하고 그곳에서 국민번호로 본인 확인을 하면 시스템 통합의 반 이상이 이루어집니다. 이 국민번호로 사람에 대한 Tagging이 이루어지면 시스템 통합의 골격은 완료되는 것입니다.

국민은 모든 웹사이트나 앱에 대해 자동 로그인할 수 있습니다.
국민이 지금처럼 사이트마다 로그인 ID, 로그인 암호를 기억해야 하는 불편함이 사라지는 것입니다.

우리가 가야할 미래세상의 모습

우리가 가야 할 미래세상은 명확합니다. 인공지능과 컴퓨터는 인간보다 지능이 우월하여 모든 업무에 있어서 인공지능과 기계/로봇이 인간과 지능을 대체할 것입니다.

일은 인공지능이 하고 인간은 놀고 있을까요? 인간은 텃밭을 가꾸고 꽃을 키우게 될까요?
이 책은 인간이 얼마나 컴퓨터보다 결함이 많고 열등한가, 그리고 인공지능의 성숙에 따라 갈수록 인간과 컴퓨터의 차이가 심화될 수 밖에 없음을 이야기 합니다.

인간이 개입할 수록 효율은 저하되고, 경쟁력이 떨어집니다. 결국 인간은 많은 일에서 배제될 것이며, 원하든 원치 않든 조만간 이런 미래세상은 다가올 것입니다.

종합적으로 인간은 인컴이 될 것입니다. 인컴에는 지능과 인공지능이 같이 존재합니다.
갈수록 인컴에서 지능보다는 인공지능이 많은 역할을 하게 될 것입니다.

수익모델

중요한 것이 하나 남았습니다. 지금까지 이곳에서 기술한 모든 일은 국가(정부)가 수행해야 할 일로서 많은 자금을 필요로 합니다. 모두 공익적인 일이니 세금으로 처리할 수도 있으나 장기적으로 별도의 수익모델이 필요하다고 생각됩니다. 국가 DB를 앱들이 공유하기 위한 DB 설계, 데이터를 각종 앱에게 판매하고 자금을 조달해야할 것으로 생각합니다. 국가의 미래 세상 준비와 어려움의 극복을 위해 많은 자금이 소요될 것입니다.

◼ 독자의 평가

여기까지 따라와 읽어 주신 모든 독자에게 감사의 마음을 전하며, 다음 주소로 독자 여러분의 평가와 의견을 보내 주시면 더욱 감사하겠습니다.
박효준 hjparkone@gmail.com

19

인간과 컴퓨터

필자는 IT 종사자이며 프로그래머로도 오랜 경험이 있습니다.

필자가 의아하게 생각하는 것은, 컴퓨터의 등장이래 80년이 경과하였음에도,

인간에 편리한 디지털 세상의 구현이 아직 요원하다는 점입니다.

이제 컴퓨터가 우리를 편하게 만들어 줄 때가 되지 않았나요?

일반인에게 가장 가까운 컴퓨터는 인컴으로서 모든 일상을 함께 하는 컴퓨터이어야

합니다.

현재의 스마트폰이라는 컴퓨터는 사용법이 아주 어렵습니다.

원래 아주 어린 아이나 치매 노인도 쓸 수 있어야 합니다.

반드시 누구나 쓸 수 있어야 합니다.

아주 똑똑한 사람만 쓸 수 있으면 크게 잘못된 것입니다.

IT의 지식/기술이 더 발전하여야 쉬워질까요?

아닙니다. 생각이 바뀌어야 합니다. 주로 개인 정보라는 하나의 커다란 장애물 때문

이며 이것만 제거되면 일사천리로 발전할 것입니다.

:::: 국가가 할일 vs 민간이 할일

1. 국가는 모든 국민이 사용자 결합 개인비서 컴퓨터를 반드시 1대씩 소지할 수 있 도록 해야 합니다.
2. 사용자 결합 개인비서 컴퓨터(반컴)에는 개인비서가 장착되어야 합니다.
3. 국가는 개인비서를 제작하여 제공한 후 이를 지속적으로 업그레이드하여야 합니다.
4. 개인은 모든 행동을 개인비서를 통해 수행합니다. 즉, 모든 것을 비대면 방식 으로!

개인비서 컴퓨터는 최근 스마트폰의 성능이면 충분하며, 점차로 인간을 통한 정보 전달은 사라지고 미래에는 모든 정보가 컴퓨터를 통하여 전달됩니다.

:::: UI는 인간과 컴퓨터가 정보교환을 하는 것입니다.

IT측면에서는 컴퓨터가 우월한 존재이고 인간은 극히 열등한 존재입니다.

UI는 인간의 표현이 컴퓨터의 언어로 번역되는 과정과, 컴퓨터의 언어가 인간의 표 현으로 번역되는 과정입니다. 이 과정도 열등한 인간이 개입에 따라 당연히 비효율 적입니다.

미래에는 UI의 개입도 최소화될 것입니다. 배제 가능한 곳임에도 불구, UI가 개입 되는 경우가 발생하면 크게 능률이 저하될 것이며 정보 전달 밀도가 극도로 낮아집 니다.

인간의 진화 속도는 느리지만, 컴퓨터는 매우 빨라서 갈수록 인간보다 우월하게 될 것입니다.

■ 정보의 비밀

생각 > 표현(언어 문자) > 매체(종이, CD, 등등)

IT는 Information Technology의 약자입니다. 즉, 정보기술 이라는 말입니다. 그러면 정보는 무엇인가요? 생각이며 무형입니다. 이 생각은 특정언어와 문자로 표현되고 매체에 기록되어 유형의 정보가 됩니다. 어떤 매체에 기록되는가에 따라 정보밀도는 천문학적인 차이가 납니다.

종이 매체는 정보 밀도가 아주 낮습니다.

매체를 통한 정보의 전달

종이, CD 등의 매체를 통한 정보의 전달은 극히 비효율적이어서, 디지털 통신을 통한 전달로 대체되어야 합니다.

디지털화는 엄청난 변환과 번역 작업입니다.

아날로그를 디지털로 전환하는 작업으로서
개략화, 전역화 및 유일성을 부여하는 일입니다.

개별적 본인확인과 복합적 본인확인

개별적 본인확인 방법은 불완전하지만 복합적 본인확인 방법은 완벽합니다.
단기간에는 변화가 작을 뿐입니다.
얼굴인식 값은 변합니다.
지문인식 값도 변합니다.
홍채인식 값도 변합니다.
그러나 이들이 복합적 사용으로 완벽해집니다.

⁝⁝ 개략화-근사값(approximation)

모든 것은 근사값으로서 절대 같은 값은 없습니다.
하지만 디지털 세상이 이 모든 것을 개략화를 통해 일관성 있게 처리할 수 있습니다.

⁝⁝ 지구상의 모든 인간은 일련번호(GUID)를 가져야 합니다.

이 번호는 한국이 부여합니다.
자연어는 대부분 지구상에서 유일하지 않습니다. 그러나 이 일련번호는, 보다 명확한 언어인 인공어 중심으로 작동하는정보체계에 속합니다. 대표적 GUID가 HTTP, URL주소입니다. 이것을 주관하는 조직은 이미 존재하나 정작 중요한 사람에 대한 GUID는 존재하지 않습니다.
인컴 식별자는 지구 상수이며, 지구 상수는 곧 GUID입니다.

⁝⁝ 지역변수/전역변수

지역은 전역의 부분집합입니다.
무엇이 전역인가요? 정의에 따를 수 있기에 함수에서 정의역으로 불리기도 합니다,
UUID와GUID가 있습니다. 우주가 전역이면 지구가 지역입니다. 그러나 인간이 다른 별에도 살게되어 UUID를 사용할 때까지는 지구가 전역이 되어야겠지요.

■ 과거
인간은 기억력의 한계, 지역적 한계 때문에 극히 작은 지역 변수들을 사용할 수 밖에 없었습니다.

광속거래

단위 거래는 컴퓨터로 처리하면 광속이고 인간이 처리하면 부지하세월입니다.
인간과 컴퓨터가 처리하면 인간이 개입되어 광속처리가 안됩니다.
인간의 개입이 최소화되어야 합니다.

정보밀도

정보밀도는 인간과 컴퓨터간에 매우 다릅니다.
컴퓨터는 모든 면(정보전달 속도/정보기록 밀도/정보기록 매체)에서 인간보다 월등
합니다.

정보전달 속도—광속입니다.
정보기록 밀도—반도체의 밀도는 작은칩에 도서관이 들어갑니다.
정보기록 매체—일반 매체는 안됩니다. 반도체에 기록이 되어야 합니다.

▣ 인공어

컴퓨터는 지역이나 언어에 영향을 받지 않는, 다시 말해 번역할 필요가 없는 숫자
같은 것을 주로 사용합니다. 예를 들어 주소는 언어의 영향을 많이 받습니다. 위치
정보를 주소가 아닌 GPS정보 즉 위도/경도 정보로 바꾸면 국가/언어가 바뀌어도
영향이 없습니다.
위치정보는 근사값의 영향을 받습니다. 고도의 영향도 받습니다. 층도 표시해야 하
는 경우도 있습니다.

UI의 정보 전달 밀도

사람의 정보전달 속도 VS 컴퓨터 간 정보 전달 속도.

UI는 한쪽이 사람이니 하세월입니다.

국가의 개인정보의 처리

개인정보의 처리는 매우 중요하며, 국민 개개인이 아니라 국가가 시행해야 합니다. 모든 장애물의 정리도 기업이 개인에게 요구할 것이 아니며 국가가 처리하고 국가에 요구해야 할 일입니다. 앱의 요구에 따라 국가가 제공해야 합니다. 빅데이터가 풍부해지는가 여부는 국가에 달렸습니다. 국가가 적극적으로 많은 필요한 데이터를 수집하여야 합니다.

혹시 개인정보 침해를 걱정하는가요? 원시자료는 선악 중립입니다. 일단 수집하는데 망설일 필요는 없습니다. 일단 원시자료를 수집하여 공개 여부는 판단에 따라 실시하면 됩니다. 어떤 자료가 선인가 악인가를 판단하기 위해서는 원시자료가 있어야 합니다. 모든 원시자료는 반드시 수집되어야 합니다. 원시자료를 저장할 것인가 아닌가는 저장할 가치 여부에 따를 뿐입니다.

데이터는 가장 중요한 자원입니다. 많이 확보하여 기업들이 많이 활용할 수 있어야 합니다.

데이터 수집에 많은 비용이 소요되지만 그 이상의 활용 가치를 갖습니다.

1차적 개선 사항들

■ 없어야 할 것들
- 영수증 : 필요에 따라 인컴으로 받을 수 있어야 합니다.
- 현금 : 모든 돈은 인컴으로 지불할 수 있어야 합니다.
- 팩스 : 모든 정보는 인컴으로 받을 수 있어야 합니다.
- 도장 : 모든 전자결재, 전자 서명은 인컴으로 대체되어야 합니다.
- 종이 : 모든 정보는 인컴으로 공유되어야 합니다.

- 신분증 : 인컴으로 대체되어야 합니다.
- 여권 : 인컴으로 대체되어야 합니다.
- 크레디트 카드 : 인컴으로 대체되어야 합니다.
- 출입기록(QR코드) : 인컴으로 대체되어야 합니다. 잦은 인컴의 출입이 무선으로 인식되어야 합니다.
- 로그인 아이디/암호 : 잊어버릴 수 있으므로(일본에 문제 발생), 사용자 결합이 가능한 생체인식으로 대체되어야 하며, 최소한으로 보조적 사용은 가능합니다. 패턴도 마찬가지입니다. 어려운 사용절차가 쉬워져야 합니다. 컴퓨터 전원을 켜지 못하고 로마자도 입력 못하는 사람도 있습니다.
- 프린터, 스캐너 : 장기적으로 없어져야합니다.
- 모든 종이 : 영수증, 청구, 우편, 팩스, 현금 등등
- 도장, 크레디트 카드, 신분증, 운전면허, 각종 증명서, QR코드.

잠정적으로 병행 처리되어야 하지만 서서히 없어져야 합니다.

최종적으로 정보에 대한 것은 모두 인컴으로 대체되어야 합니다. 없어져도 된다는 것입니다.

▣ 있어야 할것들

- 인컴 : 이것은 사용자 결합이 되어있는 개인비서 컴퓨터로서 항시 주인을 위해 모든 것을 처리합니다.
- 스마트워치 : 이것은 사용자 결합(User Binding)을 보완합니다.
  (인컴이 멀어지면 스마트워치에서 경보음이 난다-인컴 분실방지)

반드시 필요하지는 않습니다.

- 마이데이터 : 모든 정보는 개인단위로 통합되어야 합니다.

국가 앱은 장기적으로 운영체제 레벨의 권한을 가져야 합니다.

인컴은 국가가 지정한 하드웨어 표준에 일치하여야 합니다.

정보 특구 시민—초기에는 주로 개인정보 보호 등의 이유로 반발이 심할 것으로 예상되며, 잠정적으로 특구를 지정하여 그 주민을 대상으로 국가가 개인정보를 관리합니다. 규제자유특구 규제특례 리스트(201개)가 기존에 존재합니다.

인간의 IT능력 분류 – 장애인 등 전혀 컴퓨터를 못쓰는 사람도 사용 가능해야 합니다(헬스케어, 노인 케어).

생체인식 기반—로그인/암호 잊어도 사용이 가능합니다. 기억에 의존하는 방식은 좋지 않습니다.

1) 사용자 → 서버 호출 방식 외에
2) 서버(국가) → 국민 호출 방식을 강화하여야 합니다.

모든 지점은 지구적 유일한 식별자로 표시되어야 합니다. 식별자가 길어도 컴퓨터는 상관 없습니다.

∴ 프로토콜

통신 프로토콜 또는 통신 규약은 컴퓨터나 원거리 통신 장비 사이에서 메시지를 주고 받는 양식과 규칙의 체계입니다. 통신 프로토콜은 신호 체계, 인증, 그리고 오류감지 및 수정 기능을 포함할 수 있습니다.

OSI프로토콜은 유명한 프로토콜로서 7개 층으로 이루어져 있으며 그 중에 표현 층이 있습니다. 거기 사용되는 표현은 미리 정의되기 때문에 모호하지 않습니다.
자연어와 인공어가 다른 것은 미리 명확한 정의 하에 사용되는가 여부입니다.

IBM 통신 프로토콜은 SNA입니다. 인터넷에 사용되는 통신 프로토콜은 TCP/IP 입니다.

프로토콜은 대화 상대가 누구냐에 따라 달라집니다.

⋮⋮⋮ 기타

현재는 국가의 역할이 매우 적습니다.
모든 인컴에 국가 인공지능 프로그램이 들어가야 됩니다.
그리고 국가 인공지능 서버가 있어야 합니다.
많은 앱들이 사용자에게, 예를 들면 앱 규약에 동의하느냐, 위치정보 제공에 동의하는가 등의 질문을 하지만, 이것은 사람이 아니라 인컴에 들어있는 국가 인공지능 프로그램에게 물어야 됩니다. 그러면 국가 인공지능 프로그램은 국가 인공지능 서버로부터 정보를 얻어 앱에게 답하여야 합니다. 모든 사용자가 그런 것들에 답할 능력이 있는 것이 아닙니다.
이것은 국가가 사용자에게 책임을 떠넘기는 무책임한 처리입니다.

사람들 간에는 상시적인 공식 온라인 대화 통로가 있어야 합니다. 예) 아파트 단지
오프라인 대화 통로만 있으면 잘못된 것입니다.

스피커나 가전에 의한 음성비서는 문제가 있습니다.
가전도 PC도 좋은 음성비서가 될 수 없습니다.
사용자와 24시간 결합이 될 수 있는 컴퓨터는 인컴이나 구글 글라스이지만
여러모로 인컴이 가장 바람직한/중요한 컴퓨터입니다.
개인 당 많은 컴을 갖겠지만 인컴과 클라우드가 제일 중요합니다.
현재 인컴의 UI는 근본적으로 잘못 되었습니다.
음성인식이 중요해지지만 그것이 다가 아닙니다.

인공지능은 감정이 없습니다.

누드 같은 치부를 인공지능에게 드러냈다 해도 아무 피해를 받지 않습니다.

사람에 의한 개인정보관리는 방침의 결정 정도로 한정되며, 사람은 세부 자료에 관여하지 않고 실제는 인공지능이 처리합니다.

20

국가가 할 일

국가가 해야할 일은 민간이 해결 못하는 골치 아픈 문제들입니다.

민간이 지역적으로 만든 것들을 국가가 전역적으로 해결하여야 합니다.

언어로 치면 세계 각종 언어와 사투리로 쓰인 글들을 국제 표준어로 통일시키는 작업입니다.

∷ 절차 광속거래(처리) 개선팀

무수히 많은 비효율적 절차가 근본적으로 개선되어야 합니다.

정보는 아날로그가 아닌 디지털로 저장되어야 하고, 유형 매체가 아닌 무형의 디지털 통신으로 전달되어야 하며 정부에 이 모든 개선 업무를 위한 팀이 있어야 합니다.

∷ 모든 국민이 한대의 인컴을 갖도록 하여야 합니다.

국가가 국민이 모두 인컴을 갖출 수 있도록 세금을 사용할 가치가 충분합니다.

모든 국민이 아날로그로부터 디지털 세상으로 진입하여 세상의 모든 절차가 간편하게 바뀝니다.

모든 것은 인컴만 있으면 가능하며, 표준 디지털 절차를 사용할 수 있습니다.

인컴이 없으면 원시인이나 마찬가지이며, 인컴의 소지와 더불어 문명인으로 진화합니다.

인컴에는 가장 중요한 인공지능이, 즉 정부에서 개발, 제공한 공공인공지능이 상존하여, 인컴을 통해 모든 정보가 처리됩니다.

⁝⁝ 모든 국민의 인컴이 상시 인터넷 연결을 가져야 합니다.

항상 모든 국민이 국가에 상시 양방향 연결이 되어야 하기 때문입니다.

모든 국민이 표준상태에 있을 때 예외처리를 하는 천문학적인 비용을 절약할 수 있어 훨씬 경제적입니다.

⁝⁝ 국가의 역할

많은 앱이 사용자에게 묻지 않고 국가의 인공지능에게 물어야 하며, 그럼으로써 사용자가 단순 반복적인 정신노동에서 해방됩니다.

앱 규약의 검증—현재는 사용자가 검증합니다.
앱에게 개인정보의 제공—현재는 사용자가 제공합니다.

모든 앱 가입시 개인정보를 개인에게 묻지 않도록 국가가 응답합니다.
독일의 정보보호 문제 – 메르켈 총리는 "감염자를 알 수 있는데 알지 못하게 만드는 사람들이 있습니다."고 말했습니다. 국민의 생명보다 중요한 것이 있을 수 없습니다. 이런 문제에 개인 정보보호를 주장하는 사람들을 이해할 수 없습니다.

▣ 인력 사무소의 역할
국가는 국민의 경력자료를 가지고 있으며, 실직 상태라면 인공지능이 매일 일자리

정보를 제공하여 처리해야 합니다. 현재는 아직 많은 아날로그적인 시스템으로 인해 국가가 소극적입니다.

https://www.youtube.com/watch?v=0ZuneJbUroY

◼ **민간이 발산하면 국가는 수렴합니다.**

민간 분야는 자유롭게 발산하며 난개발을 하므로 표준 및 조정에 의해 통제되어야 합니다.

너무 복잡하여 일반인이 사용하기 어렵기에 국가의 적극적 통제에 따라 사용성이 개선되어야 합니다. 민간분야는 수익성이 높은 특정 고객층의 수요만 충족시키려 하면 안됩니다.

◼ **국가는 모든 국민을 만족시켜야합니다.**

치매와 갓난 아기도 인컴을 사용할 수 있어야 합니다.

국가에게도 사용성과 편의성의 개선이 중요하므로 지금과 같은 컴퓨터의 역할은 크게 개선되어야 합니다.

자유와 통제 - 손쉬운 전환이 필요

발전의 구조가 어렵고 복잡합니다. 표준화가 정립되지있지 않고 지식이 난립하여 일관성이 결여되어 있습니다.

국가/OS 개발회사/스마트폰 제조회사/이동통신회사 - 대표자들의 정기적 회의를 통해 개선해야 하며, 국가가 반드시 인컴에서 주요 설정을 리드 합니다.

국가가 생체 인증의 주체입니다.
여기서 국가는 정부+산학연입니다.
메인 설정은 국가의 담당입니다.
국가는 모든 국민 각자의 개인정보의 최고 관리자입니다.
국가의 설정 및 계정이 없다는 것은 국가의 역할이 없다는 것입니다.

⁂ 가장 신뢰할 수 있는 조직 - 국가

정부/은행/인증기관/ … 그 중 가장 신뢰할 수 있는 조직은 국가입니다.
오랫동안 해결이 안되는 문제가 있을 때 나서서 직접 수행해야 할 조직이 국가입니다. 개인정보가 그것입니다.

국민의 안전, 위험, 건강은 모두 국가의 책임입니다.

국가 클라우드는 민간 클라우드보다 믿을만 합니다.
개인정보는 국가 클라우드에 저장하여야 합니다.

자동차도 전자신분증을 가져야 합니다.
자동차의 컴퓨터라 할 수 있는 네비게이션이 자동차의 신분증을 소지합니다.
즉, 무선으로 자동차 번호를 알려야 하며, 이것이 번호판보다 훨씬 유용합니다. 자동차의 운전자 국민번호가 운전 시 지정되어야합니다.

⁂ 디지털 세상을 위한 정책

치매 노인도 디지털 접근권이 있으며, 대중의 수준이 극히 하향평준화 되겠지요.
사용자에게 개인정보 사용 동의 여부를 물어서는 안됩니다.
국가는 독자적인 운영체제를 가져야 합니다.
한국은 앞으로 세계 표준 운영체제를 선도하여야 합니다.
조금 더 전역적으로 확장하기만 하면 가능합니다.
모든 국민은 디지털 접근권을 가지며, 상시 실시간으로 인컴과 인터넷을 양방향으로 연결합니다.
모든 국민은 각자의 능력에 따른 UI가 적용되어야 합니다.
아기도 치매노인도 국민으로서, 자신을 돌봐주고 말을 들어 주는 인컴이 있어야 합니다.

컴퓨터는 인간을 편하게 만들기 위한 도구입니다.

인공지능이 UI의 전면에 위치합니다.

국가는 매년 인컴의 표준 사양을 발표하여야 합니다.

이 표준 사양은 소프트웨어의 표준 사양도 포함합니다.

현재 인컴은 일반적으로 카메라를 포함하기에 이를 통해 얼굴, 홍채, 지문 인식을 비롯한 다양한 시각적 처리가 가능합니다.

인컴에는 맥박 측정이 가능한 것도 있고 없는 것도 있을 수 있듯이, 표준 사양에 의해 정해져야 할 부분이 많을 것입니다. 인컴이 스마트워치와 기능을 겸할 수도 있습니다.

필자가 쓰던 스마트폰에 맥박 체크 기능이 있었는데 새로 구입한 것에는 없습니다.

약관의 동의하는 등의 절차를 처리하지 못하는 많은 사람들이 있습니다.

바쁜 순간에 많은 양을 읽고 이해하여 동의하라는 것도 불가능한 요구입니다.

국가가 전문가 등과 함께 이를 대신하여야 하며 개인정보의 처리도 마찬가지입니다.

∷ 대국민서비스

대국민 서비스는 개인정보 문제 때문에 국가가 앞장서야 합니다. 공무원이 국민 개개인을 보호할 수 없습니다. 인공지능이 주요 역할을 해야합니다. 공공 인공지능을 발달시키기 위한 많은 연구가 필요합니다.

- 요양원 : 눕혀 묶은 채로 방치하면 안됩니다.
  국가 책임제
  https://www.youtube.com/watch?v=KUGoU7PLONk

- 치매의 국가책임제 : 치매는 사람이 완벽히 돌볼 수 없습니다. 인컴과 비서봇이
  1차적으로 돌봐야 합니다. 갓난 아기도, 응급실/중환자실 환자도 마찬가지입

니다.

국가는 모든 국민의 건강상태를 실시간으로 파악하고 있어서 항상 모든 국민을 돌볼 준비 상태를 갖춰야 합니다.

늙으면 자기 방어권이 없어집니다.

즉, 유구무언인 사람을 위해 전력을 다 할 사람은 없습니다. 그것은 진실입니다.

믿을 것은 인컴과 비서봇입니다. 인공지능이 24시간 돌봐주어야 합니다.

디지털 뉴딜을 위한 법을 완비하여야 합니다.

대국민서비스가 완성되려면 국민의 상태 및 정보를 충분히 얻을 수 있어야 합니다.

∷· 국가의 역할 요약

이 책은 국가가 할 일을 서술하고 있습니다. 글로벌 기업이 미래세상을 오게 만들지 못합니다.

반드시 국가가 적극적으로 앞장서서 움직여야 미래세상이 옵니다.

여기까지 읽고도 아직 이를 이해하지 못한다면 처음부터 다시 읽어야 합니다.

미래세상 3보는 전부 국가가 주도하여야 합니다.

디지털 뉴딜의 목표

국가 경쟁력의 강화

한국은 상대적으로 잘하고 있지만 경쟁력, 생산성, 효율성을 높일수 있는 대상들은 널려 있습니다.

디지털 뉴딜은 적절한 시기에 진행되고 있습니다. 특히 민간이 아닌 국가의 해야할 일이 많습니다.

편의성, 사용성, 생산성, 신속성, 안전성

대국민 서비스를 위해서는 지금 수준의 인컴 사용성으로는 안됩니다. 스마트컴 제조회사들과 완벽한 사용성 개선에 대해 협의하여야 합니다. 인컴의 표준 사양에 사용성이 포함되어야 합니다.

모든 국민이 사용할 수 있어야 합니다.

막연한 안전성을 위해 사용성을 희생할 수 없습니다.

사용성을 잃으면 다 잃는 것입니다.

대국민 서비스의 강화

국가는 대국민 서비스를 강화하여야 합니다. 현재 수준의 컴퓨터 및 인공지능을 가지고도 강화할 항목들은 무수히 많습니다. 필자의 스마트컴은 자원이 남아돕니다. 필자는 눈 건강 때문에 전혀 게임을 하지않고 유튜브도 스마트컴에서는 보지 않습니다.

표준의 강화

너무 다양한 상황이면 대국민 서비스가 어려우므로 표준에 대한 강화가 필요합니다. 난개발로 너무 다양하면 사용성이 훼손됩니다.

고속 정부

국가는 국민과의 소통이 신속하여야 합니다. 광속의 상호작용이 가능하여야 합니다. 항상 즉시 소통이 가능하여야 하나 이것이 일상적 관여 또는 통제를 의미하는 것은 아닙니다.
일상에는 전혀 관여를 안하지만 항상 주시하여 비상사태에 즉시 상호작용 할 수 있어야 한다는 의미입니다.
광속의 상호작용이 가능하려면 인간이 아닌 인공지능이 인컴과 정부 서버 측에 상주하여야 합니다.
인컴에 국가 인공지능 앱이 있어야 하며 국가 서버 인공지능이 상주하여야 합니다.

사용성은 국가가 모든 국민의 재산, 건강, 안전을 관리하는데 중요합니다.
국가와 시스템 개발자는 어렵더라도 사용자는 매우 쉽고 간편하여야 합니다.
그것이 국민 인공지능입니다.

모든 국민에 대한 상시적 실시간 양방향 통신

갓난 아기도 상시적 실시간 양방향 통신이 가능합니다.

치매나 갓난아기는 일반인과 통신 방식이 다릅니다. 교량의 안전을 인공지능이 24시간 모니터하는 것처럼 갓난 아기에게 갑자기 이상이 생기지 않았는지 모니터하고 특이 상황이 생기면 관련자에게 즉시 통보되어야 합니다. 실시간 맥박 체크입니다. 이런 건강관리가 완벽히 정착되면 인구 조사 같은 것도 실시간 상시 조사가 가능합니다. 모든 국민에 맥박 검사와 같은 건강관리 서비스가 정착되면 상시적 실시간 양방향 통신이 이루어지는 것입니다. 현재도 일부 사람에 대한 서비스가 IOT를 통해 이루어지고 있습니다. 전국민으로 대상을 넓히는 문제가 남아 있을 뿐입니다. 이러한 서비스는 당연히 공무원이 직접 수행하지 않고 인공지능이 수행합니다.

이것도 필요한 연구논문 주제의 하나입니다. 연구논문의 주제는 무수히 많습니다. 모든 국민에게 이런 서비스를 제공하려면 얼마나 많은 컴퓨터 자원이 필요할까요? 국민 1인 당 IOT 하나, 그리고 별도의 스마트워치와 스마트 카메라가 필요할 듯합니다.

■ 아기의 탄생

아기가 태어나면 아기의 인컴이 주어집니다. 그리고 그 인컴에 대리인 부모에 의해 출생신고(국민 등록)가 이루어집니다. 인컴은 아기가 잘 보이는 위치에 놓입니다. 아기가 침대에서 굴러 떨어진다든가 맥박이 이상하면 보호자에 즉각적으로 연락이 취해집니다.

아기나 치매 노인에게 인컴은 1차적 보호자이고 관찰자입니다.

현재의 CCTV와 다른 점은 인컴에 인공지능이 들어있어서 1차적인 조치가 이루어진다는 점입니다.

22

디지털 뉴딜의 장애물들

사용성과 편의성, 기능성,안정성 등에 대한 모든 개선에는 장애물이 있습니다. 기득권의 저항, 인프라의 미비, 변화에 대한 두려움 등 여러 장애 개혁을 위해 끊임없는 노력이 필요합니다.

인간은 매우 비효율적인 존재로서 미래 세상과 디지털 뉴딜에 대한 많은 장애를 일으킵니다.

비대면은 인간의 개입을 억제하는 효과가 있기에 결과적으로 코로나19가 IT기술발전에 큰 도움이 된 셈입니다.

미래 세상은 인공지능이 많은 부분 인간을 대체합니다.

미래 세상에서는 인간이 비효율적인 존재로서 그 역할이 배제될 것이라는 의미입니다.

인간이 어떻게 그렇게 비효율적인 존재인가요?

그러면 왜 급여를 주고 고용을 하는가요?

임시 방편입니다. 아직 인공지능이 성숙하지 못하여 인간의 역할이 주도하는 세상이라서 그렇습니다.

기득권만이 기술 발전의 장애물이라고 생각할 수 있는데 인간 자체가 장애물입니다.

이미 인간은 열등해졌습니다. 인간은 극히 국지적이고 감각기능도 제한적입니다.

뒤를 보지도 못하며, 산 너머 무슨 일이 벌어지는지도 모릅니다. 어두운 곳에서 물체를 감지하지도 못합니다. 하지만 IOT가 확장되고 있으며 점점 인간의 역할은 세상의 중심에서 멀어지고 있습니다. 그것이 미래입니다.

미래에는 인간은 서비스를 받는 존재이며 일을 하는 존재가 아닙니다.
일 자체를 좋아하더라도 미래가 그것을 보장하지 못할런지도 모릅니다.

위치정보가 불확실합니다.
요즘 IOT망을 통한 물건의 위치정보 추적을 모색하는 듯하지만 필자가 오래 불편을 느낀 점의 하나는 GPS위치 정보가 아주 부정확하다는 것입니다. 육하원칙중 하나인 '어디서' 정보가 부실하며 빨리 보완되어야 할 사항입니다. 개인정보가 문제가되어, 보완이 안되고 있습니다.

⁛ 빅브라더에 대한 두려움

한국에 빅브라더는 없으며, 개인정보는 국가가 관리합니다.
그리고 인공지능은 쓸데없는 호기심이 없습니다. 세밀한 대국민 서비스를 공무원이 다 수행할 수는 없으며, 사람이 아닌 공공 인공지능이 수행해야 합니다.

⁛ 디지털 세상의 장애물

무수히 많은 장애물이 있습니다.
모든 장애물이 몇개로 요약될 수 없을까요?
무엇이 기술의 발전을 막는가요? 무엇이 디지털 뉴딜의 장애물인가요?
우리나라는 신기술의 수용이 활발합니다.
신기술이 변화를 두려워하는 환경에서 극히 일부 특수 분야에만 적용되는 것은 나라가 후진국으로 퇴보하는 지름길입니다.

표준이라는 것은 무엇인가요? 민간은 제각각 같은 기능이라도 다르게 만듭니다. 어떤 기능에 오류가 있을 때 다른 유사 기능으로 대체할 수 있기도 하지만 수많은 너무 많은 유사 기능들은 사용자를 혼란시키므로, 정부의 목표 제시에 의거하여 지나친 난개발들이 표준으로 수렴토록 해야 합니다.

스마트폰의 UI가 정상인가요?
지극히 비정상이며 극히 일부만 모든 기능을 알 수 있을 것입니다.
누구나 쉽게 사용할 수 있도록 인컴으로 확립되어야 합니다.

스마트폰 제조회사는 수많은 옵션을 주고 알아서 잘 쓰라는 식입니다. 업그레이드를 통해 증가하는 옵션들이 무엇이 있는지도 알기 힘듭니다. 운영체제의 설정, 스마트폰 제조회사의 설정, 앱들마다의 설정이 중구난방입니다.
사용자의 수준에 따라 많은 것을 개인비서가 결정하여야 합니다.
아기나 치매노인은 인컴의 개인비서가 모든 것을 결정하여야 합니다. 다른 사람의 도움을 요청할 수 있으나 기술이 발전할 수록 개인비서가 많은 것을 결정합니다.

안전성은 중요합니다. 그러나 안전성은 충분히 확보할 수 있습니다. 움직임 정보가 많아 질수록 흔적이 도처에 여기 저기 남을 것이기 때문에 범죄가 설 자리가 없어집니다. 그 모든 흔적들을 AI가 수집하여 범죄자를 특정할 수 있습니다.

디지털 뉴딜적 사고방식, 사용자가 인컴을 가지고 있다는 것만으로 자동 처리가 되어야 합니다. 사용자의 역할이 줄어들다가 없어집니다. 모든 것은 개인비서가 처리합니다.

아직 새로운 인증서는 완전히 정착되지 않았으며, 사용성 개선 노력만 보이고 있지만, 그 역할이 생체인식 등으로 대체되고 있기 때문에 인증서가 부활하지는 못할 것 같습니다.
많은 앱들이 생체인식을 사용하고 은행들도 인증서를 사용하지 않습니다.
은행과 인증기관들이 만든 지겨운 Active X와 인증서 대신 인컴의 앱을 편하게 사용할 수 있기 때문입니다.

:::· 특구

디지털 사회로 전환하려면 반대하는 사람이 있을 수 있으며
이 경우 잠정적으로 특구의 지정을 통해 단계적으로 진행할 수가 있습니다.
국민이 정부를 신뢰하지 않으면 적용이 어렵습니다.
국가는 국민 개개인의 정보가 없으면 시의적절하게 서비스를 제공할 수 없고, 완전한 디지털 사회로 진입할 수가 없습니다.
새로운 기술/문화의 적용에는 강력한 기득권의 반발이 예상되므로 특구/VM등의 방법으로 병행 처리가 바람직할 듯 합니다.

:::· 기본소득

실업에 대한 우려로 디지털 뉴딜에 대한 강력한 저항이 있을 수 있습니다. 기본소득제 등 사회 안전망의 확보에 의해 변화에 대한 저항을 감소시킬 수 있습니다.

:::· 전국민 서비스

장기적으로 모든 국민은 실시간으로 국가에 연결되어 상태에 따라 적절한 케어를 받아야 합니다. 인공지능의 개입으로 UI가 국민에게 편리하고 쉬워야 합니다. 음성으로 대화를 주고 받을 수 있어야 합니다.
80세 이상 노인도, 대부분 사용할 수 있어야 합니다.

⠿ uid/pass의 비효율성

수많은 앱마다 uid/pass를 달리 관리하는 것은 불가능하므로, 인간 기억력에 의존하지 않아야 하며 치매인 사람도 사용 가능하여야 합니다.
디지털 뉴딜에 의해 uid/pass의 사용방식이 달라질 것입니다.

⠿ 데이터는 국가가 저장하여야 합니다.

개인정보에 대한 수많은 메일과 질문은 엄청난 공해로서,
개인정보는 일반 회사가 주체가 되어서는 안됩니다.

⠿ 앱 설치시 수많은 약관을 보라는 것은 사용자 이익의 침해입니다.

약관을 거부할 수도 없는데 자꾸 보라고 해서 어쩌자는 것인지. 모두 보지도 않고 그냥 동의합니다. 그냥 형식적인 절차입니다.

⠿ UI는 바뀌어야 합니다.

80세 이상 노인도 사용 가능한 인컴이 되어야 합니다.
(운영체제 업체/인컴 업체/통신회사/앱 업체/국가) 관련자 회의
예) 구글/삼성/국가/..
관련자들이 정기적으로 모여 사용성을 증대하기 위한 회의를 하여야 합니다.

자동입력으로 대치가능한 사람의 입력을 확인

쉽지 않으면 IT가 아닙니다. 반복 업무가 방치된다면 컴퓨터랄 수 없으며 디지털적이지도 않습니다. 개발자는 힘들고 어려울 수 있으나 국민 일반 사용자는 쉬워야 합니다.

처음 구매한 인컴의 설치 절차

여러 휴대컴이 내 소유일 수 있으나 나를 대표하는 인컴은 당연히 오직 하나입니다.

가능한 한 컴퓨터에 맞추어져야 합니다.

예) 위도/경도
숫자로 된 것은 언어가 달라져도 번역할 필요가 없기에 GPS(위도/경도)로 표시된 위치는 번역의 필요성이 없습니다.
위치는 특정 좌표가 아니라 영역을 나타내기도 합니다. 서울은 영역으로서 수많은 주소를 포함합니다.
많은 영역들이 대표성이 있는 지점으로 표시되고 있습니다.
예) 내가 서울에 있습니다. 내가 서울 경복궁에 있습니다. 내가 서울 경복궁 근정전에 있습니다.

자연어를 인공어로 바꾸는 것은 쉽지 않습니다.
사람은 일련 번호로 표시할 수 있으나 조직은 너무 잦은 변경 때문에 쉽지 않습니다. 사람은 부속정보는 바뀌어도 정체성을 유지됩니다.
자연어가 모호한 것은 정확히 표현하기 어렵다는 점도 있습니다.
시공적으로 정체성을 유지하는 것도 많지 않습니다.
인간은 태어나서 죽을 때까지 정체성이 유지되는 편입니다.

⠿ 국가지점번호

가끔 국가 지점 번호라는 것을 표시한 곳이 있습니다.

이것은 의미없는 표지입니다. 자연어 표시도 아니고 인공어 표시도 아닙니다.

국가지점번호

자연어 정보는 기억할 수 있어야 합니다. 지점과 지점 사이에서 사고가 났다고 말할 수 있어야 하기 때문입니다. GPS정보는 위도/경도로 표시합니다. GPS정보는 인공어입니다. 현재 인컴의 위치정보는 상당히 부정확합니다. 왜 지상의 무선 측량 원점 같은 것으로 오차 수정을 않는지 의아스럽습니다. 그러니 국가지점번호 대신 무선 측량원점을 만들어야 합니다. 즉, 위치정보의 정확성을 개선 하여야 합니다.

⠿ 도로명 주소

도로명 주소도 의미가 없습니다. 다소 일관성이 없더라도 자연어 주소는 지번 주소 하나면 충분합니다. 어차피 자연어 주소의 정확한 위치 특정은 인공어에 의하기 때문입니다.

100번 옆의 지점이 109번이고 101번이 멀리 떨어진 경우라도 컴퓨터가 실제는 정확히 안내하는 것은 위도/경도에의해 찾을 것이기 때문입니다.

도로명 주소로 바꾼 것은 엄청난 노력을 들인 의미 없는 일이었습니다. 지금은 지번 주소 방식으로 환원하는 것도 늦었습니다. 그냥 하던대로 해야합니다.

일부 사람은 의사를 표시하는 주체가 아닌 관찰 대상입니다.

어떤 대상에게는 묻지 않고 관찰만 하고 즉각적인 반응으로 판단합니다.
시간을 지체하지 않습니다. 표정이 더 정확하고 거짓이 없을 수 있으므로 표정인식 기술에 의해 대답을 즉시 얻을 수 있습니다.

디지털 혁명

컴퓨터의 정보 저장 밀도, 처리속도, 통신의 속도, 인공지능 및 소프트웨어의 발달에 의해 디지털화 빅뱅이 가능한 수준에 왔습니다. 미래는 거의 모든 일에서 컴퓨터/로봇이 인간의 역할을 대체합니다. 인간의 자연어 중심에서 컴퓨터의 인공어 중심으로 변합니다. 인간능력의 제약에 의해 인간의 자연어는 극도로 모호합니다. 인간은 인공어를 쓸 수 없습니다. 인간과 컴퓨터의 대화(UI, User Interface)는 꼭 필요할 때만 사용되고 나머지는 인공어로 컴퓨터끼리 소통합니다. 디지털 혁명이 가능하기 위해서는 정부의 역할이 중요합니다.
미래를 위해 자리를 비워주어야 합니다. 사람은 자신의 역할을 컴퓨터에게, 아날로그는 디지털에게.

⋮⋮⋮ 컴퓨터는 인간보다 우월합니다.

컴퓨터는 인간을 보조하는 것이 아니라 인간을 대체해야 합니다.
컴퓨터는 인간에 비해 엄청 저렴합니다.
아직은 인공지능이 미완성입니다.
완전히 대체하려면 디지털 뉴딜이 잘 진행되어야 합니다.

⋮⋮⋮ 페어링/대화 상대방 선택

노트북, PC, 인컴 등등 많은 컴퓨터가 서로 무선신호를 주고 받습니다. 대화를 할 수 있다는 것입니다. 그러나 정식대화가 이루어지기 위해서는 양측의 대화 의사가 확인되어야 합니다.
즉, 대화통로의 형성을 위해 상대방의 수락을 필요로 합니다.
인간끼리의 대화 통로와 유사하여, 상대방이 원치 않으면 대화는 이루어지지 않습니다.
이것은 양 측이 스쳐 지나는 것인지 아니면 만나려는 것인지 확인할 때 중요합니다.
인컴이 지나간다고 전시관에 들리겠다고 의사표시를 한 것인지는 알 수 없습니다.
그러니 방문록을 인컴이 대신하는 것은 한 단계가 더 필요합니다. 의사 확인 단계가 그것입니다. NFC로 페어링을 선택하는 경우가 많습니다.

⋮⋮⋮ 자동차 사고 표시도 디지털 무선 표시로

사고난 곳에서 연이은 사고가 납니다. 20중 추돌과 같은 일은 없어져야 합니다.
뒤의 차들이 조치할 수 있도록 무선 신호가 가야 합니다.
불가피한 사고도 있어서, 갑작스런 바퀴 이탈, 옆 차와의 충돌을 방어할 수는 없습니다.
그러나 많은 사고를 예방할 수 있습니다.

말이나 법 조치가 아니라 기술적으로 사고를 예방할 수 있습니다.

현재도 기술은 충분합니다.

사고 처리 차량이 즉시 진입되어야 하며, 모든 조처는 무선으로 자동 처리되어야 합니다.

문제, 특히 생명이 관계되는 것의 반복은 반드시 개선해야 합니다.

지금 기술로도 해결가능하지만 개선하겠다는 의지가 부족할 뿐입니다.

문제를 문제로 인식하는 것이 개선의 첫 단계입니다.

국민 모두가 인컴이 있으면 사고에 대한 조치가 인컴을 통해 진행될 수 있습니다.

교육이 아니라 관행을 바꾸면 사회는 진화합니다.

인간이 사고하고 행동하는 것은 극히 적습니다.

모방하여 행동하고 그에 따라 생각이 바뀝니다.

⫶ 교육이 아니라 관행을 바꾸면 사회는 진화합니다.

IT 시스템은 쉽게 관행을 바꿀 수 있습니다.

법 시스템은 피해갈 수 있지만 IT 시스템은 피해갈 수 없습니다.

즉각적으로 강제합니다.

예를들면 법은 현재 주소를 "경기도 서초구"를 고의로 기입할 수 있지만 IT는 "서울시 서초구"만 입력이 가능하게 만듭니다. 애초에 문제를 만들지 못하게 하는 것이 가능합니다.

사회는 다수결로 진화합니다.

다수결을 통해 진화하는 것은 요원합니다.

선진국에서 자라면 선진국 사람이 됩니다.

후진국에서 자라면 원시인이 됩니다.

관행이 사회를 바꿉니다.

IT가 사회를 바꿉니다.

IT 시스템은 업그레이드에 의해 빠르게 진화합니다.

광속으로 사회가 진화합니다.

철학자가 만드는 이상국가입니다.

 IT 시스템 설계자가 사회를 진화 시킵니다.

평범한 다수에 의한 다수결은 지루합니다.

출중한 소수에 의한 옳은 결정이 리드해야 합니다.

관행을 바꾸는 방법-앱을 바꿉니다.

IT 관행 낙오자 없애는 방법은-편리성 증가

교육이 아니라 관행입니다. 관행을 바꾸는 것은 쉽습니다. 이해하지 않아도 됩니다. 소프트웨어는 관행의 변화를 강제합니다. 법보다 강력합니다. 소프트웨어의 업그레이드는 아주 간단합니다. 그것을 복제라고 합니다. 아주 쉽습니다.

사람의 업그레이드는 교육입니다.

교육을 통한 사회개혁 vs IT 시스템을 통한 사회개혁

교육을 통한 사회개혁은 매우 느립니다. 그냥 이해를 못하더라도 관행을 바꾸면 사회가 발전합니다. IT 시스템은 최소한의 노력으로 관행을 바꿉니다.

사회가 발전하는 것은 그것을 모든 사람이 이해하고 변하기 때문은 아닙니다.

관행을 바꾸면 거기에 적응합니다. 관행을 바꾸려면 IT 시스템을 업그레이드하면 됩니다. 모든 것에는 IT 시스템이 있어야 합니다. IT 시스템이 없습니다면 그것은 발전하지 못합니다.

∴ 단절적 혁신

기득권의 보호를 위하여 단절적 혁신을 거부하면 강자도 순식간에 몰락합니다.

달도 차면 기웁니다. 디지털 뉴딜에 저항하지 말아야 합니다.

수천 수만 년 이어온 아날로그에 안주하지 말아야 합니다.

행정 시스템 통합

행정 시스템 통합이란 무엇인가요? 먼저 일본 사례를 먼저 살펴보지요.

⠿ 일본 사례

스가 요시히데(菅義偉) 일본 총리가 2020년 12월 25일 일본 지방자치단체의 서로 다른 행정 시스템을 2025년 말까지 통합할 것을 지시했다고 교도통신과 NHK가 보도했습니다.
한국은 이미 2000년대 초반 전국 지자체의 행정 시스템을 하나로 통일했지만, 일본은 지금도 1,700여개 기초자치단체가 다른 시스템을 사용하고 있습니다.

지금은 2021년 1월입니다. 행정 시스템 통합이 왜 그렇게 중요한가요?
이것은 스가 정권의 사활이 걸린 일입니다. 일본은 2020년 아베시절에 아주 늦게 지원금이 처리되어 일본의 IT 수준이 드러나고 망신을 당했습니다. 4개월이 소요된 것으로 알려졌습니다.
이번에도 큰 문제가 되는것은 IT 시스템입니다. 전 일본 국민의 백신 접종 통제를 위해 행정 시스템이 제대로 기능을 하려면 IT 시스템의 역할이 중요합니다. 행정 시스템이 잘 갖추어져 있다면 접종 통제가 어렵지 않은 일입니다.

백신 접종이 늦어지면 올림픽도 개최할 수 없습니다. 백신도 기간 내에 확보하지 못할 것 같고 백신이 있어도 계획대로 접종하지도 못할 것 같습니다.

법적 문제와 사회적 저항이 어떤 영향을 줄지 모르지만 기술적인 것은 1년 이내에 처리가 가능할 것입니다.

⁝⁝ 한국의 행정 시스템 통합

일본은 2025년까지도 행정시스템을 통합하지 못할 것이라 하지만, 한국의 행정시스템은 문제가 없는가요? 접종은 잘 처리할 것입니다.

그러나 한국 행정 시스템도 통합은 미비합니다. 디지털 뉴딜이 해결해야 할 문제 중 하나입니다.

무엇을 보고 통합이 안되어 있다고 알 수 있는가요? 통합이 되어있는 예는 무엇인가요?

네이버를 예로 들어보지요. 네이버와 하위 서비스들은 일정 부분의 정보들을 공유하고 있습니다. 그래서 쓸데없는 정보를 반복해서 입력하지 않아도 됩니다. 네이버에 로그인을 하면 그 하위 서비스들도 따로 로그인 할 필요가 없습니다.

한국의 많은 정부 사이트도 같은 방법으로 로그인 하는가요? 다른 방법으로 로그인 하면 정부 사이트들이 통합 되어있지 않은 것입니다. 동일한 정보를 반복해 입력해야 한다면 역시 통합이 안된 것입니다.

대부분의 IT 시스템은 지역적 중의적인 체계로 되어있습니다. 그래서 이미 방법적인 것은 앞에서 설명하였지만 이 지역적 시스템이 전역적인 것으로 바뀌어 행정시스템이 통합되어야 합니다.

이를 바탕으로 국가 정부 IT 시스템이 통합되어야 하며, 국가 민간 IT 시스템도 통합되어야 합니다.

국가 IT 시스템이 통합되면 국민이 국가 안에서 쉽게 생활을 영위할 수 있습니다.

모든 국가 서비스를 받기 위해 오고 가는 것 없이 쉽게 일처리를 할 수 있습니다. 밥을 먹는 일은 정보교환으로 처리가 끝나는 일이 아닙니다. 몸을 움직여 밥을 먹는 일이나 화장실 가는 일을 누가 대신할 수 없습니다.

그러나 많은 일은 사람이 오갈 필요가 없습니다. 정보만 디지털 통신을 통해 수발하면 되는 일입니다. 그저 사람은 인컴만 있으면 됩니다.

장기적으로 동사무소, 구청과 시청 민원실은 인컴 안으로 들어올 것입니다. 인컴으로 공무원을 만나는 것이 아니라 공공 인공지능을 만날 것입니다.

국가와 민간 모두 큰 문제를 가지고 있습니다. 안전성을 핑계로 사용성을 떨어뜨리고 나몰라라 하면 안됩니다. 현 상황에서 사용성이 안전성보다 100배 강조되어야 합니다.

Active X, 인증서, 은행의 보안카드 전부 필요없습니다.

한마디로 관련자들은 무책임한 사람들입니다. 이들은 마치 온라인을 어렵게 하여 사람들을 은행 창구로 유도함으로써 오프라인 창구를 유지시키려는 의도가 있는 것처럼 보였습니다. 비효율의 극치입니다. 국민들은 인컴만 있으면 모든 것이 가능하여야 합니다. 은행창구에 올 일이 없어야 합니다.

노인들이 어려워 혼자 처리를 못하는 상황임에도 단순 반복적인 일들을 컴퓨터가 아닌 사람이 처리해야만 한다는 말인가요? 은행 일이 고학력자만 처리할 수 있는 일인가요?

뭐 이것 저것 증빙 서류 제시를 요구하지만 인컴이 정립되면 아무런 필요 없는 일입니다. 번잡하게 절차를 요구하는 은행은 도태될 것이며, 시스템을 개선하여야 살아남을 것입니다.

⁂ 행정 시스템 통합과 일반 시스템 통합

행정 시스템은 국가의 시스템입니다.

행정 시스템은 국가가 관리하는 시스템 입니다.

행정 시스템 통합이 완결되면 이를 기반으로 민간을 포함한 전체 시스템이 통합되어야 합니다.

24

인공지능

인공지능의 역할은 무엇인가요? 왜 인공지능이 필요한가요?

인컴에는 국민의 개인비서가 들어있습니다. 국민 개개인마다 공무원이 따라다니며 대국민 서비스를 수행할 수는 없습니다. 인공지능 개인비서가 공무원의 역할을 해야 합니다.

국민은 갓난아기에서 치매 노인도 포함되지만 아직 그렇게 다양한 국민을 모두 서비스할 수 있는 기능을 가진 인공지능은 없습니다.

몇 가지 단기적 목표로서, 먼저 인컴의 사용이 쉬워져야 합니다. UI가 너무 복잡합니다.

미래사회에서는 인간의 개입이 적어지고 인공지능의 자율적 역할이 커짐에 따라 인간은 단순 반복적인 정신노동으로부터 해방됩니다.

인컴에서의 인공지능에 대한 요구사항이 인공지능 분야에서 가장 많은 주제와 중요성을 가질 것으로 생각됩니다. 최선의 인공지능 개발 연구 환경이 마련되어야 하며, 온갖 국민의 다양한 인공지능 필요성이 대두될 것입니다.

현재는 스마트폰(인컴) 제조회사가 운영체제 개발회사, 이동 통신 회사, 앱 개발회사의 요구사항을 최종 조율해야 할 것으로 생각합니다.

앞으로는 국가가 각 제조회사의 요구사항에 대국민 서비스의 요구사항을 포함한 인컴 표준 사양을 정해야 하며 설정도 국가가 통합하여야 합니다.

국민 모두가 서비스에 포함되도록 사용성이 재고되어야 합니다.

░ 검색과 인공지능 비서

검색으로 많은 결과가 제시된다면 사람이 알아서 그 중에서 답을 찾으라는 말이 됩니다.

비서는 한 가지 답을 제시하거나 쉬운 두 세 가지 중에서 사람이 선택할 수 있도록 해 주어야합니다.

비서가 알아서 하던가 사람이 문제를 쉽게 해결할 수 있도록 해 주어야 합니다.

비서에게 물으니 오히려 더 복잡해졌다면 비서 자격이 없습니다.

인공지능 비서는 검색과는 달라야 합니다.

국가가 비서를 잘 만들던가 잘 훈련시켜서 주인에 잘 서비스할 수 있도록 주인에 대해 잘 알고 있어야 합니다.

많은 인공지능의 종류는 민간이 알아서 발전시킬 일이지만 인컴에 탑재된 인공지능은 국가의 책임입니다.

인컴에 의해 전 국민이 커다란 영향을 받게 되며 이것이 미래사회를 오게하는 바로 그 인공지능입니다.

일부만 누릴 수 있는 인공지능은 미래사회가 기다리는 진정한 인공지능 비서가 아닙니다.

공공 인공지능 vs 사적 인공지능

이 곳은 민간에 의한 인공지능보다 주로 공적인 목적의 국가 공공 인공지능을 대상으로 합니다.국민의 개인정보를 다루며 인컴의 인공지능도 여기 속합니다.

국가가 공적인 인공지능을 정의합니다.

처음은 원칙을 적용만 하고 특정 사건에는 관여하지 않습니다.

인컴의 인공지능은 사용자가 쉽게 모든 일을 처리할 수 있도록 도와주는 인공지능으로서 사용자의 교육수준이 낮다고 못쓰면 인컴이 아닙니다.

스피커 같은 UI 음성 인공지능 비서

스피커 음성비서는 민간의 사적 인공지능이며 이 곳의 주요 주제에서 배제하였습니다.

한줄 freetext UI 시각 인공지능 비서

인컴의 인공지능의 UI는 한줄 freetext와 음성을 병행할 듯 합니다. 즉, 언어와 문자가 병행할 것입니다.

개인에 대한 약관 동의 요구

설치 중에 약관 동의 요구는 사용자의 이익을 침해합니다.

⠿ 인공지능이 노인의 친구이자 건강관리자

노인의 모든 것을 알고 노인의 완벽한 친구가 되어 모든 조언을 하고 사회 참여를 돕습니다.

⠿ 인공지능 비서의 권한

인공지능 비서는 운영체제 레벨의 모든 권한을 갖습니다. 다른 앱을 사용할 때 주인에게 일일이 동의를 받을 필요없습니다.

사람이 외국인을 만나면 인공지능 비서는 귀찮게 주인의 허락을 구할 필요 없이 통역 소프트웨어를 호출해야 합니다. 인공지능 비서는 국가와 마찬가지로 전적으로 신뢰할 수 있는 존재입니다.

⠿ 헬스도 공공 인공지능이 담당할 역할입니다.

국민의 건강 및 안전 상태는 장기적으로 국가의 책임입니다.

⠿ 인간의 친구

인공지능의 중요한 역할 중 하나는 인간의 친구가 되는 일입니다.

인공지능 친구는 인간을 위로하고 인간을 교육하고 사회적으로 바람직한 사람이 될 수 있도록 인도하는 역할을 가져야 합니다.

산 속 자연인에게도 당연히 인컴은 필수입니다.

인컴은 진화하여 사랑의 전화 역할을 포함, 외로운 사람의 진정한 친구가 되어야 합니다.

25

개인정보 및 개인비밀의 처리

⠿ 선컴시대의 사고 방식

개인 정보/개인 비밀은 무엇인가요?

어떤 정보를 누구에게서 지켜야 하는가요?

불륜의 흔적을 배우자에게 들키고 싶지 않아서요?

유명인의 사생활의 보호? 스토킹의 방지?

범죄의 흔적을 들키고 싶지 않아서요?

독재자로부터 벗어나고 싶어서요?

모든 정보 자체에 대한 제약은 잘못된 것입니다.

정보는 존재해야하며 그래야 비밀 보호도 되고 지식도 됩니다.

비밀은 저장을 못하게 하여서는 안됩니다.

정보가 있어야 공개할지 말아야 할지 판단도 가능합니다.

비밀 사항은 그 정보를 국가나 소유자가 저장하더라도 일반인에게는 공개되지 않습니다.

개인비밀도 군사비밀, 영업비밀, 기술비밀과 같습니다.

정보 공개, 정보 공유 vs 정보 보호, 영업 비밀, 기술보호, 군사 비밀

정보를 보면 감춰야 할 이유도 많고 반면에 공개해야 할 이유도 많습니다.
IT는 정보 기술이라는 의미입니다. IT 종사자로서 정보 공개를 지지합니다.

정부 사이트를 보면 정보 공개라는 단어를 첫 화면에서 가장 중요하게 다루는 것을 알 수 있습니다. 정보 공개는 투명성을 의미합니다. 정보공개를 통해 부패/비리 척결이 가능해 집니다.
똑같은 사안에 대해 정보공개를 주장하는 사람과 정보 보호를 주장하는 사람이 있습니다.
자랑하고 싶은 사람과 감추고 싶은 사람이 있습니다.

정보는 공개되고 공유되어 지식이 됩니다.
인간과 동물을 구별 지은 문자에 의해 정보가 표현, 전파됩니다.
미래는 정보가 지금보다도 무한정 많아질 것이며, 정보가 제한되면 그 나라의 미래는 발전이 더딜 수 밖에 없습니다.
정보가 제약되면 인공지능도 발달할 수 없고 후진국이 됩니다.
정보의 공유 및 유통의 중요성이 99.99%이라면 정보보호는 0.01%라 할 수 있으며, 그렇기에 과도한 정보 보호 주장은 부작용이 매우 크며 대개의 경우 뒤가 구린 사람이 주장합니다. 이런 식의 보호로써 사람의 프라이버시가 존중되지 않고 범죄만 보호, 조장될 것입니다.

일본과 유럽의 과도한 정보 보호가 스스로 위기를 자초했습니다.
일본 확진자 추적 코코아 프로그램은 제작도 문제가 있고 운용도 잘 못해 전혀 쓸모가 없었습니다.
HER-SYS 시스템도 200억원이 더 들어간 시스템인데 후생노동성도 사용치 않았다고 합니다.
유럽도 마찬가지입니다.
일본, 유럽은 IT분야가 우리나라보다 많이 뒤져 있으며 앞으로 더욱 악화될 것으로 보입니다.

유럽의 '아스트리드 프랑 데 올리비에라'는 과도한 정보보호가 유럽의 락다운을 자초했다고 주장하고 있습니다.

https://www.youtube.com/watch?v=XHRV22KrnQM

한국에 빅브라더는 없으며, 개인정보는 국가가 관리합니다.

개인정보 보호는 개개인이 할 수 없으며, 국가의 책임입니다.

개인비밀 보호를 위해서도 국가는 개인정보를 알아야 합니다.

국가가 개인정보를 알아야 그 개인정보를 보호합니다.

공무원을 믿을 수 없다고 정보를 은폐, 폐기하거나 공적 필요에도 불구하고 공개하지 않으면 정의로운 공적 집행이 훼손되고 오히려 바른 보호도 이루어질 수 없습니다. 장기적으로 개인정보는 공공 인공지능이 처리합니다.

인공지능은 인간의 쓸데없는 호기심이 없습니다.

◙ 개인 정보의 처리

개인정보는 결합된 인컴에서만 조회가 가능하며, 보안은 강화되어 부부 간에도 볼 수 없습니다. 불륜의 흔적, 위치 추적 등도 사용자 이외에는 조회가 불가능합니다. 개인 비밀로서 국가에 대해서도 미리 철벽을 치는 것은 옳지 않으며 그로 인해 잃는 것이 훨씬 많습니다.

⁝⁝ 정보의 존재 없이 개인 비밀의 보호 불가

증거가 없으면 처벌하지 못합니다. 즉, 개인을 제대로 보호하지 못합니다.

국가의 개인정보 취급이 허용되어야 합니다.

⁂ 확진자/접촉자 추적시스템

정보가 더 많을 때는 "xx카페에 갔었던 사람은 코로나19 검사를 받으라"는 식으로 공표하지 않고 직접적으로 해당 개인들에게 코로나19 검사를 통보할 수 있습니다.

⁂ 개인정보 보호 위원회

https://www.pipc.go.kr/np/
구체적으로 국가가 어떻게 개인정보를 다루어야 할까요? 필자의 의견과 많이 다를 수 있습니다.

26

식별체계

식별체계라는 것은 매우 중요합니다. 이것이 전체 IT분야에 주는 영향이 아주 크기 때문입니다. 하나의 단어가 하나의 뜻을 가져야 합니다.

작은 집단에서 자체 조직에 대한 IT 시스템을 구축한다면 식별체계의 중요성을 깨닫지 못하기 십상입니다. 그러나 국가나 전지구적 시스템 구축을 위해서는 이 식별체계가 매우 중요합니다. 일본의 행정시스템이 이를 인식하지 못하면 몇 년이 걸리고도 조 단위의 돈을 쏟아 부어도 성공을 보장할 수가 없습니다. 일본은 갈 방향을 모르고 있습니다.

식별체계는 여러가지 요소를 알아야 합니다. 언어적인 요소가 배제되어야 합니다. 식별체계의 가장 중요한 요소는 사람이라고 할 수 있습니다. 인컴 식별자는 지구상 수이어야 합니다. 하나의 단어가 하나의 뜻을 가져야 합니다. 사람의 식별자가 언어적으로 종속되면 안됩니다.

행위자인 사람에게 중요한 것은 육하원칙입니다.
누가, 어디서, 언제, 왜, 무엇을, 어떻게
이 중 3개(누가, 어디서, 언제)는 식별체계 구축에 어려움이 없습니다.
숫자로 식별체계가 만들어집니다.

이런 사람의 행위 중에 경제적 행위가 중요합니다.

사고 파는 행위에서 식별체계는 팩트의 보다 객관적 서술에 큰 기여를 합니다.

언제와 어디서가 문제가 없느냐? 있습니다. 그러나 극복 가능합니다.

너무 상세한 것은 이 책에서는 다루지 않을 것입니다.

조직을 서술하는 식별체계는 정체성 부족으로 많은 연구가 필요합니다.

GUID-지구적 유일 식별자(Globally Unique IDentifier, GUID)

식별자는 식별체계의 한 원소입니다.

전역은 전체이며 지역은 전역의 부분집합입니다.

좁은 관점에서는 지역이 전역입니다.

일생을 한 골짜기에서만 산 원시인에게는 그 골짜기가 전역이고 한 국가에서 산 고대인에게는 국가가 전역입니다. 인터넷이 나타난 이후는 지구가 전역입니다. 인류가 화성에서도 산다면 우주적 유일 식별자(UUID)가 필요할 것입니다. 현재의 전역은 지구입니다.

unique을 '고유'로 표시하는 곳도 많지만 여기서는 '유일'로 표시합니다.

GUID는 국가의 전역 유일 식별자보다 당연히 관리가 어려우며,

우리나라가 지구적 식별체계를 관리하여야 할 것입니다.

사람 식별자는 정체성에 일관성이 있지만, 그러나 조직은 시공적으로 끊임없이 분할, 합병에 따라 변하기에 정체성에 일관성이 부족하여 식별자 구축에 어려움이 큽니다.

사용자의 GUID는 machine-readable입니다. 컴퓨터에게 의미있는 값으로서 특정 언어/특정지역에 종속되지 않는 값입니다.

사람에게 전달할 때는 UI에서 사용자에 종속적인 언어로 표시되지만 컴퓨터에서 컴퓨터로 전달될 때에는 아무 제약이 없습니다. 사용자의 언어를 지정하면 사용자를 위한 UI에서 해당 언어로 표시됩니다. 그러나 DB에 저장될 때는 특정 언어로 들어갈 필요가 없습니다.

한국이 지구적 유일 식별 체계와 한국적 유일 식별 체계를 같이 관리를 할 수도 있습니다. 서서히 다루어도 될 주제입니다.

27

국민등록

인컴에서 '국민등록' 앱을 설치 후 요청에 따라 입력

1. **본인등록**

   본인이 인컴에서 '국민등록' 앱을 설치 후 요청에 따라 입력

2. **대리등록**

   어린아이, 노인의 경우 가족 또는 대리인이 등록

3. **담당자 등록**

   호적등본 등의 Tagging시에 담당자가 사망자의 등록을 할 수 있으며 역사적 인물에 대한 등록도 합니다.

28

무선중심

모든 정보는 디지털로 저장되고, 디지털 통신으로 이동되어야 하며, 국민 개개인에게는 무선으로 공유되어야 합니다. 유선은 제약이 크므로, 여러가지 무선통신 방법으로 편하게 사용되어야 합니다.

사람이 지나가면 인컴의 근거리 통신으로 자동적으로 기록을 남기게 할 수 있습니다.

인컴은 다양한 무선 통신 방법으로 흔적을 남깁니다. 예) 블루투스, NFC, Wi-Fi, RFID

⠿ 디지털 통신을 통해 모든 정보는 이동합니다.

⠿ 모든 것이 인간보다 컴퓨터/무선이 위주가 되어야 합니다.

자동차 표시판의 역할도 무선신호로 바뀌어야 합니다.

그래야 자율주행 시스템 하에서도 도로와의 통신이 해결될 것입니다.

많은 것이 인컴의 무선통신으로 처리될 수 있을 것이며 안되는 일이 오히려 적을 것입니다.

⠿ 측량의 디지털화, 측량원점

현재 인컴의 위치정보는 상당히 부정확합니다. 왜 지상의 무선 측량 원점 같은 것으로 오차 수정을 않는지 의아스럽습니다. 위치정보는 개인비밀이라 보완을 않는가요?

오류가 너무 커서 당황한 적이 많았습니다. 인컴은 가족에게도 비밀을 차단할 수 있으며, 개인화 개선 방법은 다양합니다.

위치 정보는 육하원칙의 중요한 요소로서 정확해져야 합니다.

요즘 IOT클라우드가 많이 언급되는 것 같으며, 위치정보의 정확성도 같이 이슈로 다루어져야 합니다.

⠿ 교통사고 안내, 교통 신호

정밀한 위치 디지털 신호, 의도(목적지).

인간도 반드시 차처럼 위치 표시가 되어야 합니다.

사람이 표시되어야 인사사고를 예방할 수 있기 때문입니다

밤에 다녀보면서 테스트를 실시해 볼 수 있으며, 시각적 자료에 의존하지 않습니다.

29

데이터

⫸ 정보(데이터)는 석유자원 보다 훨씬 거대한 자원입니다.

정보는 석유와도 비교할 수 없는 엄청난 가치를 가진 자원입니다. 모든 지식을 포함
하며, 공개, 공유되어야 하는 인류의 미래입니다.

⫸ 데이터의 분류

모든 정보는 저장할 수 있습니다.
아날로그 정보는 디지털 정보로 변환시켜 저장 합니다.
디지털 정보 작성시 작성자 정보도 기록되어야 합니다.

⫸ 데이터 수집, 거래, 취합, 포맷, 관리

스타트업이 모아서 거래한다는 말을 들었으며, 민간/공공/국가가 각기 할일을 역할
분담하여야 합니다.

30

해외 (문제) 사례

일본의 IT

일본 확진자 추적 코코아 프로그램은 오류가 있었으나 오랫동안 오류 자체도 인식하지 못했고 운용도 미숙하였습니다. 200억이 넘게 들여 개발한 확진자 보고시스템인 HER−SYS를 일본 후생성도 쓰지않을 정도로 총체적 부실이었다고 합니다.

일본은 지원금 처리에 4달이 소요 되었습니다.

일본 마이넘버카드의 암호를 잊은 사람들이 많고 복구절차가 훈련이 안되어 있었습니다.

일본의 경우를 보면 문제의 원인 중 중요한 하나가 도장으로서 재택 근무를 불가능하게 합니다.

스가 요시히데(菅義偉) 일본 총리가 2020년 12월 25일 일본 지방자치단체의 서로 다른 행정 시스템을 2025년 말까지 통합할 것을 지시했다고 교도통신과 NHK가 보도 했습니다.

한국은 이미 2000년대 초반 전국 지자체의 행정 시스템을 하나로 통일했지만, 일본은 지금도 1,700여개 기초자치단체가 다른 시스템을 사용하고 있습니다.

일본은 IT측면에서 많이 뒤떨어진 듯 합니다.

국민의 IT지식이 매우 낮아 IT발전이 매우 느릴 것으로 예상됩니다.

⠿ 유럽 IT

유럽도 IT수준이 우리나라에 비해 상당히 낮은 듯합니다.

이번 코로나19 사태 때문에 IT수준이 많이 비교되었습니다.

31

상세설계 및 구현 사이트

모든 새로운 것은 실제 적용 이전에 갖가지 테스트가 실시됩니다. 설계를 확인하는 테스트를 위해 프로토타이핑이 이루어져야 합니다.

이 책은 막연하고 추상적 미래를 제시하는 것이 아니며, 필자는 오래 IT 업무 종사자로서 실제 미래를 위해 구현해야 하는 구체적인 제안을 하는 것입니다. 광범위한 제안으로서 많은 사항에 대한 연구실 실험 및 논문 작성이 필요합니다.

공동 연구를 원하시면 메일이나 카페로 연락을 바랍니다.

박효준 메일 : hjparkone@gmail.com

연구주제는 무수히 많을 것으로 생각합니다.

프로토타입(prototype)은 원래의 형태 또는 전형적인 예, 기초 또는 표준입니다. 시제품이 나오기 전의 제품의 원형으로 개발검증과 양산 검증을 거쳐야 시제품이 될 수 있습니다. 프로토타입은 '정보시스템의 미완성 버전 또는 중요한 기능들이 포함되어 있는 시스템의 초기모델'입니다.

:::: 국민번호(myNationalNumber) 생성기

입국 외국인도 포함되며, 장기적으로는 세계시민번호(myGlobalNumber) 생성기도 마련되어 같이 국가 서버에 설치되어야 합니다.

병합/분할, 임시번호 필요성 등이 고려되어야 합니다.

주민번호는 충분치 않으며 과거의 인물도 국민번호 부여 대상이 될 수 있어야 합니다. 유일 번호 체계여야함으로, 충분히 큰 수이어야 합니다. 5Byte의 크기가 될 것입니다.

:::: 국가 단일 DB 설계

국가차원의 DB설계를 위한 많은 작업이 수행되며, 이것은 국가 행정망에도 많이 반영됩니다. 민간의 설계는 국가의 DB 설계를 이어받아 진행하여야 합니다.

객체지향언어처럼 국가 DB의 설계 부분을 이어받아 일치시키면 모든 민간의 앱은 국가 시스템에 통합됩니다. 일본의 1,700여개의 지자체처럼 난개발이 되어 시스템 통합에 어려움을 겪지 않을 것입니다.

국가 내의 DB 설계도, 국가 내의 Data도 공유되어야 합니다.

동일한 질문으로 사용자를 괴롭혀, 앱마다 데이터를 쌓아야 한다면 전혀 미래사회를 지향하는 방식이라고 할 수 없습니다. 이것은 인공어의 완성도에 영향을 받습니다.

각 앱이 멋대로 개발하면 안됩니다.

국내 모든 앱을 한 조직에 의해 개발되듯이 개발하여야 합니다.

그럴 수 있도록 국가가 앱 개발회사들에게 개발 툴을 제공하여야 한다고 생각합니다.

데이터 중개소가 각 은행의 자료를 통합하는 것으로 알고 있습니다.

주소와 같은 동일한 질문을 사용자에게 반복적으로 요구하는 것은 지양되어야 합니다.

등록된 앱들의 분류에 따라 국민 정보 Pool에서 국가가 앱에게 주어야 합니다.

1) 정부와 2) 운영체제 개발회사, 3) 스마트폰 제조회사, 4) 앱 개발회사들이 참여한 회의에서 구체적 방법이 상의되어야 합니다. 시스템 통합이 되기 위해서는 관련자

모두가 협의에 참여하여야 합니다. 일관성이 없으면 난개발이 되고 결국 많은 문제점이 노출됩니다.

한국 개발 Tool

객체지향프로그래밍 언어의 속성을 이용하여 민간 프로그래머도 국가의 DB 설계를 이용될 수 있을 것입니다.

이것은 한국 개발 Tool이 만들어져야 한다는 것을 의미합니다.
국가 DB의 데이터는 개별적 사용 승낙 후여야만 사용이 가능한 구조가 필요합니다.
이것도 많은 연구가 필요로 합니다.

모바일 신분증

사람이 사람에게 보여주는 방식은 없어집니다. 공무원증, 운전면허, 출입증, 주민등록증 등은 무선통신에 의해 자동 인식이 가능하기 때문입니다. 사용자에 따라 인컴 설정이 주어져야 합니다. 사용자가 치매 또는 아기인 경우 그에 맞는 인공지능이 설치됩니다.

다음과 같은 기사가 있었습니다.

> 기사 "실버 프렌드"
> 독거노인 2,000가구 대상, 인공지능 스피커 '실버프렌드' 서비스 무상지원
> 보건복지부와 MOU 체결, 독거노인 외로움 해결 공조
> 그러나 굳이 별도의 스피커가 필요없이, 설정에 따라 이런 기능이 인컴에 들어가면 됩니다.

많은 사람들에게 실제 필요한 것을 각인시킬 필요가 있습니다.
'국민 전체가 필요로 하는 것이 무엇인가'를 부각시켜야 합니다.

한국은 IT강국으로서 상대적으로 잘 진행되고 있습니다.
해결해야 할 일이 산적해 있으므로, 흐름이 양호할 때 확실히 치고 나가야 합니다.

자유 주제

⠿ 함수 정의역 치역 역함수

수학에서 함수(函數, 영어: function) 또는 사상(寫像, 영어: map, mapping)은 어떤 집합의 각 원소를 다른 집합의 유일한 원소에 대응시키는 이항 관계입니다. 즉, 한 변수의 값에 따라 정해지는 다른 변수의 값을 먼저 주어지는 값에 상대하여 일컫는 말입니다.

- 정의역 : 두 변수(變數) x, y 사이에 y가 x의 함수로 나타내어질 때, x가 취할 수 있는 값의 범위

식별체계와 시스템 통합에 있어 사람과 사람의 표현은 반드시 함수관계이어야 합니다. 정의역은 국가이어야 합니다. 이것은 위치와 시간도 마찬가지입니다.

식별자는 '지구상수'이어야 합니다. 지구상수는 시공적으로 변하지 않습니다.
지구 어디서나 같은 값이며 한번 정해지면 변할 수 없습니다.

디지털 뉴딜의 준수 항목

모든 정보 처리 업무는 매체와 분리 처리되어야 할 사항으로서, 사람이 오가며 처리해서는 안됩니다. 네트워크를 통해 정보가 오가며 처리되어야 합니다.

모든 정보는 순수한 최소 구성(인터넷에 연결된 인컴)으로 처리가 가능하여야 합니다. 기존 아날로그 방식을 반드시 제거하여야 한다는 것은 아니며, 느린 세계도 필요합니다.

디지털 방식은 필수 사항이고 아날로그 방식은 선택사항입니다.

사람의 개입이 많다면 잘못된 방식입니다. 모든 작업은 궁극적으로 무인처리, 즉 인공지능이 모든 힘든 일에서 인간을 대신하여야 합니다. 사람이 가야 처리되는 업무들 대부분은 없어져야 합니다. 예) 법원 출두, 학교 등교

그러나 식당에 가는 것은 정보를 처리하는 업무가 아닙니다.

학교를 가더라도 실습을 하는 것은 정보를 처리하는 업무가 아닙니다.

인간을 위한 표현과 컴퓨터를 위한 표현

인간의 능력과 컴퓨터의 능력은 다릅니다.

인간의 표현은 모호합니다.

인간이 사용하는 고유명사는 모호하고 특정할 수 없는 경우가 대부분입니다.

http와 같은 컴퓨터를 위한 주소는 지구적 유일 식별자이기 때문에 어떤 상황에서도 모호하지 않습니다.

김철수와 같은 사람 이름은 고유하지 않습니다.

아마 우리나라에 김철수라는 사람이 100명은 될 것입니다.

이름의 길이는 왜 100자가 되지 않나요?

김철수아비쇠우경기… 등과 같이 지으면 고유할 것입니다.

그러나 인간은 긴 이름을 기억하고 사용할 수 없습니다.

컴퓨터에서 사용되는 식별자는 인간이 사용하는 고유명사와 달리 중복되지 않습니다.

인간의 고유명사는 그 자체만으로는 식별되지 않습니다.

법적 사건에서는 이를 특정되지 않았다고 표현됩니다.

인간이 사용하는 자연어는 식별(특정)되지 않아서 많은 문제를 가지고 있습니다.

디지털화는 식별되지 않는 자연어적 정보 처리를, 전역 유일 식별자를 기본으로 하는 방식으로 바꾸는 것입니다. 이것은 개인정보를 암호화 하지 않더라도 인간이 다루기 어려운 방식이므로 1차적인 정보보호가 이루어졌다고 할 수 있습니다.

컴퓨터가 생기기 전에는 인간과 인간이 정보를 교환 하였습니다. 전통적 방식입니다.

컴퓨터가 생긴 후에는 2가지가 생겼습니다.

인간과 기계와의 정보교환, 그리고 기계와 기계 간의 정보교환.

인간과 기계가 정보교환하는 방식을 UI(User Interface)라고 합니다.

- 인간과 인간의 정보교환 : 매우 비효율적이고 매우 모호.
- 인간과 기계의 정보교환 : 비효율적이고 모호.
- 기계와 기계의 정보교환 : 매우 효율적이고 정확.

인간은 일처리에는 되도록 배제되어야 하는, 서비스를 받는 대상입니다. 일은 면제되고 보수는 받습니다.

⠿ 빨리 빨리-정부 적극적 역할론

적극적 정부 역할을 위해서는 국민으로부터 많은 정보를 얻어야 합니다. 국가와 국민 간에 양방향 소통이 밀접하게 이루어져야 합니다.

현재는 국민이 국가에 접속하는 것은 볼 일이 있을 때 뿐이고 국가가 국민에게 접속하는 것은 극히 드뭅니다. 코로나19 주의 사항을 보내거나 지진경보를 보낼 때 정도입니다. 미래에는 국가는 국민 하나 하나의 상태를 알고 있어야 합니다.

요즘은 "빨리 빨리"입니다. 느린 것은 디지털이 아닙니다. 디지털은 광속 처리입니다. 느리면 가짜 디지털입니다. 디지털과 아날로그를 섞으면 죽도 밥도 아닙니다. 아날로그에는 사람이 들어있습니다. 사람은 주관적이며 "세월아 네월아"입니다.

디지털 뉴딜이 완숙되면 본격적인 인공지능 세상이 옵니다. 인공지능 세상에는 UI(User Interface)가 거의 없습니다. 인간의 개입이 많은 문제를 만듭니다.

⁞⁞⁞ IT 인프라 문제

IT 법체계 문제,
비효율적이고 불편한 IT 처리절차,
개인정보 보호의 적용 문제,
낮은 IT 교육수준,
국민들 간의 엄청난 정보 불평등.
이는 국가 IT수준을 떨어뜨립니다.
전반적인 IT분야 큰 그림과 IT 법 체계가 구축 되어야 합니다.

대한민국은 코로나19 사태에서 다른나라와 비교하여 모범적이었으나 한국 역시 개선할 점이 많습니다.

IT인프라에 반드시 필요한 것은 모든 국민에게 스마트폰 하나씩을 갖게 만들어야 합니다.
그리고 국민 모두는 스마트폰을 항상 소지하여야 합니다.
이 두 가지는 모든 국민이 상시 실시간 양방향 통신이 가능하다는 것을 의미합니다.
그러면 국민과의 법적 통지의 기본값을 온라인으로 바꿀 수 있습니다.
아직 법적 통지의 일반적인 방법이 등기우편입니다. 한탄스러운 일이지요.

⁞⁞⁞ 이 책의 제안

모든 국민은 인컴을 통해 국가 서버에 실시간/상시/양방향 접속이 가능하여야 합니다.
인컴에 의해 모든 국민은 균일한 하드웨어/소프트웨어 최소 구성을 가질 수 있습니다.
실시간/상시 연결(접속)은 상시 본인확인이 되어있다는 것을 의미합니다.

항상 소프트웨어에 접속할 때마다 로그인 또는 본인확인을 하여야 하는 불편을 없앨 수 있습니다.

모든 해킹으로부터 자유로울 수 있습니다. 이것은 전반적인 앱들의 안전성을 획기적으로 높여줍니다.

또한 앱들의 사용성(Ease of Use)을 제고하고 처리시간도 크게 줄여줍니다.

국가가 크게 모든 대국민서비스 영역을 높입니다.

각종 대국민 통계도 쉽게 얻을 수 있습니다.

필요하면 국민들의 맥박 수 통계도 쉽게 만들 수 있습니다.

모든 국민이 이렇게 균일한 하드웨어/소프트웨어 최소 구성을 갖게 하는 비용은 국가가 마련하여야 합니다.

균일하지 못한 사용자 환경에서 시스템을 개발하는 것은 비효율적이고 제약이 많고 비용이 많이 듭니다. 기본적인 기능을 균일하게 함으로써 많은 장점을 가질 수 있습니다.

이것은 민간이나 국가나 마찬가지입니다.

국민의 인컴을 통한 국가 서버 실시간/상시/양방향 접속성이 국가 차원의 표준 기본 환경입니다. 인컴은 이동성이 있고 사람이 항상 소지합니다. 그러므로 사용자/인컴 결합을 견고하게 합니다.

그러나 이 사용자 연결성이 불완전할 수 있으므로 사용자 연결성을 보완할 수 있는 스마트워치가 표준 구성에 포함될 수 있습니다. 스마트워치도 완벽하지는 않지만 현재 Wearable 중에는 가장 좋습니다.

사용자 연결성이 충분하면 모든 사용자의 본인확인을 인컴이 대신합니다.

인컴이 신분증 역할을 하는 것입니다.

인컴은 인간의 수행 비서 역할을 담당할 수 있습니다. PC는 이동성이 없어 수행 비서 역할에 부적합합니다.

컴퓨터는 인간이 하는 단순 반복적인 일을 대신할 수 있습니다.

산업혁명은 인간을 단순 반복적인 육체노동으로부터 자유롭게 하였고 이제 이어지는 산업혁명이 반복적인 정신노동으로부터 해방시킬 것이며, 그폭은 갈수록 커져 인간은 모든 노동에서 자유로워지는 세상이 올 것입니다.

사람은 주관적이며 오류가 많습니다. 사람과 대화하는 것이 아니라 인컴과 대화하는 것이 빠르고 정확합니다. 단순반복적인 정신노동은 컴퓨터가 대신합니다. 매일 동일한 로그인과 개인정보 입력이 요구된다는 것은 전체적인 컴퓨터 시스템 설계의 후진성을 보여준다고 할 것입니다.

사람과 컴퓨터 간의 대화보다 컴퓨터와 컴퓨터 간의 통신(M2M)이 훨씬 쉽습니다.
사람과의 통신 UI(User Interface)는 아주불편합니다.
컴퓨터는 디지털 세상에 속하며, 인간은 전통적인 아날로그 세상에 속합니다.
아날로그와 디지털이 접속할 때 디지털 변환이 일어납니다.
UI,음성인식, 문자인식, 키보드 입력, 필기체 인식, 안면 인식, 등등에서 디지털 변환이 일어납니다.

국가가 10여년 넘게Active X 문제와 공인 인증서 문제를 방치함으로써,
앱들의 사용성(Ease of Use)을 크게 저하시켰지만, 이제 선진국으로서 우리나라가 IT분야를, 모든 표준을 선도하여야 합니다.

⁙ 무엇이 문제인가요?

단 하나를 지적한다면 '정부의 역할이 없었다'입니다.
미래사회를 IT측면에서 연구한 사람으로서 수많은 문제들을 지적할 수 있으며 그 문제들의 근원을 생각하면 정부의 잘못이라고 할 수 있습니다. 이번 정부는 이 같은 문제들을 개선하려는 의지를 갖고 디지털 뉴딜을 선포하였습니다. 변화할 준비가 된 듯 보입니다.

민간은 다양성을 추구하지만 정부는 통합하고 표준화에 의거 단순화한다고 할 수

있습니다.

정부는 소극적인 역할을 하여왔고 민간의 이권 다툼에 움추려왔습니다.

정부는 적극적인 역할을 하여야 합니다. 수많은 문제들을 앞장서 헤쳐나가야 합니다.

제일 먼저 다룰 것은 인컴의 사용성(Ease of Use, Usability)입니다.

국가가 적극적으로 지원하여야 할 국민은 정보의 상대적 약자입니다.

컴퓨터가 중시하여야 하는 가치는 사람을 편하게 하는 것입니다.

정보 강자만이 달려가도록 하는 것이 아닙니다.

정보 약자도 포용하고 끌어안을 수 있어야 정상적인 스마트폰 제조회사라고 할 수 있습니다.

그러기 위해선 사용성이 중요합니다.

누구나 사용할 수 있게 인컴의 사용이 아주 쉬워야 합니다.

이것은 스마트폰 제조회사가 단독으로 추구할 수 있는 목표가 아닙니다.

정부가 분명한 목표를 제시하여야 합니다.

왜 인컴은 노인 또는 아기가 이용할 수 없는가요.

인컴은 모든 국민을 적극적으로 지원해야 하며 그럴 수 있습니다.

로봇은 치매노인을 돌볼 수 있으며,

인컴은 일정부분 치매노인의 친구 역할도 가능합니다.

사용자 결합(User Binding)이 확실히 보장되어야 합니다.

개발자와 사용자― 컴퓨터는 아기와 노인도 보살필 수 있어야 하며, 사용자를 괴롭히지 않아야 합니다. 인컴의 사용성이 최우선적으로 고려되야할 가치입니다.

회사의 이익 보호를 위해 사용자를 괴롭히는 일이 어디까지 허용되어야 하나요?

모든 로그인 절차는 사용자 결합으로 필요 없어질 것입니다.

앞으로 상세한 논의가 필요한 사항

▣ 디지털 평등

국민 불안 (빅브라더, 개인정보보호) 의 해소

정보는 양날의 검입니다.

개인정보의 과도한 보호는 국가 미래인 디지털 사회의 성장을 저해합니다.

한국은 빅브라더가 출현할 수 없는 민주체제입니다.

프로그램의 설치시 사용자의 약관 동의 절차는 바뀌어야 합니다.

실제 사람들이 그 내용을 보지 않거나 대충 훑고 동의합니다.

모든 것이 국민의 책임이 되어서는 안됩니다.

인공지능이 개입할 수 있는 공간이 마련되어 인공지능에 의한 고도의 자동화가 이루어져야 합니다.

국가(공공)의 역할이 정의되고, 국가 전체의 구조도가 구축되어야 합니다.

30년 전에 만들어진 전자상거래의 인증기관 역할은 극히 축소되었습니다.

지금은 인증기관이 필요 없고, 사용자 결합으로 충분합니다.

앞으로의 미래를 담을 구조가 정의되어야 합니다.

▣ 신뢰체계, 신용체계

국가를 못믿는다면 미래를 위한 그림을 그릴 수 없습니다.

대한민국은 신뢰할 수 있습니다. 대통령들이 감옥에 있지만 체제적으로는 신뢰할 수 있으며, 우리는 세계를 선도할 자격이 있습니다.

국가 표준에서 독자적인 국가 운영체제(OS)가 필요하다고 생각됩니다.

개방형 운영체제가 플랫폼마다 있어야 합니다. 인컴 OS, PC OS, IOT OS

최소 구성이 표준이 되지만 표준은 차차 확대되고 진화되어야 합니다. 적극적으로 표준을 진화시켜야 합니다.

우리나라 국가 IT모델은 세계의 표준이 될 수 있습니다.

세계 시민 운영 체제는 다음의 주제입니다.

4차 산업혁명은 세계적으로는 일자리가 줄어들 수도 있습니다.

그러나 선도하는 국가는 일이 늘어납니다.

선도하는 국가는 시행착오를 겪고, 이 비용은 세계가 지불하기 때문입니다.

창조가 필요한 일은 원하는 나라가 하고 비용은 전세계가 지불합니다.

일이 줄어든다고 단절적 혁명을 추진하지 않는다면 경쟁력은 떨어지고 국가는 무너집니다.

4차 산업혁명을 망설이는 국가는 망하고 선도하는 국가가 독식할 것입니다.

외환보유고 4,107억 달러. 세계 9위

우리는 IT 강국으로서 세계를 선도합니다.

4차 산업혁명은 일자리 감소의 문제가 아닙니다.

일자리가 급속히 바뀐다는 문제입니다.

젊은이의 일이 늘고 나이 든 사람은 변화에 적응하기 힘들지만, 노인도 공부하고 적응하여야 합니다. 기본소득제가 발전, 정착되어야 하며, 이것이 변화에 대한 저항을 완화시키는 역할도 할 것입니다.

무엇이 국가의 IT수준을 대표할까요? 특출한 인재가 한 국가의 IT 수준을 대표하지 않습니다. 평균 값 또는 하위 값 모두가 IT 수준에 중요합니다.

이번 사태를 보면 하위 값이 중요성을 갖습니다.

국가로서 많은 사람이 적용에서 배제되어 혜택을 받지 못하는 일이 일어나는 사업을 시행할 수 없습니다.

불평등을 초래하는 일이 되기 때문입니다.

지금은 국가 디지털 세상으로의 대변혁이 일어나야 할 시점입니다.

첫째 모든 국민이 코로나19로 인해 디지털 뉴딜에 관심을 갖게 되었습니다. 디지털, 비대면, 원격 및 온라인에 대한 개념을 정립할 때입니다.

대변신이 이루어질 수 있는 환경이 되었습니다.

두번째 컴퓨터의 성능과 편리성이 증가되어 국가의 평등한 대국민 디지털 서비스를 시작할 때입니다.

디지털 대국민 서비스는 실시간/상시/양방향으로 실시되어야 하며 국민의 건강, 안전 등의 일상이 밀접하게 다루어져야 합니다.

현재는 컴퓨터의 편리성(사용성)이 대폭 증가 되었습니다. 지금은 컴퓨터의 가격, 성능과 편리성이 크게 증가되어 누구나 컴퓨터를 쉽게 사용할 수 있습니다. 아기와 치매 노인을 제외하고 모든 국민이 사용 가능합니다. 만약 편리성이 낮아 필수 기능을 사용치 못하는 국민이 많다면 기술이 부족한 것이 아니고 정책이 잘못된 것입니다. 안전성을 핑계로 편리성을 낮추어 설계한 인증서는 문제가 있습니다. Active X 문제도 커다란 문제로서 오랫동안 해결되지 않았습니다. 이는 정책적 문제이었습니다.

인터넷, IOT, Wearable, 소프트웨어, IT법 체계 모두 한 방향을 향할 때가 되었습니다.

향하는 방향은 국가의 국민 모두에 대한 실시간/상시/양방향 서비스이며,

이를 통해 완벽한 디지털, 비대면, 원격, 온라인 사회를 만들 수 있을 것입니다.

결과적으로 일의 처리는 광속으로 빠르고 크기가 작습니다. 경쟁력이 매우 높습니다.

대국민 서비스의 질과 양을 대폭 향상시킵니다. 현재는 많은 절차에 아날로그와 디지털이 혼재되어 있습니다.

미래는 효율이 필요한 모든 처리과정에 아날로그 절차가 제거되고 사람의 개입도 극소화될 것입니다.

국민 IT수준을 균일하게 높이는 것이 중요합니다. 국가 IT기본권을 만들어야 합니다.

모든 국민이 균일하게 기본적인 수준을 갖추어야 합니다.

코로나19를 겪으면서 비대면(온라인, 원격, 디지털) 사회가 국제적인 이슈가 되고 있습니다.

정부는 포스트 코로나19의 계획으로 디지털 뉴딜과 그린 뉴딜을 언급하고 있습니다.

민간은 첨단 분야에서 경쟁하며 다양성을 만들어 냅니다.

국가는 이러한 다양성이 성숙하면 표준화를 통해 통합합니다.

민간은 특출한 인재에 많이 의존하지만 전반적인 국가 수준향상은 국민 전체에 달려있습니다.

국가는 디지털 사회와 비대면 사회를 국가 IT 기본권을 통해 완성하고, 그로써 낙오자가 없는 균일한 사회를 만들어야 합니다.

국민 모두가 IT 기본 권리를 향유할 수 있어야 합니다.

국민의 IT 기본 권리는 기본 IT 교육 및 시스템의 편리성을 높임으로써 보장할 수 있습니다.

국가는 기본 장비, 소프트웨어 및 네트워크를 마련하는데 발생하는 비용을 담당하여야 합니다.

이런 비용보다 훨씬 큰 이익을 얻을 수 있는 이유는 너무 다양한 조건에서 국가 시스템을 개발 및 테스트하는 것는 더욱 많은 비용이 소모될 것이기 때문입니다.

❖ 디지털 사회

◾ 빠른 속도
종이 편지로 정보를 보내면 하루 이상이 걸리지만 같은 정보를 email로 보내면 1분이면 됩니다.

◾ 높은 밀도, 집적도
도서관 하나를 작은 USB에 저장할 수 있습니다.

디지털의 모든 특징은 아날로그에 비해 극도로 빠르고 효율적이며 경쟁력을 갖습니다.

아날로그가 개입되어 있으면 경쟁력, 경제성이 저하되므로, 규명, 구분되어야 합니다.

일의 처리 절차에 아날로그와 디지털이 혼재되면 절차가 극도로 비효율적으로 됩니다.

최소 구성인 인터넷에 연결된 인컴만으로 모든 일이 가능하여야 진정한 디지털 세상을 이룰 수 있습니다.

눈이 나빠 보조적으로 사용하는 큰 화면 디스플레이 등은 인컴의 보조장치로 간주

되어야 하며 추후 상세히 고려 되어야할 사안입니다.

아직 세상은 아날로그 90%와 디지털 10%이며 필요할 때 아날로그 밖에 없는 상황이 많습니다.
아날로그가 필요할 때 아날로그가 있고 디지털이 필요할 때 디지털이 있어야 합니다.
그러나 아직 디지털이 필요할 때 온통 아날로그 천지입니다.
조속히 디지털 세상이 완성되어야 합니다.

디지털 세상은 아주 쉬워서 컴퓨터에 무지한 사람도 사용 가능한 세상입니다.
자율주행처럼 사람이 편하기 위한 것이 디지털로서 어려우면 디지털이 아닙니다.
컴퓨터가 만들어진 것은 인간의 편의를 위한 것입니다.

⣿ 행정 절차 비용

소위 선진국이 서류에 파묻혀 국가가 결정을 한 것을 수행하지 못하고 결국 포기 상태에 이릅니다. 모든 것은 시간으로 측정하여야 합니다. 왜 한 달 걸리는 일을 1시간 내에 끝내지 못하는가요? 이것은 전 과정을 동영상으로 찍어 분석을 하여야 합니다. 시간으로 측정하면 모든 문제점들이 밝혀집니다. 모든 민간의 절차도 마찬가지입니다. 시간이 오래 걸리는 이유가 무엇인가요? 1시간이 걸리면 왜 10분이 아닌가요?
예를 들어보지요. 왜 전국민의 국민 투표에 하루가 소요되고 비용도 막대한가요?
10분동안 투표하고 그 후 10분안에 국민 투표 결과를 발표하지 못하는 이유는 뭔가요?

투표율도 60-70%가 아니라 99%를 달성할 수 있습니다.
비용 측면에서 1/1000로 축소하여 투표를 끝낼 수 있습니다.
디지털 세상은 아날로그 세상과 다릅니다. 디지털을 아날로그와 뒤섞지 않으면 아주 효율적으로 끝낼 수 있는 일입니다.

금융허브 경쟁력GFCI(Global Financial Center Index)

정보가 많으면 금융허브가 되는 것도 어렵지 않습니다. 특히 영어 등 다국어 지원 기능이 중요합니다.

인컴과 비서봇

인컴은 이동성이 있어 비서역할이 가능합니다.
그러나 스스로 이동 능력은 없습니다.
치매노인, 아기는 보조 로봇비서가 더 필요할 것입니다.
비서봇이 친근한 동물의 역할을 할 수 있습니다.
인컴에 휠체어가 부착되어 간단한 보조 비서로봇이 될 수 있습니다.
인컴이 휠체어를 조종하고 반인과 시선을 맞추고 대화할 수 있습니다.

UI(User Interface)

UI는 이론상 1인당 하나입니다. 하나의 인컴에 있습니다.
인공지능이 만드는 UI는 음성과 화면을 이용하며 사람은 음성 또는 화면에 응답합니다.
앱이 만드는 UI와 유사하나 인공지능이 만드는 UI가 단순한 형태를 가질 듯합니다.
단기적으로는 앱이 UI를 만드나 장기적으로는 사람의 모든 정보교환은 인공지능을 거치므로 모든 UI는 인공지능이 만들고 소유합니다.
앱은 인공지능과 API로 정보교환을 하고, 인공지능과 사람은 UI를 통해 정보교환을 합니다.

⠿ 만능열쇠

PC는 인컴으로 로그인을 할 수 있습니다. 인컴이 만능열쇠이기 때문입니다.

인컴은 생체인식으로 본인확인을 합니다.

인컴이 부근에 있으면 그 자체가 열쇠의 역할을 함으로써 PC 로그인이 가능합니다.

자동차도 키가 필요없이 인컴으로 열 수 있습니다.

아파트 동 열쇠, 아파트 집 열쇠 모두 인컴으로 대신할 수 있습니다.

⠿ 무인화

사용자 결합이 진행되면 범죄는 불가능해집니다. 범죄가 없으면 많은 관행이 달라집니다.

무인 상점이 많아집니다. 사람이 개입하면 인건비가 발생합니다.

물건 값 계산은 자동적으로 실행되도록 만들어야 합니다. 예) 무인 아이스크림 판매점

무기도 온통 무인화가 진행되고 있습니다. 무인기(드론), 무인 자동차(자율주행), RCWS 등등 모든 것에 사람이 배제되고 있습니다.

우리나라도 그렇듯 무기체계가 무섭게 발전하고 있습니다. 보다 강력해 지고 가격도 낮아져서 인간 살상의 효율성이 높아지고 있으니 큰 문제입니다.

전투기, 항공모함 등은 상대적으로 발전이 느리고 효율적이지 못하며 전근대적입니다.

⠿ 빅브라더

한국에 빅브라더는 없습니다.

개인정보는 국가가 관리합니다.

우리나라는 특히나 IT강국으로서 많은 정보가 쌓이고 있으며, 현대는 정보 없이 살아갈 수 없지만 나날이 축적되는 많은 정보는 양날의 칼입니다.

▣ 정보공개

밀실에서 나쁜 짓에 이용되지 못하도록 만들 수 있습니다.

자신의 악행이 드러나지 못하게끔 악인들은 항상 개인정보보호를 주장하지만, 정보의 투명한 공개를 통해 밀실에서 나쁜 짓에 이용되는 것을 막을 수 있습니다.

▣ 민간의 비효율적인 업무 환경

디지털과 아날로그는 매우 다른 성격을 가지고 있습니다.

아날로그와 디지털을 동시에 지원하는 것은 극히 비효율적인 절차입니다.

효율적이고 경쟁력 있는 절차를 위해 철저히 아날로그를 배제하여야 합니다.

아날로그 세상은 이미 구축 되어있는 오래 사용되어 온 세상입니다.

지금 완성하여야 하는 세상은 디지털 세상입니다. 디지털 세상이 아날로그 세상과 혼용되면 디지털 세상의 특징이 사라집니다. 느린 세상과 빠른 세상을 섞으면 죽도 밥도 안됩니다.

빠른 세상이 필요할 때 느린 세상이 섞이지 않아야 합니다.

느린 세상도 필요하지만 필요할 때만 사용되어야합니다.

세상은 빠른 절차와 느린 절차가 모두 필요하지만, 느린 절차는 이미 오래 사용되어 온 것으로, 지금은 순수하게 빠른 절차만이 추가적으로 필요합니다.

⁂ 위치정보로 본인확인

필자는, 언젠가 외국에서 로그인 시도가 있었음을 앱 측으로부터 통보받은 경험이 있습니다. 이와 같이 위치정보는 해킹여부를 알아내고 본인확인을 하는 수단이 되기도 합니다.

⠿ 페어링, NFC이용

모든 전자적 존재들은 무선으로 자신의 존재를 알립니다.

그러나 모든 존재들이 대화를 하기 위해서는 대화를 하겠다는 동의과정이 필요합니다.

대화 상대의 선택은 NFC로 결정.

원래 페어링을 했던 존재는 자동으로 페어링이 가능합니다.

인컴을 갖다댐으로써 1대1 Session이 맺어집니다.

둘만의 대화를 하겠다는 두 전자적 존재의 대화 동의가 있으면 대화 채널이 만들어집니다.

이 대화 채널을 Session이라고 합니다. 대화 당사자 각각을 half session이라고 합니다.

⠿ 보관용 vs 사용용

원천 정보가 아날로그(종이)이면 아날로그는 보관용이며 사용 용도가 아닙니다.

이를 디지털로 변환한 것이 사용용도입니다. 현재 법은 원본을 요구하기 때문입니다.

과거에는 빠르다는 것이 졸속을 의미하기도 했지만 현재는 빠르다는 것은 좋은 의미입니다.

빠르면 비리가 개입될 여지가 없어집니다. 여기 저기서 한다리 걸치면 될 일도 안됩니다.

IT 담당은 독립된 부서이어야 합니다. 과학기술부와 행정안전부보다 상위의 부서이어야 합니다.

인간에 있어 뇌는 모든 것보다 중요한 기능입니다. 컴퓨터는 뇌에 해당합니다.

IT는 모든 정신 노동을 대표합니다.

국가는 국민 개개인의 생로병사를 상시 실시간으로 인지하고 조치 하여야 합니다.

국민 IT 기본권의 진행 상황이 체크되어야 합니다. 그러나 현재는 즉시 연결권은 0%입니다.

문자를 불특정 다수에게 보내는 것은 잘못입니다. 해당되는 사람이 특정되어야 하며, 응답신호를 받아야 합니다.

맥박 검사가 자동적으로 실시되어야 합니다. 정부 측도, 국민 개개인도 양방향 자동으로 통신이 오고갑니다.
비상벨 등에 의한 완벽한 국민보호가 되어야 합니다.
능동적 정부-자동화(아날로그적 정부 돌봄은 불가능하며, 객관적인 자동화가 구축되어야 합니다.)
목마른 사람이 샘을 파야하는 식의 빈익빈 부익부가 지양되어야 합니다.
국민의 IT 능력을 위한 IT 의무교육과 IT기본장비 등은 국가의 책임입니다.

디지털에서 국가와 국민은 역할이 다릅니다.

디지털에서 보통은 국민이 국가를 호출하여 서비스를 받습니다.
앞으로는 국가가 국민을 호출하여 적극적 서비스를 제공하는 일이 증대될 것입니다.
지금은 국가가 서비스하는 시간은 정해져 있으며, 국민이 응답할 수 있는 시간은 불확실합니다. 샤워, 수면 또는 화장실 사용 중일 수 있습니다. 그러므로 항상 중간에 인공지능이 존재하여야 합니다.

앞으로는 실시간 지불이 일반화될 듯.
위치정보 일치여부 확인-위치정보가 서울인데 미국에서 카드를 사용하는 것은 불가능하겠지요. 대부분 해킹을 의미할 것입니다.

⁑ 국가 수준은 하위값이 결정합니다.

만약 전국민에게 통보할 일이 있다면 통보가 안되는 사람이 그 일의 성패 여부를 결정합니다.
최소한 성인 모두가 표준 환경에 참여하게 만들어야 합니다.

상시 실시간 양방향으로 국가와 소통하는 국민의 %가 국가 수준을 결정합니다.

비대면 사회가 대두되며 표준 국가가 되었습니다.
이는 세계대전 못지 않은 대변혁이었습니다.
IT맥박 – 항상 연결 되어 있습니다. 비상이 아니면 관여하여 사용자를 귀찮게 하지 않습니다.

::: 디지털 변환

디지털 변환은 수학적으로 무한소수가 일정 유한소수만큼 개략화가 이루어지는 것입니다.
어느만큼 개략화가 일어나는가요? 해상도 만큼 일어납니다.
설계자의 판단에 따라 적정한 만큼으로 개략화를 시킵니다.
아날로그에서는 하나의 길이도 무한대의 자리수를 갖는 무한소수이기에
사실상 1테라 크기의 하드에도 하나의 아날로그 길이 값도 담지 못합니다.
하지만 디지털 길이값은 작은 저장용량을 차지하면서도 정확합니다.
원주율은 3.141592⋯⋯의 무한소수로서 아날로그 값이지만
디지털 값으로는 3.14만큼의 유효숫자만으로 개략화가 가능합니다.
원주율을 해상도가 낮게 3까지만 표시할 수도 있고 해상도를 높여 3.1415로 또는 그 이상으로 표시할 수도 있지만 필요한 만큼만 해상도를 높임으로써 저장 용량을 작게 차지하도록 할 수 있습니다.
우리가 사진이나 동영상을 인터넷에 올릴 때 보통 해상도를 낮춰서 용량을 줄이는 것입니다.
디지털은 실세계의 수학적 요약으로서 디지털이란 10진수를 의미합니다.

⫸ 초연결 사회-모든 국민은 국가와 상시 실시간 양방향 연결되어야 합니다.

초연결 사회는 모든 사람이 연결되고 모든 전자장비가 연결되고 모든 상점/기관들이 서로 연결되어 있는 사회입니다. 언제든 누구와도 대화 채널이 만들어 질 수 있습니다.

모든 장비에는 PC, 노트북, 인컴, IOT 클라우드, 냉장고, 헬스 IOT, 자동차 등등이 들어갑니다.

헬스 IOT는 사용자와 분리불가한 중요한 원격의료 전자장치로 만들 수 있으며, 만약의 심정지 상황에 대해 알람으로 경고를 보낼 수도 있습니다.

초연결이 되어있으면 음식주문에 QR코드 방식도 필요없습니다.

방문기록에도 QR코드 방식은 필요없습니다.

실종자, 불법 체류자, 불법 도피자도 있을 수 없으며, 모든 범죄가 거의 불가능해집니다.

해킹도 불가능하며, 체포를 각오한 범죄 외에는 불가능합니다.

사람들은 빅브라더의 존재 가능성, 개인정보 보호를 이유로 미래사회에 저항합니다.

미래사회에 빅브라더는 존재할 수 없습니다.

개인정보 침해도 불가능합니다.

특권은 거짓말에 근거하고 특권은 범죄행위입니다.

민주국가의 대통령이 특권을 갖는가요? 임기를 갖는 악성 특권은 없습니다.

특권의 가능성은 이를 방지하기 위해 임기와 선출이라는 과정을 가져야 합니다.

삼성 페이가 오랫동안 애플 페이와 경쟁해왔습니다.

돈을 지불하기 위해 카드 처리기와 신용카드가 대화 채널을 만들어 처리합니다.

카드 처리기는 인터넷과 연결되어 있지만 신용카드는 컴퓨터 기능도 없고 인터넷과 연결도 없습니다. 삼성/애플 페이는 인컴이 접촉 식으로 카드 처리기와 연결되지 못하기 때문에 NFC 통신으로 연결하여 대화채널을 만듭니다.

뭐하러 이런 복잡한 구성을 하는가요? 카드 처리기가 인터넷에 연결되어 있고 인컴이 인터넷에 연결되있으니 카드 처리기와 인컴이 인터넷으로 대화채널을 만들면 됩니다.

카드처리기의 기존 특성을 그대로 이용하려 하기 때문입니다.

범용성을 위해서는 상점은 인터넷으로 돈을 받는 방식으로 가야 합니다.

반면에 NFC가 페어링을 형성하기 위해 필요할지도 모릅니다. 많은 대화상대 중에 대화상대를 고르는 것을 페어링이라 합니다. 대화채널을 만들기 위해서는 상대방의 동의도 필요합니다. 페어링을 session이라고도 합니다. 대화채널의 한쪽을 half session이라고 합니다.

⠿ 국민 상호 간의 소통

이것은 민간 영역이라고 할 수 있습니다. 그러나 국가가 부분적으로 관여하는 것이 좋다고 생각됩니다. 국민 상호간의 소통을 담당하는 소프트웨어는 커뮤니티 기능입니다.

커뮤니티 기능의 대표적인 것이 카페 기능입니다.

페이스북 등 많은 것이 있지만 네이버/다음 카페가 대표적인 것으로 생각됩니다.

오래 전 경기도가 아파트 단지를 위해 홈페이지 기능과 카페 기능을 제공한 적이 있으나 실패했습니다. 이 실패로 인해 부작용만 커서, 정보 공개를 반대할 수 있는 구실만 제공하였습니다.

아직 커뮤니티 기능을 지자체가 제공하는 것은 불가능합니다.

전자정부 차원에서 제공하여야 합니다.

민간의 최신 기능이 필요하면 보조적으로 사용하면 됩니다.

⠿ 아직 세상은 변하지 않고 있습니다.

도처에 아날로그 세상의 잔재가 존재합니다.

조그만 상품의 상품 설명이 너무 작은 글씨여서 읽을 수 없습니다.

노안인 필자에게는 불만이 많습니다.

이것은 QR코드 같은 M2M 방식으로 설명되어야 합니다.

⠿ Paperless Office

비대면/원격/온라인/재택근무 등등은 요새 혁신을 주제로 자주 등장하는 단어들입니다.

여기에 반드시 추가 하여야 할 것이 Paperless Office입니다.

모든 업무에서 종이를 없애야 합니다.

종이는 원격/비대면을 불가능하게 하는 물건입니다.

만약 종이로 정보를 전달한다면 이것은 1900년대 방식입니다.

투표? 이것도 1900년대 방식입니다.

모든 종이로 된 것들은 버려야 합니다.

종이는 오프라인을 대표하는 것입니다.

책도 버려야 합니다. 종이 교과서도 버려야 합니다.

종이 정보는 주요 수단이 아니고 보조적으로만 쓰여야 하며 모두 버려져야 합니다.

필자는 어떤 계기가 있어 아파트 관리를 종이 없는 절차로 개선하려 한동안 노력한 적이 있었지만 한 사람 힘으로는 안됩니다.

어떤 일이던 종이 없는 절차로 개선된다면 커다란 혁신이 이루어진 것입니다.

∷ 표준국가

▣ 표준국가, 비대면 사회

비대면 사회가 세계의 화두로 대두하면서 우리나라가 표준국가가 되었습니다.

어떻게 비대면 사회를 선도하는 국가가 되었을까요?

그것은 당연합니다. 우리가 IT강국이기 때문입니다. 비대면 사회는 경쟁력이 수백 배 증가합니다. 비대면 사회는 대면 기능을 죽이면 됩니다.

대면 기능을 없앤다는 것은 말이 안되지만 비대면 기능을 완성하기 위해서는 잠정적으로 대면 기능이 없어야 합니다. Paperless Office기능을 완성하기 위해서는 잠정적으로 종이는 없애야 합니다. 비대면 기능이 완성되려면 무종이 절차도 완성되야 합니다.

그래서 코로나19는 대한민국의 행운입니다. 제가 수년 전, 아파트관리소 업무 비대면화를 시도했을 때 굉장한 저항이 있었으며, 저의 최초 사회 참여는 실패했습니다.

Paperless Office라는 용어는 이미 1990년대에 나왔던 용어입니다. 모바일 오피스라는 용어가 나왔을 때 즈음인 듯 합니다.

∷ 왜 비대면 서비스를 해야 하는가요?

대면 기능을 억제하여야 디지털 비대면 기능이 활성화되기 때문입니다.

디지털 세상에서 사람의 역할은 축소되고 UI의 사용이 최소화 되어야합니다.

UI는 사람과 컴퓨터의 정보교환이며 사람이 개입하는 것입니다.

인간은 여러 면에서 업무의 효율 상 열등합니다.

그래서 인간의 개입은 차단 되어야합니다.

아직 인공지능이 완벽하지 않지만 인공지능이 발전함에 따라 인간을 대체할 것입니다.

궁극적 미래 사회는 비대면 사회입니다.

⠿ 비대면은 효율성입니다.

실제로 불필요한 대면 절차를 없애야 합니다.
왜 만나야하나요? 안만나고 해결할 방법은 없나요?
비대면은 효율적이고 정확합니다. 중간에 컴퓨터가 도움을 주기 때문입니다.
과거와의 단절이 필요하며, 스캐너도 그리고 팩스도 없어야 합니다.

⠿ 비대면 사회가 완성되어야 4차산업혁명이 시작됩니다.

사람과 사람 사이에 컴퓨터가 존재하여야 증강현실이 가능합니다.
능력이 풍부한 컴퓨터가 개입할 여지가 생기는 것입니다.
비대면 사회가 완성되면 4차산업혁명이 시작될 수 있습니다.
4차 산업혁명은 모든 종이 절차가 디지털 절차로 바뀌고 데이터가 융합되어야 가능
합니다.

⠿ 비대면 사회, 디지털 사회, 원격/온라인 사회

컴퓨터는 디지털을 사용하지만 현실 세계는 아날로그입니다.
아날로그를 디지털로 변환하면 효율성, 경쟁력이 크게 증가합니다.
예를 들어 우편으로 편지를 제주도에 보내면 오랜 시간이 걸립니다.
디지털 방법을 쓰면 같은 일이 짧은 시간에 실시간으로 이루어집니다.
편지라는 종이가 아니라 거기에 담긴 정보전달이 목표이므로 전파를 이용한다면 효
율성/경쟁력이 무한 증가합니다.
정보를 문서로 교환하는 군대는 디지털로 교환하는 군대에 이길 수 없습니다.
신분증, 크레디트 카드, 도장은 종이와 같습니다. 전자신분증도 마찬가지입니다.
종이는 아날로그적 낭만을 위해서나 존재성을 가질 뿐입니다.

비대면 사회, 디지털 사회, 원격 사회, 온라인 사회는 같습니다.

모든 것은 디지털 사회라고 말할 수 있습니다.

신분증, 크레디트 카드, 도장, 전자 신분증도 없어져야 할 것입니다.

전자 신분증, 크레디트 카드도 디지털 수단이지만 별도로 존재할 이유가 없습니다.

사람이 반드시 휴대해야 할 것은 인컴 하나입니다.

비대면, 디지털, 원격, 온라인이라는 단어에 저항하면 안됩니다.

그것은 국가의 발전, 국민의 복지 증진을 저항하는 것입니다.

저자의 아파트 관리소 디지털화 노력의 경우처럼 무지로 인하여 또는 저의를 가진 사람들에 의하여 실패하는 경우가 없어져야 합니다.

1990년 말에 원격 사회/온라인 사회/비대면 사회가 처음 등장했습니다.

당시에 인터넷의 등장과 더불어 처음 비대면 사회가 시작된 것이었습니다.

시급히 비대면 사회의 기술이 필요했습니다. 그 때 등장한 것이 1)공개키 암호화 기술, 2)전자 상거래 기술, 3)인증서(인증기관) 기술이었습니다. 비대면 상태에서 상대방을 믿고 거래할 수 있는 방법이 문제였습니다. 대면을 하면 얼굴과 도장으로 거래 상대방을 확인하고 거래를 합니다. 사실 대면 거래는 오히려 신뢰성이 부족하며, 교묘한 사기 시도에 대처하기 쉽지 않습니다. 비대면 기술이 완벽하지 않더라도 대면 방식에 비하여 훨씬 안전합니다.

두 사람 간의 대화가 되려면 3단계를 거칩니다.

1. 두 사람이 가까운 거리에 있어야 합니다.
2. 두 사람의 언어가 같아야 합니다.
3. 두 사람이 서로 신분을 확인하고 대화를 하려는 의사가 있어야 합니다.

이것을 컴퓨터 간의 대화로 바꾸면 다음과 같습니다.

1은 물리적으로 연결이 되어야 합니다. 꼭 물리적으로 접촉하여야 한다는 말은 아닙니다.

2는 프로토콜이 맞아야 합니다.

3은 서로 신분 확인 후 대화 의사가 확인될 때 대화통로가 만들어집니다. 예) 페어링, Session

대면과 비대면

비대면은 대면보다 우월합니다. 비대면과 대면은 택일할 사항은 아닙니다.
궁극적인 형태는 비대면은 항상 존재하며, 대면은 필요에 따라 잠깐씩 비대면과 공존하는 형태일 것입니다. 전화 통화하는 상대를 우연히 만나서 악수하고 가던 길을 가면서 계속 통화하는 것과 같은 상황입니다. 대면은 비대면의 부분집합이라고 할 수 있습니다. 명칭으로는 대면이 비대면의 여집합이나 사실상 부분집합입니다.

▣ 한국의 치안
우리나라의 치안은 세계 최고 수준이라고 할 수 있습니다.
IT 기술과 치안은 비례한다고 할 수 있습니다. 전자적 흔적이 남고 이것을 추적할 수 있기 때문입니다. 인컴은 행위실명제가 되기 때문에 범죄가 없어질 것으로 생각됩니다.

구현 고려사항

정착에 따라 앱들은 인공지능에게 요청해야 하며, 사람에게 물으면 안됩니다.
코딩 샘플 및 툴킷을 만듭니다. 앱들이 인공지능에게 묻는 방식으로 수정해야합니다.

실행조직

디지털 뉴딜의 진행을 위해 국가가 해결할 문제들이 있습니다.
국가가 참여하는 부분에 대해 국가의 요구, 지시 사항이 있어야 합니다.

현재는 각 개발조직이 협의 없이 난개발을 하고 있습니다.

너무 많은 다양성만 증가하고 있으나, 지식은 압축될 필요가 있습니다.

너무 많아 앱들도 뭐가 좋은 것이 나왔는지 모르겠습니다.

시행착오는 정리되어야 합니다. 무작정 너절한 전개는 방향을 잃습니다.

국가는 일정한 개발 방향성을 제시할 필요가 있습니다.

운영체제 개발회사/인컴 개발회사/이동통신회사/앱 개발회사/대국민서비스 개발조직의 정기적 논의가 필요할 것이며, 국가가 선제적으로 어려움을 앞장서 해결하여야 합니다.

33

법률

인간은 먼저 언어, 이어서 문자를 만들며 선사시대에서 역사시대로 진행되어 문자로 소통하면서 인간의 지식은 급증하게 되었습니다.

이제 인간의 역사에서 문자 못지 않게 컴퓨터가 점점 더 중요해질 것입니다.

1940년대 등장한 컴퓨터는 처음 이름의 표현처럼 계산기로 인식 되었으나 지금은 정보 처리기라는 표현이 더 정확하겠습니다. 외국에서는 전뇌라고도 합니다. 인간의 뇌가 생물학적 뇌이고 컴퓨터는 전자적인 뇌인 것입니다. 이 전자적 뇌를 사용하는 기술이 즉 IT(Information Technology)입니다. 이 컴퓨터는 인류의 미래를 결정하는 장치라고 할 수 있습니다. 인간의 지식을 다루고 인공지능을 다룹니다. 미래에는 인공지능이 인간을 대체한다고 하니 어느 것 못지 않게 중요한 분야입니다. 법적인 부분이 디지털 뉴딜의 가장 큰 제약입니다. 법적인 것은 지엽적인 법 조항이 아니라 정보에 관한 헌법 차원이 필요할 듯합니다.

각 분야의 정보 관련 법조항을 총괄하는 헌법 같은 것이 필요합니다. 아니면 헌법 조항에 정보의 조항이 만들어져야 합니다. 특히 국가는 국민의 세세한 정보가 있어야 적극적인 대국민 서비스가 가능합니다. 국가는 국민의 정보를 바탕으로 국민의 인적사항, 재산, 신분을 보증하고 국민의 건강과 안전을 관리할 수 있습니다. 국가는 모든 국민의 정보를 수집관리할 수 있어야 합니다.

국민의 개인비밀을 지키기 위해서라도 국가는 그 개인 비밀을 보유하여야 합니다.

개인비밀이 개인비밀이라는 것을 판단하기 위해서는 그 정보를 갖고 있어야 합니다.

모든 판단 이전의 원시정보는 선악중립입니다.

국가는 군사 비밀, 국가 기록물, 영업 비밀, 기술 비밀, 개인 비밀 등 모든 비밀을 저장할 수 있습니다.

대한민국은 대표적 민주 국가로서 빅브라더는 존재하지 않습니다.

대한민국은 국민이 국가의 주인인 민주 국가입니다.

국가의 이름으로 수행하는 공무원이 개인정보를 오용할 수는 있습니다.

그렇지만 그것이 국가가 개인정보를 수집, 활용하는 것을 막을 명분은 되지 못하며, 점진적으로 개인정보는 공무원이 아닌 공공 인공지능이 관리할 것입니다.

⠿ 정보 헌법 본문

1. 대한민국은 전통적 아날로그 국가임과 더불어 추가적으로 점차 디지털 국가를 지향합니다.
2. 디지털 국가는 모든 국민에게 실시간/상시/양방향 서비스를 제공합니다.
3. 국가가 모든 국민의 개인정보를 관리합니다.
4. 원시정보는 선악 중립입니다.
5. 모든 원시정보는 국가가 안전하게 저장하는 것이 합법입니다.
6. 정보의 저장여부는 저장할 가치 여부에 따릅니다.
7. 저장된 정보의 공개는 법에 의거합니다.
8. 모든 국민은 정보 기본권을 가집니다.
9. 국가의 대국민 서비스는 궁극적으로 인공지능이 수행합니다.

국가는 국민의 신분과 재산을 보호하고 보증합니다.

잘못된 판단으로 정보를 활용하지 못하면, 국부에 커다란 손실이 발생합니다.

악한 정보는 없으며, 다만 가치 없는 정보가 있을 뿐입니다.

필자는 법적 지식은 충분하지 못하므로, 그저 문제 제기를 할 뿐입니다.

중이 제머리 못 깎는다고 개인정보로 소득을 취하는 이해 당사자들은 개인정보에 대해 어떤 주장을 내세울 수 없으며, 국가가 모든 정보를 수집, 저장 할 수 있습니다.

개인정보 보호를 위해 그 개인정보는 국가가 보유하여야 하며, 그러므로 누구도 국가의 개인정보 수집 관리에 반대할 수 없습니다.

정보격차, 정보특권, 정보평등, 정보접근권, 디지털 접근권

우리나라는 민주 국가로서 국민이 곧 국가이기에 정보는 국가가 관리해야 합니다.

정보 수혜의 차별, 또는 정보 특권이 없어야 합니다.

∵ 정보 기본권

세상은 점차 아날로그 세상에서 디지털 세상으로 이동하고 있습니다.

디지털 세상에서 모든 국민은 차별없이 국가의 보호를 받고 서비스를 받아야 합니다.

균일성이 없으면 다수에 대한 서비스 작업시에 하위 수준에 맞출 수 밖에 없으므로 하향 평준화 됩니다.

전체적인 수준 향상이 어렵습니다. 어느 수준까지 균일화가 가능한지 여부가 그 나라의 수준을 결정합니다.

기본권을 정해 주어야 발전하며, 그 기본권은 매해 상향되어야 합니다.

디지털 세상의 입구는 컴퓨터입니다.

디지털 세상은 컴퓨터 없이 존재할 수 없고, 볼 수도 느낄 수도 없습니다.

디지털 세상은 각종 컴퓨터 (PC,서버,인컴,IOT)들이 인터넷 망으로 초연결되어 있습니다.

인간 및 각종 조직은 이 컴퓨터들을 통해 디지털 세상에 연결됩니다.

물론 망에 연결되지 않은 컴퓨터들도 존재합니다.

이 책에서는 개인과 국가와의 관계를 주제로 하고 있으므로 망이 연결되지 않은 컴퓨터는 논외로 합니다. 이 책에서는 국가가 국민의 IT기본권을 보장하기 위한 컴퓨터 최소 구성인 기본 컴퓨터(인컴)에 대해서만 설명합니다.

균일한 사회(Homogeneous Society, Uniform Society)

균일하지 않은 사회는 그 사회에 맞는 시스템 개발이 매우 힘듭니다.

IT를 전혀 모르는 집단, IT 기기를 전혀 갖지 않은 사람을 대상으로 적용가능한 IT 시스템을 개발하는 것은 쉽지 않은 일이고 많은 비용이 소요됩니다. 국민이 균일한 IT장비를 갖고 기본적으로 사용할 수 있으면 국민을 위한 시스템 개발이 매우 용이할 것입니다.

어느 개인이 IT에 익숙하지 못하다는 것은 커다란 장애로서 많은 불이익을 당할 수 있으므로, 모든 국민을 최소한의 디지털 능력을 갖추도록 인도하여야 합니다.

모든 국민이 디지털 권리를 갖게 하는 것은 쉽습니다. 아날로그 세상의 국민이 되는 것보다 훨씬 쉽습니다. 컴퓨터는 인간을 쉽게 해주는 물건입니다. 인공지능까지 제공되면 국민의 모든 것을 도와 줄 수 있습니다. 치매와 갓난 아기도 돌봐줄 수 있을 것입니다.

디지털 평등

처음 컴퓨터는 굉장히 비싼 장비이고 극히 소수만이 만져볼 수 있는 장비였으며, 극히 일부의 전문가만이 다룰 수 있는 장비였습니다.

디지털 세상은 일부만을 위한 특별한 세상이었습니다.

그러나 디지털 세상은 인간을 편하게 하는 세상입니다.

전문가만 편하게 하는 것이 아니라 보통 사람, 장애인, 치매까지 편하게 만들어야 하는 세상입니다.

정보 기본법에 의해 모든 국민이 평등하게 될 것입니다.

지금도 서비스를 만드는 개발자로서 어려운 부분은 있을 수 있습니다.

그러나 서비스를 이용하는 사용자에게는 반드시 쉬워야 합니다.

반드시 유치원생 이하의 어린 아이도 이용할 수 있게 될 것입니다.

갓난 아기도 같이 놀아주는 수준이 될 것입니다.

쉽지 않으면 불평등 해집니다.

개인비서 인공지능을 시급히 도입 해야하는 이유입니다.

⠿ 국민을 위한 기본 컴퓨터 구성

국민의 IT기본권을 위한 컴퓨터 최소 구성의 목표는 국가와 국민 모두의 상시적인 실시간 양방향 연결입니다.

최소 구성의 국민 측은 구체적으로 인컴입니다. 최소 구성의 국가 측은 정부 서버와 클라우드입니다.

항상 국민이 소지하고 다닐 수 있는 컴퓨터는 인컴입니다. PC나 태블릿은 상시/실시간 연결성을 만족시킬 수 없습니다.

현재로는 인간과 상시적으로 연결될 수있는 가장 적당한 wearable은 스마트워치입니다.

현재로서는 인컴도 상시/실시간 연결성을 충분히 만족시키지 못합니다.

그래서 연결성을 보완하기 위해 적당한 wearable로서 스마트워치가 포함할 수 있습니다.

스마트워치가 인컴이 멀어지거나 신호가 끊기는 상황이 발생할 때 사용자에게 경보를 줄 수 있습니다.

이 구성을 통해 국민과 국가는 실시간 상시적으로 영방향 연결될 수 있습니다.

이로써 국가는 어떠한 재난이나 비상사태에도 국민을 보호하고 서비스할 수 있습니다.

:::▶ 일반적으로 정보공개는 선이고 정보보호는 악입니다.

같은 일에 대해 정보공개를 주장하는 사람과 정보보호를 주장하는 사람이 있으면
정보공개를 주장하는 사람은 자랑할 것이 있는 사람이고
정보보호를 주장하는 사람은 감추고 싶은 비리가 있는 사람입니다.
필자의 경험 상 이것은 언제나 예외 없는 사실입니다.

마찬가지로 IT 시스템 도입을 반대하는 사람은 진실이 드러나는 것을 두려워하는,
기득권을 지키려는 사람입니다. 2020년에 어느 한 분야에서 IT 시스템을 수용하지
않으려 강력히 저항하였습니다. 내 경험으로는 이유는 명약관화하며, 진실이 드러
나는 것을 두려워하는 것입니다. 감추어진 곳에는 더러운 것이 가득할 것은 불문가
지입니다. 미래사회는 필연적으로 투명사회입니다.

정부 사이트를 보면 예외 없이 정보공개가 첫 화면의 가장중요한 용어입니다.
정보공개 없이 진실은 없습니다. 해킹으로부터 보호하는 것과는 전혀 다른 이야기
입니다.
정보공개가 요구될 때 흔히 개인 비밀을 핑계로 정보공개를 거부하지만, 정보보호,
개인비밀이라는 용어로부터 음침한 냄새가 납니다.

:::▶ 데이터3법

데이터3법은 개인정보보호법, 정보통신망법, 신용정보법의 3개 법안 개정안을 일컫
는 말로 정보보호 소관 부처를 하나로 모아 중복 규제를 없애고 4차 산업혁명 도래
에 맞춰 개인과 기업이 정보를 활용할 수 있는 폭을 넓히기 위해 마련 되었습니다.

■ 주요 내용

1. 개인정보보호법 개정안

   • 가명정보 개념 도입, 상업적 목적으로 활용 가능

   • 개인정보 관리감독 업무는 개인정보보호위원회로 일원화

   • 통합법제 컨트롤타워가 있어야 GDPR 인증

2. 신용정보법 개정안

   • 가명정보 금융분야 빅데이터 분석에 이용 가능

   • 가명정보 주체 동의없이 활용 허용

3. 정보통신망법 개정안

   • 온라인상 개인정보 감독기능은 개인정보보호위원회로 이관

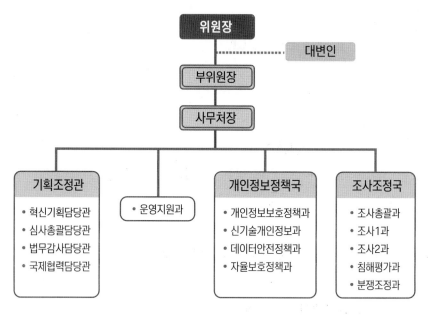

개인정보보호 위원회의 구성

34

사례

⠿ 정보처리는 광속처리입니다.

긴급 1단계의 가상 예-국민이 목욕 중 인근에서 화재 발생 시,
국가는 주변 100m 이내에 대한 긴급 1단계 신호를 보내고 1KM 이내에 긴급 2단계
신호를 보냅니다. 국가는 긴급 1단계 내의 국민 이동 신호를 받지 못하면 해당 국민
이 신호를 못받는 상태이므로 그에 맞는 조처를 119에 요청합니다. 이런 판단들을
인공지능이 수행하여야 합니다.

자료 제출 요구 실제 사례-재건축을 위해 동사무소에서 증명을 2개 받았습니다. 그
렇지만 남은 하나는 시청에 가서 받아야 했습니다. 시청에 가니 무인 발급기에서 받
으랍니다. 무인 발급기에서 받을 필요가 없습니다. 아주 불편합니다.
반드시 현금이 있어야 한다고 했습니다. 현금을 요구하는 것도 잘못입니다.
정보는 반드시 종이가 아니고 디지털 통신으로 이동하여야 합니다.
모든 서류는 재건축 조합 클라우드로, 그리고 동시에 신청자 클라우드에 발송되면
됩니다.

⁜ 모든 정보처리는 빠르게 유무선 디지털 통신을 통하여 수행되어야 합니다.

원칙을 따르지 않아 경쟁력과 효율성이 훼손된 처리는 헤아릴 수 없이 많으며, 개선을 위한 팀이 조직되어 이를 리스트업 해야합니다. 무엇이 정보이고 무엇이 정보가 아닌가요?

모든 정보는 종이와 같은 유형이 아니고 무형인 디지털 상태로 처리되어야 합니다.

모든 인쇄는 반 디지털, 반뉴딜적 행위입니다.

국민 투표? 이것은 정보입니다. 그런데 왜 종이로 처리하는가요? 이것은 극히 효율성이 낮은 방법입니다. 국민투표는 5분안에 끝나야 합니다.

이런 사례는 무수히 많습니다.

정보는 무형으로서 디지털 통신으로 이동하여야 합니다.

35

미래사회

인간이 동물처럼 살다가 만물의 영장으로 살게 된 것은 정보를 다룰 수 있게 되면서 부터였습니다. 인간이 풍부한 언어를 갖게 되고 더욱 많은 정보와 지식을 갖게 되었으며, 이어 문자를 갖게 되면서 선사시대를 끝내고 역사 시대를 맞이 하였습니다.

우리나라는 우수한 민족입니다. 한글을 발명했고 금속 활자를 최초로 만들었습니다. 한글의 우수성 때문에 문맹률이 가장 낮습니다.

중국은 한자의 문제 때문에 문맹률이 높습니다. 중국은 문자를 바꾸려고 많은 시도를 하였고 여러 번 중국에 한글 도입 시도가 있었으며, 원세개가 그 대표적 인물입니다.

우리나라는 한글 덕분에 문맹률이 낮고 IT강국입니다. 문자 보다 더 중요한 것이 컴퓨터입니다.

정보기술(IT)은 모든 기술의 기반입니다.

정보를 제약하면 안됩니다. 정보를 제약하는 것은 미래를 거부하는 것이며, 정보없이는 인공지능도 없고 개인 정보나 비밀의 보호도 없습니다. 정보는 공개되고 공유되어 지식이 됩니다.

정보가 많아지면 많은 범죄와 컴퓨터 해킹도 사라질 수 밖에 없습니다.

현재 하고 있는 일에 대해 다음과 같이 자문해 보면 무엇을 개선해야 하는지 알 수 있습니다.

단위의 일이 정보만 네트워크로 발송함으로써 족한 일이 아닐까요?

단위의 일을 처리하려면 꼭 사람이 관여해야 되는 일인가요?

준비물이 꼭 있어야 하는가요?

없으면 돌아가서 준비해 와야 하는가요?

준비물을 인컴에 넣어갈 수 없나요?

어떤 절차에 사람과 매체의 개입이 없으면 효율성은 증가할 수 있습니다.

미래 IT 시스템은 기능이 자동화 및 AI화가 됨으로써 다 알아서 하기 때문에 인간의 역할이 축소되며, 해킹 방지 문제도 인간이 개입할 필요가 없어집니다.

∰ 대변혁 - 인간의 개입이 줄어들수록 가속되는 변혁

컴퓨터의 24시간 작동 및 다중 병렬 처리에 의해 변혁이 가속됩니다.

컴퓨터는 성능도 좋아지고 숫자도 갈수록 늘어나며 소프트웨어도 개선됩니다.

인간이 작업처리에 방해가 되고 병목현상을 일으킵니다.

인간의 개입을 최소화 시키는 설계를 하여야 합니다.

∰ 지역 균형과 지방소멸의 방지

디지털 뉴딜의 한 속성이 비대면이고 사람이 특정한 물리적 위치를 고수할 필요가 없습니다.

이러한 특성을 살려 지역의 균형발전을 이루어야 할 것입니다.

⠿ 2021년 2월 경기도 지원금 사례

1인당 10만원이었으며, "경기도 재난소득 지급 첫날, 접속폭주"라는 기사가 나왔습니다.

사실상 이 업무는 아주 간단한 일로서 신청을 접수할 필요조차 없습니다.

경기도에 거주하는 도민의 국민번호를 찾아 그 번호에 지정된 국민 계좌에 10만원씩 입금시킴으로써 종료됩니다.

국민 계좌는 국민번호에 지정된 계좌입니다.

국민 계좌에서 자신의 민간은행 계좌로 이체해 쓰면 됩니다.

전체 경기도민의 처리에 10분이면 충분하지 않을까요?

전체 경기도민에 문자를 보내는 정도의 노력이면 됩니다.

전체 경기도민에 지진 발생을 경고하는 문자 발송과 다를 것 없습니다.

국민 계좌는 가상 계좌같이 운용할 수도 있고 실제 은행 계좌처럼 운용할 수도 있습니다.

국민 계좌는 일종의 대기행렬(Queue)입니다.

⠿ 키오스크(무인주문기)

이 책은 국가 차원의 변혁을 주로 다루고 있지만, 민간 차원에서도 대변혁이 있을 것입니다.

키오스크의 역할이 인컴으로 손 쉽게 이루어질 것입니다.

⠿ 인공지능 중심, 인컴 중심, 국가 중심

국가 인공지능이 인컴에서 사용자 결합을 확인합니다. 인간 각자마다 하나의 인공지능이 존재합니다. 예를 들어, 홍길동이 있고 홍길동 인공지능이 있습니다. 홍길동 인공지능에는 인공어 이름이 있습니다.

인공어 이름은 국민번호(myNationalNumber, 인컴 식별자)입니다. 인공지능의 제작자는 국가입니다.

실제로 인공지능이 모든 것을 합니다. 인컴이 모든 것을 한다고 할 수도 있습니다. 인컴의 모든 역할을 하는 인공지능은 국가가 제작합니다. 인컴에는 지능과 인공지능이 있지만 미래 세상에서는 인공지능이 더 중요한 역할을 할 것입니다.

그러니 미래 세상은 인공지능 중심, 인컴 중심, 국가가 중심적 역할을 합니다.

사용자가 죽으면 어떻게 될까요? 인컴도, 인공지능도 죽어야하나요? 아니면 살아서 조문 오는 사람을 보고 있어야 하나요? 평상 시 처럼 전화도 받고 조문 온 사람에게 인사도 하여야 하나요? 어쩌면 사용자 사망 판단을 하는 것이 인컴이 될 수도 있습니다. 인컴도 인격화되어 다른 사람에게 줘서 다른 사람의 인컴이 되는 것은 인간의 장기 이식과 같은 생각이 들 것 같습니다. 배터리의 전기가 떨어지지 않게 하여 인컴의 영혼인 인공지능은 계속 살릴지도 모릅니다.

36

연구

모든 곳은 디지털 뉴딜을 위해 심각히 들여다 볼 필요가 있으며, 4곳의 조직을 분석 하였습니다.

연구조직들이 세밀히 분석하여야 합니다.

:::⠿ 법원

법원은 변화가 없는 분야인 것 같습니다.

전자소송이 도입되어 있기는 하나, 필요한 변화에 비하면 티끌입니다.

근본적인 변화가 필요한 대표적인, 그야말로 빅뱅이 가능한 분야의 하나로 보입니다.

대부분의 법조계 근무자들의 엄청난 저항이 예상되지만.

사람은 필연적으로 주관적입니다.

이현령비현령입니다. 유전무죄 무전유죄는 당연합니다.

법 IT를 전공(직업)으로 하는 사람이나 법 IT 공무원이 많이 필요할 듯합니다.

시스템을 완전히 바꿔야 합니다.

궁극적으로 사람이 판단하면 안 됩니다.

인공지능이 판단하는 비율을 늘려나가야 합니다.

인간은 필연적으로 판단에 이해관계가 있을 수 있습니다.

전관예우 등등 공정하지 않은 판단이 크다고 생각합니다.

변호사가 항상 의뢰자를 위해 행동할까요?

그렇지 않고 변호사 자신을 위해 행동하는 경우가 많다고 생각합니다.

맨 처음에는 단순반복적인 것을 인공지능이 처리하게 하고 점점 더 많은 것을 인공지능이 처리하게 합니다.

분명한 것은 인공지능은 발전하여 알파고처럼 어느 순간 인간을 뛰어넘을 것입니다.

인공지능에 의해 공정하고 객관적인 판단이 가능해질 것입니다

법원 전체 업무를 근본적으로 어떻게 변화시킬 것인가를 분석하여야 할 시점입니다.

인간이 너무 권위를 갖는 분야는 변화에 뒤쳐질 수 밖에 없습니다.

소송에 불편해 하는 국민이 많습니다.

처음 소송을 겪게 되면 큰 고통입니다.

변호사를 찾는 과정에서부터 큰 고통입니다.

법적 판단이 도덕적, 상식적 판단과 너무 상이한 경우가 많으며, 사안이 법을 집행하는 조직 자체의 이익과 상치할 때 국민, 법률, 상식, 정의에 앞서 조직을 최우선으로 합니다.

법의 판단이 법조항에 근거하며 증거 위주로 판단한다 하여도 상식적이지 않은 결과가 많습니다. 광범위한 변화가 필요합니다.

행위자 중심으로 자료가 많이 쌓이면 소송을 위한 팩트가 많이 수집됩니다.

미리 범죄가 예방될 것입니다.

소송이 많이 발생하는 분야에 분쟁이 발생하지 않도록 절차를 만들어 놓을 수도 있습니다.

인컴은 사람의 생물학적 흔적보다 수천, 수만 배는 많은 행위자의 전자적 흔적을 남깁니다. 사용자 결합이 되어 명백히 행위자의 흔적이 남는 것입니다.

인컴은 통화를 하지 않더라도 기지국과 수많은 통신을 하고 기지국 외에도 많은 근거리 디지털 통신을 합니다. 근거리 통신방법은 다음과 같은 종류가 있습니다. 블루투스, NFC, Wi-Fi, RFID

기본적으로 인컴은 누가 언제 어디있다는 증거를 상시적으로 남깁니다.
인컴은 통화하지 않아도 배터리가 감소합니다.
그것은 계속 통신을 하고 있기 때문입니다.
항상 사용자의 기록이 작성되고 있는 것입니다.

IT 시스템은 문제가 발생하지 않도록 강제할 수가 있습니다.
이것은 법시스템과 다릅니다. 분쟁 중 많은 것은 예방할 수가 있습니다.
IT 시스템과 인공지능은 분쟁 자체의 발생을 예방할 수 있습니다.

법 시스템은 회피할 수가 있어 추후 문제를 일으킵니다.
그러나 IT 시스템은 지시된 내용을 강제할 수 있습니다.
강제된 내용을 회피하는 유일한 방법은 IT 시스템을 사용하지 않는 방법 밖에 없습니다.
불법적이거나 비도덕적인 사람은 예외없이 IT 시스템을 싫어합니다.
사람과 달리 컴퓨터는 24시간 일을 처리할 수 있습니다.
인간과 달리 컴퓨터는 예외없이 어떤 일을 언제까지 수행할 수 있습니다.
법은 사람에 의존하고 있어 너무 느리며, 많은 변화가 필요한 분야입니다.
당연히 법원 업무 개선도 행정 시스템 통합이 선행되어야 합니다.

최근 코로나 때문에 화상으로 진행하는 '원격 재판'을 시도하고 있습니다.
이것은 바람직한 시도입니다. 원격재판이 표준이 되어야 합니다.
뉴스에서는 민사 사건에서만 추천하고 있는데 형사 사건이 다를 것이 없다고 생각됩니다.
법정서기 대신 인공지능이 속기를 하는 것이 더 바람직하다고 생각됩니다.
https://news.kbs.co.kr/news/view.do?ncd=4394078

키워드 : 원격재판, 화상재판

⠿ 의학, 원격의료

컴퓨터를 적극적으로 활용함으로써 의학분야도 많이 변화하고 있습니다.
그러나 원격 의료에 대한 사회적 저항이 큽니다.
말할 필요 없이 미래에 대한 저항입니다. 기득권을 위한 저항입니다.
전반적 기술 발전에 대한 저항입니다.

가족 의료 기록을 받으러 대학병원에 갔습니다.
의료기록은 정보입니다.
직접 내원하지 않고 처리가 가능해야 됩니다.

맨 처음 병원은 내 신분증을 요구합니다.
그리고 가족관계 증명서를 요구합니다.
이것도 정보입니다.
그러니 내 인컴만으로 처리되어야 합니다. 병원에 오가야 할 이유가 되지 못합니다.

가족관계증명서를 발행하는 기계가 병원에 있어서 신청자의 지문을 인식하기만 하면 족할 절차입니다.

내 인컴을 통해 지문을 수정할 수도 있어야 합니다.

내 신분과 가족관계가 확인되면 의료기록이 종이나 CD에 발급될 수 있지만, 이런 방법도 개선되어야 하며, 정보는 반드시 디지털 통신에 의해 이동되어야 합니다.
나중에 동사무소에 가서 왜 병원 기계가 내 지문을 인식하지 못하는가 묻자, 약 20년 전 주민등록 할 때의 것이 오래되어 그렇답니다.
주민등록을 다시 받아야 한다고 하여 지문을 찍고 절차를 받았습니다.

이 절차도 잘못되었습니다.

주민등록도 정보로서, 동사무소에서 주민등록 갱신절차를 받는 것도 잘못되었고 거기서 지문을 찍는 것도 잘못되었습니다.

우리는 인컴에서 자주 지문인식을 사용합니다.

스마트폰 제조회사에 가서 지문을 등록한 적이 없음에도 잘 사용하고 있는 것이니, 동사무소의 주민등록 갱신절차가 모두 잘못된 것입니다.

국가 행정 시스템이 통합되고난 후, 국가 IT 시스템 통합에 참여하여야 병원들의 이러한 문제점들이 사라질 것입니다.

의사협회가 원격의료에 반대하는 것은 옳지 않습니다.

의사들이 미래사회를 거부하는 것입니다. 원시인이 되겠다는 것과 같은 행동입니다.

의료 보험 제도가 다칠 수 있다는 것은 별도의 문제입니다.

조직 이기주의 등으로 미래에 반대하는 것은 옳지 않습니다.

정보는무형이며, 유형으로 처리하면 안되고 디지털 통신에 의해 이동되어야 합니다.

⠿ 아파트 관리소

아파트 관리소 및 입주자 대표회의는 현재 심각한 디지털 뉴딜의 대상으로서, 관리소는 서류를 사용하는 전형적인 아날로그식 절차를 따르기에 비리의 온상이 될 수 있습니다.

디지털화에 의해 필연적으로 투명해질 수 있습니다.

민간의 일이니 참견하지 말라는 저항이 있을 수 있으나 사회 전체의 발전 단계를 고려하면 아파트 관리소 업무가 전자정부 업무의 일부가 되어야 할 것입니다.

아파트 단지는 공식적인 디지털 절차가 없으며 종이 게시판에 의한 전근대적 방식으로 입주민에게 공지합니다.

게시하는 곳이 작은 게시판이니 게시 기간이 한정되며, 관리소장 도장이 있어야 게시판에 게시를 할 수 있는 극히 원시적 방법을 사용합니다.

정보공개는 상시적 실시간 영구공개를 원칙으로 합니다.

형식적인 잠깐의 아날로그적 게시판 공개는 공개 효과를 기대할 수 없습니다.

뉴스(news)가 아니고 구문(old news)에 주민의 관심을 가질 수 없습니다.

주민이 관심이 없으면 필연적으로 비리 기회가 커집니다.

투명사회는 효율적이고 경쟁력을 가진 사회입니다.

관리소 업무중 회계업무는 외부 IT서비스가 도입되어 디지털화가 이루어졌습니다.

계약 및 관리비 통계자료들은 k-apt 사이트가 제공하지만 관리소가 디지털화를 이루지 못하여 k-apt 자료가 전혀 활용이 안되고 있습니다.

아파트 관리소는 2가지 기능이 필요합니다.

1. 커뮤니티 기능
2. 클라우드 기능

전자정부 기능은 표준적 커뮤니티 기능을 만들어 포함시켜야 하며 아파트 단지에도 전자정부 커뮤니티 기능이 적용되어야 합니다. 민간은 많은 종류의 커뮤니티 기능들이 있지만, 전자정부 기능이 다양할 필요는 없습니다. 표준 기능만 제공하고 필요시 민간의 기능이 추가되면 됩니다.

기본적으로 모든 자료를 클라우드 기능에 놔두고 커뮤니티 기능에서 이를 논의하면 됩니다.

가까운 곳은 비대면방식의 필요성을 크게 느끼지 못할 수도 있지만, 근거리여도 비대면 방식의 필요성이 감소하는 것이 아닙니다. 미래 사회는 가까이 있는 사람과 사람 사이에도 반드시 컴퓨터를 통해 통신이 이루어져야 하기 때문입니다.

⁖ 재건축

재건축은 비리의 역사가 깊습니다.
비리를 방지하기 위한 조치도 많았습니다.
재건축은 관계 법령도 문제가 많습니다.
재건축 절차는 총체적인 부실과정입니다.

재건축이 왜 문제가 많이 발생할 수 밖에 없는가요?
재건축의 금액은 매우 크고 조 단위입니다.
재건축은 많이 시행되어 왔고 국가에게는 경험이 풍부합니다.
그러나 내용을 들여다 보면 극히 부실합니다.
국가 전체로 보면 경험이 많지만 재건축 주민에게는 일생에 한 두 번입니다.
재건축 주민은 많으니 자기 재산을 잘 관리하리라 생각하겠지만 전혀 아닙니다.
전체 과정을 파악하는 사람이 전혀 없습니다.
전체 재건축 관련자들의 문제가 많습니다.

컴퓨터가 단순반복적인 정신노동에서 해방시켜준다 하였습니다.
재건축이 단순반복적이 아닌가요? 골격은 단순반복적입니다.

먼저 법적인 문제를 보자면, 재건축의 중심에 감정평가가 있습니다.
감정평가는 주관적입니다. 프로젝트 관리는 통계에 의존합니다.
그런데 감정평가가 프로젝트 관리를 불가능하게 만듭니다.
이것은 의도적입니다. 재건축에 감정평가가 개입되는 것을 막아야 합니다.
건설사가 건축원가 공개를 거부한다고 합니다.
오랜 건축의 관행에 존재하는 기득권을 지키려는 세력이 강력하게 존재합니다.

통계를 공개하지 않으면 그 건설사를 제외하면 됩니다.

정부 사이트를 보면 가장 중요하게 나오는 단어가 정보공개입니다.
모든 것을 투명하게 하는 것이 정보공개입니다.
재건축의 정보공개는 잘하고 있을까요?
재건축 홈페이지는 단지 내 공개라며 외부 유출 및 비교를 차단하고 있습니다.
그러니 평 당 철거비 등의 정보를 알 수 없고 어느 철거계약이 제대로 이행되는지 비교 대상이 없습니다.
단지관리는 K-apt사이트가 각 단지의 통계를 제공하므로 비교가 아주 쉬워 큰 비리가 불가능합니다.
이와 달리 재건축의 경우 단지통계 이용이 불가하기 때문에 재건축 비리가 만연하게 됩니다.

내가 물건을 1000원에 샀는데 다른 단지들은 평균 500원에 샀다면 바로 문제가 됩니다.
조합원이 투명한 통계를 이용하지 못하는 재건축의 구조는 비리 그 자체 일 수밖에 없습니다.
다음은 한 재건축 단지를 분석한 내용입니다.

▣ 재건축의 사업성
- 용적률의 결정
- 재건축의 목적
- 아파트 주민의 문제 : 주차장,노후된 아파트
- 지자체의 문제: 주차장,노후된 아파트, 재건축시 인구증가

- 주민이 원하는 것: 주민 개개인의 비용지불 없이 문제 해결
- 지자체가 원하는 것: 지자체의 비용지불 없이 문제 해결

부동산 거품, 부동산 투기가 억제되어야 합니다.

◼ 재건축 사업성 공식

> 예상 총수입 = (재건축 용적률−기존 용적률) X 대지면적 X 평당 분양가
>
> 예상 총지출 = 재건축 용적률 X 대지면적 X 평당 건축비
>
> ** 총수입은 증가한 건물면적을 매각한 금액
>
> ** 평당 건축비는 (철거 비용+건축비용+기부채납 비용+이주비) 포함
>
> **총수입 = 총지출** 이면 분담금이 0원이 됩니다.
>
> **재건축 용적률이 적당한가요?
>
> **조합측이 제시한 평당 건축비는 옳은가요?

◼ 재건축의 원칙

주민이 재건축 후에 같은 조건으로 살 수 있어야 하며 분담금을 요구 받으면 안됩니다.

용적률 증가로 모든 비용을 충당할 수 있어야 합니다.

원주민이 쫓겨나면 원주민을 위한 재건축이 아닙니다.

같은 조건으로 사는 원주민에게 재건축으로 인해 재초환(재건축초과이익환수제)

을 요구하여서는 안됩니다.

재건축은 부동산 거품을 유발하면 안됩니다: 정부요구사항

분양가는 정부가 정합니다. 분양가를 정한 후에 공식에 의해 용적률이 정해집니다.

◼ 재건축의 기존 잘못

저층에 너무 과한 용적률이 주어졌으며,

중층에는 너무 적은 용적률이 주어졌습니다.

모든 재건축 단지가 용적률 증가율이 같아야 합니다.

저층 단지 5층은 9층으로 바뀌어야 하였고

중층 단지 15층은 27층으로 바뀌어야 합니다.

재건축은 부동산 투기나 불로소득을 위한 것이 아닙니다.

▣ 잘못된 재건축의 책임

도시계획 위원회는 용적률 결정에 원칙이 없었습니다.

도시공학은 무엇을 제공하는 학문인가요?

조합장은 무능하고 비리 때문으로 보입니다.

감정평가가 왜 필요한가요?

원주민에게는 같은 평수를 주면 됩니다. 감정평가할 필요없습니다.

감정평가 없이 재건축 통계만 가지고 충분합니다.

감정평가는 비리를 위해 개입된 것으로 보입니다.

▣ 재건축 IT 시스템

국가적인 재건축 시스템이 있으면 재건축은 쉽고 작은 비용으로 단기간에 진행되며, 조합의 할일이 없고 단기간의 설계 및 시공이면 끝납니다.

현재는 단지 내 공개를 하나 실제적으로는 정보 공개를 하지 않습니다.

단지 별 재건축 용적률은 시스템이 자동으로 결정할 수 있습니다.

재건축은 디지털 뉴딜의 적용 대상입니다.

현재 진행되는 재건축은 시간이 없어 시스템 적용을 논의할 수는 없습니다.

현재의 재건축은 극히 원시적입니다.

필자는 서울의 클린업 시스템과 E-조합시스템을 경기도에도 이용할 수 있도록 오랫동안 백방으로 노력하였으나 실패하였습니다. 시스템을 적용하지 않으면 재건축이 비리로 가득해집니다. xx 재건축은 문제가 많습니다. 도지사님의 관심을 부탁드립니다.

37

선택

사회에는 다양한 요구가 있어, 기술적, 사회적 개선 또는 편리성도 원하지 않는 사람이 있을 수 있습니다. 국가 경쟁력의 제고도 원치 않습니다. 이러한 경우를 대비하여야 합니다. 단순함을 원하는 사람이 있고 다양함을 원하는 사람이 있을 수 있습니다. 이러한 경우 기술적 해법으로 VM이 고려될 수 있고, 단일서비스 대기행렬이 적용될 수도 있습니다. 사회적 대안으로 특구를 고려할 수도 있습니다. 표준이 잘 진행되면 쓸데없는 다양성이 장애물이 되지 않을 것입니다.

전기차는 맑은 공기 등의 이유로 내연기관 자동차를 대체하는 중입니다. 이것은 분명한 개선입니다. 그러나 전기차의 부품 수도 적고 고장도 별로 없다는 장점이 많은 사람의 일자리를 줄일 것입니다. 그것 때문에 싫어하는 사람이 많으나 미래는 피할 수 없으며, 미래를 대비하여야 합니다.

⁝⁝⁝ 이 책 내용의 적용국가

이 책이 제안한 것을 한국이 제일 먼저 적용하기를 바랍니다.
그러나 다른 국가가 먼저 적용할 가능성도 있습니다.

작은 국가가 가능성이 큽니다. 획일적 정치체제를 가진 국가도 가능성이 큽니다. 사회적 저항을 어떻게 벗어날 수 있는가가 관건입니다.

이 책의 제안들을 현재 전자정부 업체가 외국을 대상으로 적용하는 공동 프로젝트가 필요하다고 생각됩니다. 공동 프로젝트를 원하시면 메일이나 카페로 연락을 바랍니다.

박효준 메일 : hjparkone@gmail.com

38

이 책의 독자

이 책을 읽기 바라는 독자는 다음과 같습니다.

디지털 뉴딜 관계자
미래학자.
개발자(DB 설계자, 설계자, 프로그래머 등),
인공지능 연구자
전자정부 관계자,
IT관련 법령 입안자(데이터 3법 관계자 등)
컴퓨터 제조회사
앱 개발자
운영체제 개발회사
이동 통신 회사
대학 IT관련 연구실
 IT관련 연구소
대통령선거 관련자 _ 1)청와대, 2)선관위, 3)IT학회, 4)디지털 뉴딜 관련자, 5)전자
정부 관련자, 6)여야 정치권
그밖에 IT인프라가 바뀌는 것이므로 모두가 읽을 필요가 있습니다.

다음 국회의원 선거도 적용이 될 것입니다.

이 책은 미래가 다가오는 방향에 관심있는 모두에게 읽을만한 책이라 생각합니다. 모든 독자들이 종국에는 반드시 읽어야 하는 책이 될 것입니다.

이 책이 구현되면 출판사의 입장에서는 실시간으로 해당 출판한 책의 판매 부수를 볼 수 있을 것입니다.
한국의 전체 시스템 차원에서 처리되니 하나의 책의 판매 부수에 대한 통계처리는 간단한 처리가 될 것입니다. 현재는 각자가 처리를 위해서는 각자가 중복된 일들을 처리하기 때문에 많은 자원이 요구됩니다.
통합 처리는 각자의 중복된 처리과정이 없어 극히 작은 비용으로 실시간 판매 부수를 볼 수 있습니다.

OS가 없을 때 어떤 프로그램을 작성하는 어려움과 이 책이 안내하는 시스템 통합 없이 책 판매 처리를 할 때의 어려움은 유사하다고 할 수 있습니다.
다시 말해, 이 책이 안내하는 시스템 통합이 이루어진 후 책 판매 처리의 경우는 OS 와 컴파일러의 존재 하에 프로그램을 작성하는 것과 같습니다. 매우 작은 노력으로 실시간 판매 부수를 알 수 있습니다.

░ 독자님을 위한 네이버 카페

https://cafe.naver.com/homocomputer 네이버 카페 "반인반컴 인컴"

필자는 전산실 프로그래머로 시작하여 연구소에서 운영체제, SI개발을 경험하였으며 대형 컴퓨터, 중형 컴퓨터, PC, IOT 등 많은 플랫폼을 경험하였습니다.
최근에는 구현 등 상세한 것들보다 신기술 전반에 관심을 쏟고 있습니다.

이 책은 하나의 개념으로 대혁명을 이야기합니다.

이 책은 디지털 뉴딜과 관련된 이론과 실제 적용에 대해 서술하고 있으며 디지털 뉴딜의 수행을 위한 가이드 역할을 할 수 있을 것입니다.

또한 IT에 있어 국가적 구체적 방향, 분야별 방향, 구체적 앱의 관점에서 고려하여야 할 점들을 설명하고 있습니다. 그리고 디지털 뉴딜의 수행을 가로막는 각종 장애물에 대해서도 논하고 있습니다. 이 책은 디지털 뉴딜의 장래 청사진입니다.

INDEX